INTERNATIONAL FINANCIAL REPORTING STANDARDS

# IFRS
## 「財務諸表の表示・開示」
## プラクティス・ガイド

PwC Japan有限責任監査法人［編］

中央経済社

## ■執筆者一覧

| | | |
|---|---|---|
| 川西　昌博 | ：公認会計士　パートナー | |
| 鷺谷佑梨子 | ：公認会計士　パートナー | |
| 矢野　貴詳 | ：公認会計士　パートナー | |
| 山田　善隆 | ：公認会計士　パートナー | |
| 吉岡　　亨 | ：公認会計士　パートナー | |
| 古河　友紀 | ：米国公認会計士（カリフォルニア州）　ディレクター | |
| 浅井　麻菜 | ：公認会計士　マネージャー | |
| 大澤　美幸 | ：公認会計士　マネージャー | |

# はじめに

　近年，経済はグローバル規模で多くの課題に直面しており，企業の社会的責任と持続可能性に対する期待が高まっている。経済の不確実性が増す中では，投資家やその他のステークホルダーとの建設的な対話が重要であり，企業報告の透明性と信頼性に対する期待がますます高まっている。また，財務諸表を補完するかたちでサステナビリティ情報の開示が求められるようになり，財務情報とサステナビリティ情報とのコネクティビティ（結合性）により企業の開示情報の有用性に相乗効果が生じるという理解も浸透してきている。

　このような中，2024年4月に国際会計基準審議会（IASB）からIFRS第18号「財務諸表における表示及び開示」が公表された。IFRS第18号は，財務諸表の透明性と比較可能性のさらなる向上を図ることを目的として約10年の期間をかけて開発された基準であり，世界中のIFRS会計基準を採用するすべての企業に影響する。投資家をはじめとする財務諸表利用者の問題意識に対応し，①損益計算書の小計や区分の表示，②経営者が定義した業績指標（MPM），③情報の集約・分解の3つの視点を通じた新たな取扱いを導入することで，意思決定により有用な情報提供を可能にするとされている。

　まず，1つ目の損益計算書の新たな小計と区分の導入は，損益計算書の比較可能性をもたらすものとして注目したい。従来のIFRS会計基準に基づく損益計算書は自由度が高く，財務諸表利用者が業績を理解するにはまず損益数値の分析を行う必要があるという意見が広く聞かれていた。IFRS第18号により損益計算書に「構造」を導入することで，財務業績分析のための一貫した出発点を提供することが可能となる。2つ目のMPMに関する開示の導入は，企業固有の開示を進展させるものである。従来，企業は損益計算書上の数値以外を用いて業績説明を行うことがあったが，財務諸表利用者からはその内容が不透明であることや信頼性の確認ができないことに関する懸念が聞かれていた。IFRS第18号により企業が使用する指標に関する開示を改善し，その開示を監査対象に含めることで経営者が使用する業績指標が規律付けられ，信頼性が付

与されることが期待されている。3つ目の情報の集約・分解の原則の導入は，有用な体系化された要約と重要性がある情報により，財務諸表利用者の理解に資する情報の提供を改善する。

IFRS会計基準における業績報告の形が大きく変わるこの機会に，IFRS会計基準を適用する各企業が，上述のような基準開発の趣旨に沿って，より有用な情報を提供するための積極的な検討を行うことを期待したい。

本書では，PwC（プライスウォーターハウスクーパース）のIFRSマニュアル・オブ・アカウンティングで紹介されているケーススタディなどから，日本企業の実務に役立つものや基準に対する理解を深めることに資するものを選定し，IFRS会計基準の実務的な適用について解説している。

本書が，会計・経理の実務家・専門家のみならず，IFRS全般に興味を持たれ学習されている方や将来の動向に関心を持たれる方にも，IFRS会計基準における財務諸表の表示と開示に対する理解を深めるハンドブックとして有益であることを願っている。

最後に，本書の出版にあたり多大なご尽力をいただいた株式会社中央経済社の坂部秀治氏をはじめ，ご協力をいただいたすべての皆様に深く感謝の意を表したい。

2025年1月

PwC Japan有限責任監査法人

代表執行役　久保田正崇

*I*

## ■■■■ 本書の読み方 ■■■■

### 1．本書の構成

　本書は，IFRS 第18号「財務諸表における表示及び開示」を中心に，IAS 第
7 号「キャッシュ・フロー計算書」や IAS 第 8 号「財務諸表の作成基礎」と
いった，財務諸表の表示および開示について取り扱う。

　以下のように第Ⅰ部から第Ⅳ部に分けて解説している。

---

　第Ⅰ部　　財務諸表の構成と全般的要求事項
　第Ⅱ部　　財務諸表の各構成要素の表示および開示
　第Ⅲ部　　財務諸表の作成基礎，会計方針，会計上の見積りおよび誤謬
　第Ⅳ部　　IFRS 第18号に準拠した開示例

---

　第Ⅰ部では，IFRS 第18号の規定のうち，財務諸表の全般的な要求事項を中心
に解説している。なお，IFRS 第18号は基本財務諸表や注記において情報を集
約・分解する方法について，拡充したガイダンスを定めており，この集約・分
解については特に独立した章を設けて解説している。

（章構成）
　　第 1 章　概要および範囲
　　第 2 章　財務諸表の全般的要求事項
　　第 3 章　集約および分解

　第Ⅱ部では，基本財務諸表に対して IFRS 第18号が影響する事項について，
PwC の IFRS マニュアル・オブ・アカウンティングを基礎にしたケーススタディ
なども交えながら，IFRS 第18号を具体的に実務に適用できるよう解説している。
なお，IFRS 第 1 号「財務諸表の表示」から IFRS 第18号への置換えは損益計算
書の改善に焦点を当てたものであるため，特に第 1 章「財務業績の計算書」が
中心となる。また，IFRS 第18号で新たに導入された経営者が定義した業績指標

*II*

（MPM）については独立した章を設けて解説している。

（章構成）

　　第1章　財務業績の計算書

　　第2章　財政状態計算書

　　第3章　持分変動計算書

　　第4章　キャッシュ・フロー計算書

　　第5章　注　記

　　第6章　経営者が定義した業績指標（MPM）

　第Ⅲ部では，IAS第8号を中心に解説している。過去に国際会計基準審議会（IASB）が会計方針の開示の改善を目的として IAS第1号「財務諸表の表示」に行った修正は，IFRS第18号の公表により IAS第8号に移管されている。この修正を反映した新たな IAS第8号について，全般的な事項や会計方針の選択，変更，開示，会計上の見積りや誤謬の取扱いについて解説している。

（章構成）

　　第1章　財務諸表の作成基礎（全般的事項）

　　第2章　会計方針

　　第3章　会計上の見積り

　　第4章　誤　謬

　　第5章　過年度の修正および遡及適用

　　第6章　開　示

　第Ⅳ部では，IFRS第18号の設例や，PwC が毎年作成・公表する「Illustrative IFRS consolidated financial statements」とその和訳（国際財務報告基準（IFRS会計基準）に基づく連結財務諸表のひな型）を基礎に，IFRS第18号を適用した場合に考えられる開示の一例を紹介している。

## 2．本書の特徴

　本書は，該当する IFRS会計基準の規定を実務でどのように適用するのかを解説するために，以下のような項目を設けている。

本書の読み方　*III*

● Point Of View

　IFRS会計基準で示された原則を実務において適用する際には，一定の解釈や判断が必要となることがある。このような場合に，IFRS会計基準における適切な会計処理をどのように考えるかについて，PwCのIFRSマニュアル・オブ・アカウンティングに示された見解に基づいた解説を加えている。ここで示される見解は，基準に基づいて会計処理の判断を行うことが実務上困難な案件について，PwC内のIFRS会計基準の専門家が検討したものである。なお，個別の事象の実態や条件の変更により，適用すべき考え方に相違が生じることにはご留意いただきたい。

● ケーススタディ

　実務で考えられる特定の会計事象や取引について，IFRS会計基準の規定をどのように適用したり，解釈したりすることができるのかをより具体的に解説している。特に，会計処理について重要な判断が要求されるようなものについて，特定の会計事象や取引をどのように考えたらよいのかを示している。

　 前 提 は，会計事象や取引についての背景を説明している。

　 ポイント は， 前 提 に記述した事象や取引について，会計処理に際して検討すべき主な論点を示している。

　 考え方 は，該当するIFRS会計基準の規定を実務上どのように適用するかについて説明している。

● Short Break

　本書の内容を理解するうえでの関連する情報や用語の説明等について，補足的な情報を記載している。

# CONTENTS

| 特別<br>トピック | IFRS 第18号の基礎事項 |
| --- | --- |

## 第1章　IFRS 第18号の概要 ————————————————— 2

1．損益計算書の構造 ································································· 3

　⑴　区　分／ 3

　⑵　要求される小計／ 4

2．損益計算書に関する追加開示 ········································· 5

　⑴　経営者が定義した業績指標／ 5

　⑵　機能別に損益計算書を表示している場合の性質別費用の開示／ 6

3．集約および分解に関する原則の改善 ····························· 6

4．キャッシュ・フロー計算書 ··············································· 6

5．適用日等 ············································································· 6

## 第2章　適用日および経過措置 ————————————————— 8

1．適用日 ················································································· 8

2．経過措置 ············································································· 8

　⑴　遡及適用／ 8

　⑵　比較対象期間についての調整表／ 9

　⑶　期中報告期間／ 9

　　①　調整表／ 9

　　②　見出し・小計／ 10

　⑷　関連会社および共同支配企業に対する投資／ 10

| 第Ⅰ部 | 財務諸表の構成と全般的要求事項 |
|---|---|

## 第1章　概要および範囲 ——————————— 14

### 1．IFRS 第18号の概要 ················· 14

### 2．IFRS 第18号の適用範囲 ·············· 15

 (1)　対象となる財務諸表／ 15

 (2)　他の IFRS 会計基準書との関係／ 15

 (3)　期中財務報告／ 15

 (4)　経営者による財務レビューとの関係／ 16

## 第2章　財務諸表の全般的要求事項 —————— 17

### 1．完全な1組の財務諸表 ··············· 17

 (1)　財務諸表の構成／ 17

 (2)　財務業績の計算書の2つの表示／ 18

### 2．財務諸表の目的 ·················· 19

### 3．基本財務諸表および注記の役割 ········· 20

 (1)　基本財務諸表の役割／ 22

  ***Point Of View*** 有用な体系化された要約とは何か／ 23

 (2)　注記の役割／ 23

 (3)　財務諸表に表示または注記に開示される情報／ 24

  ①　基本財務諸表に表示される情報／ 25

  ②　追加的な科目と小計／ 25

### 4．財務諸表の特定 ·················· 26

### 5．報告の頻度 ···················· 27

### 6．表示，開示および分類の継続性 ········· 27

### 7．比較情報 ····················· 27

 (1)　最低限の比較情報／ 27

 (2)　IFRS 会計基準が要求していない追加の比較情報／ 28

(3)　会計方針の変更，遡及的修正再表示または組替え／29

　　*Point Of View*　第3の財政状態計算書の表示の要否／30

　　①　組替えに関する追加のガイダンス／31

# 第3章　集約および分解 ————————————————— 32

## 1．集約および分解の原則 ………………………………………………… 32

　(1)　集約および分解の原則／32

　(2)　集約および分解の基礎／34

　　ケーススタディⅠ－3－1　金融資産の分解／36

　(3)　項目の記述／36

## 2．相　殺 …………………………………………………………………… 38

# 第Ⅱ部　財務諸表の各構成要素の表示および開示

# 第1章　財務業績の計算書 ————————————————— 42

## 1．損益計算書 ……………………………………………………………… 42

　　Short Break　IFRS第18号による5つの区分の導入／44

　　Short Break　損益計算書とキャッシュ・フロー計算書の区分／45

　(1)　営業区分／45

　　Short Break　営業区分が「残余の区分」とされた背景／47

　(2)　投資区分／47

　　①　関連会社，共同支配企業および非連結子会社／48

　　②　現金および現金同等物／49

　　③　個別にかつ企業の他の資源からおおむね独立してリターンを生み出す資
　　　産／49

　　ケーススタディⅡ－1－1　持分法適用の投資から生じる損益の取扱い／52

　(3)　財務区分／53

　　①　資金調達のみを伴う取引から生じる負債／54

ケーススタディⅡ－1－2 資金調達のみを伴うとは考えられない，伝統的ではない資金調達契約と関連する損益の区分／56

② その他の負債／57

ケーススタディⅡ－1－3 サブリースの中間の貸手のリース負債に係る支払利息を含める区分／58

③ 特定の金融商品に係る追加の検討事項／59

ケーススタディⅡ－1－4 当初認識後の早期返済オプションを含む仕入債務に関連する収益と費用の区分／62

(4) 特定の主要な事業活動を有する企業／64

Point Of View 主要な事業活動を識別する枠組み／65

Short Break 主要な事業活動の評価における保険契約の発行／67

Short Break 投資企業とは／67

① 投資区分／69

Point Of View 現金および現金同等物から生じる収益と費用の区分／72

② 財務区分／73

Point Of View IFRS第9号の適用範囲外のローン・コミットメントに係る受取組成手数料の区分／75

Point Of View IFRS第9号の適用範囲外のローン・コミットメントに係る支払組成手数料の区分／76

ケーススタディⅡ－1－5 顧客からファイナンスを受領している場合の金利費用の表示／77

(5) その他の区分／77

① 法人所得税区分／78

② 非継続事業区分／78

ケーススタディⅡ－1－6 損益計算書において1項目で表示し，注記として開示する場合／79

(6) 認識の中止および分類の変更／80

① 資産の認識の中止および分類の変更／80

② 資産のグループ（または資産および負債のグループ）の処分／80

③ 負債の認識の中止／82

CONTENTS  *v*

ケーススタディⅡ－1－7 子会社の処分損益の連結財務諸表上の表示／84

(7) 為替差額・正味貨幣持高・デリバティブ／85

① 為替差額／85

***Point Of View*** 過大なコストまたは労力／86

ケーススタディⅡ－1－8 IAS第12号の適用範囲内の資産・負債から生じる為替差額の分類／88

ケーススタディⅡ－1－9 連結会社間取引から生じる為替差額の連結財務諸表における分類／89

ケーススタディⅡ－1－10 その他の負債に係る為替差額の分類／91

② 正味貨幣持高／91

③ デリバティブ／92

***Point Of View*** デリバティブに係る利得または損失を営業区分に分類する場合／93

ケーススタディⅡ－1－11 ヘッジ手段ではないデリバティブ以外の金融商品の為替差額の区分／94

Short Break 資金調達のみを伴う取引に関連するデリバティブの例／96

ケーススタディⅡ－1－12 デリバティブとして会計処理するコモディティ契約の公正価値変動と販売収入の表示／98

2. 損益計算書において表示する合計および小計 ……………………… 101

3. 損益計算書に表示するか，または注記に開示すべき項目 …………… 102

(1) 区分表示すべき項目／102

(2) 純損益の配分／104

(3) 営業区分に分類される費用の表示および開示／104

① 性質別分類および機能別分類／104

***Point Of View*** 性質別分類または機能別分類の選択を行うにあたっての考慮事項の例／105

ケーススタディⅡ－1－13 製造業を営む企業の営業費用の表示の例／106

② 性質別分類および機能別分類の組み合わせによる表示／106

***Point Of View*** 性質別分類または機能別分類の混合表示が適切な状況の例／107

③ 営業費用の分類および表示の変更／107

④ 機能別分類に基づく場合の追加開示／107

ケーススタディⅡ－1－14 機能別分類を採用する場合の追加注記／109

## 4. 包括利益を表示する計算書 ……………………………………………… 111

(1) 包括利益を表示する計算書の表示に関する最小限の要求／111

(2) その他の包括利益／112

① その他の包括利益項目／112

② 組替調整額／114

*Point Of View* 包括利益を表示する計算書における非継続事業の表示／116

③ その他の包括利益に関する税金／116

# 第2章 財政状態計算書 ——————————————————— 119

## 1. 最低限の表示の要求事項 ……………………………………………… 119

## 2. 財政状態計算書に表示するかまたはその注記に開示すべき項目 ……… 119

Short Break のれんの財政状態計算書の本体における表示／121

## 3. 資産と負債の流動と非流動の分類 …………………………………… 121

ケーススタディⅡ－2－1 最も関連性のある表示（流動・非流動表示あるいは流動性表示）の選択／122

## 4. 流動資産 ………………………………………………………………… 123

ケーススタディⅡ－2－2 正常営業循環期間に基づく分類／124

ケーススタディⅡ－2－3 デリバティブ資産の流動もしくは非流動の分類／125

## 5. 売却目的で保有する資産 ……………………………………………… 126

ケーススタディⅡ－2－4 財政状態計算書における売却目的保有資産の表示／129

## 6. 税金資産 ………………………………………………………………… 130

*Point Of View* 繰延税金資産と繰延税金負債の相殺／130

## 7. 流動負債 ………………………………………………………………… 131

(1) 全 般／131

ケーススタディⅡ－2－5 デリバティブ負債の流動もしくは非流動の分類

CONTENTS  *vii*

／134

ケーススタディⅡ-2-6 保有者が今後12か月の間プット・オプションを
有するプッタブル負債性金融商品の流動もしくは非流動の分類／134

ケーススタディⅡ-2-7 株式転換オプションの流動もしくは非流動の分
類への影響／135

(2) 正常営業循環期間／136

① 製品保証引当金／136

② 環境引当金／137

(3) 決済期限が期末日後12か月以内／137

(4) 決済を少なくとも12か月延期できる権利／137

ケーススタディⅡ-2-8 銀行借入の分類／138

## 8. 借入金と財務制限条項の遵守 ……………………………………………… 139

ケーススタディⅡ-2-9 借入契約に該当するか否かの検討の事例／140

ケーススタディⅡ-2-10 借入金の返済に関連するすべての特約条件を財
務制限条項として取り扱う必要性／142

(1) 報告期間の末日における権利を検討する必要性／143

ケーススタディⅡ-2-11 支配に関する条項の変更／144

ケーススタディⅡ-2-12 重大な悪影響を及ぼす変更に関する条項および
主観的早期弁済条項／144

ケーススタディⅡ-2-13 財務制限条項違反が報告期間終了後に報告され
る場合／145

ケーススタディⅡ-2-14 猶予期間が含まれる借入契約／146

ケーススタディⅡ-2-15 財務制限条項付ロールオーバー融資枠の分類
／147

(2) 救済措置が提供されていない場合の財務制限条項違反／148

(3) 報告期間の末日前に救済措置が提供された場合の報告期間の末日前の財務
制限条項違反／148

① 猶予期間（Grace period）／148

② 権利放棄（Waiver）／149

ケーススタディⅡ-2-16 特定の報告期間の末日前に猶予期間を提供され

た場合の借入金の表示／149

ケーススタディⅡ－2－17 特定の報告期間の末日前に貸手が権利放棄した
場合の借入金の表示／150

(4) 報告期間の末日後に救済措置が提供された場合の報告期間の末日前の財務
制限条項違反／151

(5) 報告期間の末日後の財務制限条項違反／151

9. 開示および継続企業の前提に関する検討 ……………………………… 153

10. 税金負債 …………………………………………………………………… 154

ケーススタディⅡ－2－18 不確実な税務上のポジションに関する負債の表
示／154

11. 資本および剰余金 ………………………………………………………… 155

(1) 資　本／155

*Point Of View* 開示要求は資本として会計処理される株式資本のみに適用さ
れるか／156

(2) 自己株式／157

*Point Of View* 保有している自己株式の「金額（amount）」／157

(3) 剰余金／158

(4) 自己資本についての開示／158

12. 非支配持分 ………………………………………………………………… 160

# 第3章　持分変動計算書 ———————————————————— 161

1. 持分変動計算書において表示すべき事項 ……………………………… 161

2. 持分変動計算書における表示および開示項目 ………………………… 162

*Point Of View* 個々の剰余金をまとめて表示することはできるか／164

3. 配　当 ……………………………………………………………………… 164

4. 遡及修正および誤謬の訂正 ……………………………………………… 165

# 第4章　キャッシュ・フロー計算書 ——————————— 167

1. 目的および範囲 …………………………………………………………… 167

(1) 目　的／167

CONTENTS　*ix*

⑵　範　囲／168

2．現金および現金同等物 ……………………………………………………… 168

⑴　現金および現金同等物の定義／168

①　現　金／169

*Point Of View* 当座借越の財政状態計算書上での表示／169

②　現金同等物／170

ケーススタディⅡ－4－1 満期はどの時点から考慮すべきか／170

*Point Of View* クレジットカードや他の電子決済による受取金額の財政状態
計算書上での分類／172

③　現金および現金同等物の内訳／175

3．キャッシュ・フロー計算書の様式 ………………………………………… 176

⑴　営業活動によるキャッシュ・フロー／177

①　定義と範囲／177

②　直接法および間接法／178

Short Break 営業活動に関連する為替差額の直接法による表示／179

Short Break 間接法を用いて営業活動によるキャッシュ・フローを報告する
際の出発点／181

⑵　投資活動によるキャッシュ・フロー／182

①　定義と範囲／182

Short Break 利息および配当金から生じるキャッシュ・フローの分類／183

ケーススタディⅡ－4－2 企業結合に関する取得コスト／185

②　投資活動によるキャッシュ・フローの報告／185

⑶　財務活動によるキャッシュ・フロー／185

①　定義と範囲／185

*Point Of View* 負債または株式による資金調達に関連する取引コストの
キャッシュ・フロー計算書上での分類／187

②　財務活動によるキャッシュ・フローの報告／187

⑷　その他の表示に関する事項／187

①　キャッシュ・フローの総額表示または純額表示／187

*Point Of View* 純額表示が可能な収入および支出の例／188

*Point Of View* 金融機関の連結子会社を有する場合の純額表示／189

② 利息および配当によるキャッシュ・フロー／189

③ 税金に関するキャッシュ・フロー／190

④ 持分法または原価法により会計処理されている投資／191

⑤ 子会社およびその他の事業の取得および処分／191

ケーススタディⅡ－4－3 企業結合における条件付対価の支払／192

⑥ 外国通貨／193

# 第5章　注　記 —————————————————————— 194

## 1．構　成 ————————————————————————————— 194

## 2．自己資本 ————————————————————————————— 195

## 3．その他の開示 ———————————————————————————— 196

## 4．キャッシュ・フロー計算書の注記 ———————————————— 197

(1) 特定の開示／197

① 非資金取引／198

② 財務活動から生じた負債の変動／198

*Point Of View* 財務活動から生じた負債の変動／199

③ サプライヤー・ファイナンス契約／199

*Point Of View* サプライヤー・ファイナンス契約に該当するか否かの分析ポイント／201

④ 現金および現金同等物の利用制限／203

(2) 補足的開示／203

# 第6章　経営者が定義した業績指標（MPM）——————— 204

## 1．定　義 ————————————————————————————— 204

(1) 収益および費用の小計／207

*Point Of View* 財務比率の一部が MPM である場合における開示要求の適用対象／208

(2) 一般とのコミュニケーション／208

*Point Of View* 一般とのコミュニケーションの概念は公開企業と非公開企業

CONTENTS *xi*

　　で異なるのか／209

　(3)　企業全体の財務業績の一側面についての経営者の見方／211

　　　*Point Of View* 推定が反証される可能性のある事例／212

　　　*Point Of View* 推定の反証に関連する「目立つ」「目立たない」の例／212

　(4)　MPM の定義から除外された小計／213

　　　①　減価償却，償却，および減損の前の営業損益と EBITDA ／214

　　　②　営業利益ならびに持分法投資からの収益および費用／215

**2．MPM の変更** ……………………………………………………………………………… 215

**3．MPM の開示** ……………………………………………………………………………… 216

　(1)　開示の目的／216

　(2)　開示事項／216

　　　*Point Of View* MPM を損益計算書に表示することの可否／218

　　　*Point Of View* 各調整項目についてどのような開示を行うべきか／218

　　　*Point Of View* 調整表を開示するための特定の様式の有無／219

　　　ケーススタディⅡ－6－1 損益計算書に表示されない小計と MPM の調整
　　　／220

　　　ケーススタディⅡ－6－2 調整項目に係る税効果の計算／222

　(3)　情報を開示する場所／223

　(4)　MPM の変更・追加・中止／224

---

| 第Ⅲ部 | 財務諸表の作成基礎，会計方針，会計上の見積りおよび誤謬 |
|---|---|

# 第1章　財務諸表の作成基礎（全般的事項） ―――――― 227

**1．適正な表示と IFRS 会計基準への準拠** …………………………………………… 227

　(1)　適正に表示された財務諸表の意義／227

　(2)　IFRS 会計基準に準拠している旨の注記／227

　(3)　適正な表示に必要となる事項／228

**2．IFRS 会計基準の要求からの離脱** ………………………………………………… 228

(1) 離脱が必要となる場合／228

(2) 離脱する場合の開示／229

*Point Of View* IFRS 会計基準からの離脱の考え方／230

3．継続企業 ……………………………………………………………………………… 230

(1) 継続企業の前提／230

*Point Of View* 継続企業の評価に際しての考慮事項／231

*Point Of View* 企業の状況に応じた継続企業の評価／232

(2) 継続企業としての存続能力に重大な疑義がある場合の開示／232

ケーススタディⅢ－1－1 継続企業として存続する能力に影響を及ぼす重要性がある不確実性の開示／233

ケーススタディⅢ－1－2 継続企業の前提に関する IAS 第 8 号の要求の 4 つのシナリオへの適用／234

(3) 継続企業の前提に基づかない財務諸表の作成／236

*Point Of View* 継続企業を前提としない企業の会計処理の基礎とは何か／236

(4) 期末後に継続企業の前提が適切でないと評価された場合／237

# 第2章　会計方針 ———————————————————— 238

1．会計方針の選択と適用 ………………………………………………………………… 238

(1) 会計方針の定義／238

Short Break 会計方針の定義についての IASB における議論／238

(2) 基準・解釈指針に含まれる会計方針／239

(3) 基準・解釈指針に含まれない会計方針／240

① IAS 第 8 号のヒエラルキー／240

*Point Of View* IFRS 会計基準を類推して会計方針を策定する際に検討すべき事項／241

(4) 重要性／242

① 会計方針の適用に際しての「重要性」／242

② 「重要性」の適用／242

*Point Of View* 重要性の適用／243

CONTENTS　*xiii*

(5)　一貫性／ 243

①　会計方針の適用の一貫性／ 243

②　企業集団における会計方針の適用の一貫性／ 244

**Point Of View** グループ内の個別の企業も統一的な会計方針を採用すべきか
／ 244

## 2．会計方針の変更 ......................................................................... 245

(1)　会計方針の変更の種類／ 245

①　会計方針の変更が認められる場合／ 245

②　会計方針の変更の主な例／ 246

③　会計方針の変更に該当しない状況／ 247

ケーススタディⅢ－2－1 既存資産の用途の変更／ 247

(2)　会計方針の変更の適用／ 248

①　会計方針の変更による会計処理／ 248

**Point Of View** IFRS-IC のアジェンダ決定に対応して企業はいつ会計方針を
変更すべきか／ 249

②　遡及適用／ 251

③　遡及適用に関する特例／ 252

④　他の会計基準設定主体の会計基準の適用と経過措置／ 252

(3)　その他／ 253

①　過年度修正の税効果に関する会計処理／ 253

②　期中報告期間に認識された過年度の修正に対する変更／ 253

ケーススタディⅢ－2－2 過年度の修正で認識された繰延税金資産のその
後の修正／ 254

# 第3章　会計上の見積り ————————————— 255

## 1．会計上の見積り ......................................................................... 255

(1)　会計上の見積りの定義／ 255

Short Break 会計上の見積りに関する IFRS 会計基準の修正／ 256

(2)　会計上の見積りの例／ 257

(3)　会計上の見積りの構成要素／ 257

ケーススタディⅢ-3-1 会計上の見積りの定義の適用－投資不動産／258

ケーススタディⅢ-3-2 会計上の見積りの定義の適用－現金決済型の株式に基づく報酬についての負債の公正価値／259

2．会計上の見積りの変更 ―――――――――――――――――――――― 261

(1) 会計方針の変更と会計上の見積りの変更の区別／261

*Point Of View* 棚卸資産の原価算定方式の変更は会計上の見積りの変更に該当するか／263

(2) 会計上の見積りの変更の会計処理／263

ケーススタディⅢ-3-3 会計上の見積りの変更の影響／264

# 第4章　誤　謬 ―――――――――――――――――――――――――― 266

1．過年度の誤謬とは ――――――――――――――――――――――― 266

(1) 過年度の誤謬の定義／266

(2) 誤謬の有無の判断／267

*Point Of View* 特定の状況における判断／268

2．重要性の決定 ――――――――――――――――――――――――― 268

*Point Of View* 重要性がない過年度の誤謬／269

3．過年度の誤謬の訂正に関する会計処理 ―――――――――――――― 269

(1) 原則的な取扱い／269

Short Break 金融商品取引法における取扱い／270

(2) 過年度の誤謬の影響の算定が実務上不可能な場合／271

(3) 過年度の誤謬の損益計算書における取扱い／271

(4) 誤謬の訂正と会計上の見積りの変更との区別／271

*Point Of View* IFRS-IC によるアジェンダ決定の取扱い／273

(5) 過年度の誤謬の訂正に係る税効果の会計処理／274

# 第5章　過年度の修正および遡及適用 ――――――――――――――― 275

1．実務上不可能な場合 ―――――――――――――――――――――― 275

(1) 概　要／275

CONTENTS　*xv*

(2)　「実務上の不可能」の定義／275

(3)　見積りに必要な情報の区別／276

(4)　事後的判断／277

## 2．実務上不可能な場合の会計処理 ……………………………………… 278

(1)　期間固有の影響を決定することが実務上不可能な場合／278

ケーススタディⅢ－5－1 会計方針の変更の期間固有の影響を測定することが実務上不可能な場合／278

(2)　累積的影響を測定することが実務上不可能な場合／279

# 第6章　開　示 ——————————————— 281

## 1．会計方針の開示 …………………………………………………………… 281

(1)　会計方針の適用についての開示／281

Short Break 会計方針の開示に関する IFRS 会計基準の修正／282

①　取引やその他の事象と会計方針情報の重要性の考え方／283

②　会計方針情報に重要性があるかどうかの評価／284

Short Break 企業固有でない情報に重要性がある場合／285

ケーススタディⅢ－6－1 企業固有の情報に焦点を当てた会計方針情報の開示／287

ケーススタディⅢ－6－2 基準の要求を繰り返すのみの会計方針情報の開示／288

ケーススタディⅢ－6－3 IAS 第 8 号に基づき会計方針を策定している場合の会計方針情報の開示／290

(2)　会計方針の適用における重大な判断についての開示／291

## 2．見積りの不確実性の開示 ………………………………………………… 292

(1)　見積りの不確実性の開示が必要となる状況／292

*Point Of View* 見積りの不確実性に関する開示が要求される可能性のある項目の例／293

*Point Of View* 翌年度に市場価格の著しい変動の影響を受ける可能性のある公正価値で計上される資産および負債に関する見積りの不確実性をどのように開示すべきか／294

*xvi*

(2) 見積りの不確実性に関する開示項目／294

*Point Of View* 主要な会計上の見積りにはどのような開示が必要となるか
／295

ケーススタディⅢ－6－4 主要な会計上の見積りに関する開示の検討
／296

(3) 会計方針の適用における重大な判断についての開示との関係／297

3．会計方針の変更，会計上の見積りの変更および過年度の誤謬の訂正に
関する開示 ……………………………………………………………………… 297

(1) 会計方針の変更に関する開示／297

(2) 会計上の見積りの変更に関する開示／299

*Point Of View* 期中報告における開示／299

(3) 過年度の誤謬の訂正に関する開示／299

(4) その他の開示／300

4．未発効の新会計基準書または改訂会計基準書に関する開示 ……………… 300

*Point Of View* 開示を行うかどうかの判断／301

| 第Ⅳ部 | IFRS 第18号に準拠した開示例 | 303 |
|---|---|---|

巻末付録　IFRS 会計基準と日本基準の比較表／338

索　引／344

*xvii*

―――――――――――――――― 凡　例 ――――――――――――――――

　本書において引用した専門用語・機関，会計基準等は，以下の略称を用いて表記している。なお，会計基準等については，2024年11月末現在で公表されているものに基づいている。


## 1. 専門用語・機関等

| IAS | 国際会計基準 |
|---|---|
| IASB | 国際会計基準審議会 |
| IFRS 会計基準 | 国際財務報告基準書，国際会計基準書，IFRIC 解釈指針，SIC 解釈指針 |
| IFRS-IC | IFRS 解釈指針委員会 |


## 2．会計基準等

### (1)　IFRS

| 概念フレームワーク | 「財務報告に関する概念フレームワーク」 |
|---|---|
| IFRS 第 1 号 | 「国際財務報告基準の初度適用」 |
| IFRS 第 2 号 | 「株式に基づく報酬」 |
| IFRS 第 3 号 | 「企業結合」 |
| IFRS 第 5 号 | 「売却目的で保有する非流動資産及び非継続事業」 |
| IFRS 第 7 号 | 「金融商品：開示」 |
| IFRS 第 8 号 | 「事業セグメント」 |
| IFRS 第 9 号 | 「金融商品」 |
| IFRS 第10号 | 「連結財務諸表」 |
| IFRS 第11号 | 「共同支配の取決め」 |
| IFRS 第12号 | 「他の企業への関与の開示」 |
| IFRS 第13号 | 「公正価値測定」 |
| IFRS 第15号 | 「顧客との契約から生じる収益」 |
| IFRS 第16号 | 「リース」 |
| IFRS 第17号 | 「保険契約」 |
| IFRS 第18号 | 「財務諸表における表示及び開示」 |

*xviii*

| IAS 第 1 号 | 「財務諸表の表示」 |
|---|---|
| IAS 第 2 号 | 「棚卸資産」 |
| IAS 第 7 号 | 「キャッシュ・フロー計算書」 |
| IAS 第 8 号 | 「財務諸表の作成基礎」 |
| IAS 第10号 | 「後発事象」 |
| IAS 第12号 | 「法人所得税」 |
| IAS 第16号 | 「有形固定資産」 |
| IAS 第19号 | 「従業員給付」 |
| IAS 第21号 | 「外国為替レート変動の影響」 |
| IAS 第24号 | 「関連当事者についての開示」 |
| IAS 第27号 | 「個別財務諸表」 |
| IAS 第28号 | 「関連会社及び共同支配企業に対する投資」 |
| IAS 第29号 | 「超インフレ経済下における財務報告」 |
| IAS 第32号 | 「金融商品：表示」 |
| IAS 第33号 | 「１株当たり利益」 |
| IAS 第34号 | 「期中財務報告」 |
| IAS 第36号 | 「資産の減損」 |
| IAS 第37号 | 「引当金，偶発負債及び偶発資産」 |
| IAS 第38号 | 「無形資産」 |
| IAS 第39号 | 「金融商品：認識及び測定」 |
| IAS 第40号 | 「投資不動産」 |
| IAS 第41号 | 「農業」 |

特別トピック

# IFRS 第18号の基礎事項

　ここでは，2024年4月に国際会計基準審議会（IASB）から公表された IFRS 第18号「財務諸表における表示及び開示」について，主に損益計算書の構造，経営者が定義した業績指標（MPM），集約および分解に関する原則の改善といった新たに導入された要求事項の概要を解説する。また，IFRS 第18号の適用日や経過措置についても解説する。

# 第1章

## IFRS 第18号の概要

　2024年4月9日に，国際会計基準審議会（IASB）は損益計算書の改善に焦点を当てた財務諸表の表示および開示に関する新たな会計基準である IFRS 第18号「財務諸表における表示及び開示」を，IAS 第1号「財務諸表の表示」を置き換える会計基準として公表した。IFRS 第18号は，企業の業績報告の比較可能性および透明性に関する投資家の懸念に対処した新基準である。IFRS 第18号で導入される新しい要求事項は，特に「営業損益」をどのように定義するかに関連し，類似企業の財務業績の比較可能性を達成するうえで有用である。また，経営者が定義した業績指標（MPM）の一部について新たな開示が要求されることで，透明性も向上することになる。

　IFRS 第18号では，主に以下に関連する新しい概念が導入されている。

- 損益計算書の構造
- 財務諸表外で報告される特定の損益に関連する業績指標（すなわち経営者が定義した業績指標，MPM）について，財務諸表において要求される開示
- 基本財務諸表または注記に適用される集約および分解に関する原則の改善

　IFRS 第18号は，財務諸表における項目の認識または測定には影響を与えないが，企業が「営業損益」として報告する内容が変わる可能性がある。IFRS 第18号は，IAS 第1号を置き換えるものであり，IAS 第1号の他の既存の原則の多くは限定的な変更に留まる。**図表特－1－1**に IAS 第1号から IFRS 第18号への変更点に焦点を当てた要約を示す。

（図表特－1－1）IAS第1号からの変更点

| 3　集約および分解に関する原則の改善 | | |
|---|---|---|
| **1　損益計算書の構造**<br>● 新しい小計の表示を導入<br>● 営業，投資，財務，法人所得税，非継続事業の区分に分類 | **財政状態計算書**<br>● 表示すべき科目として「のれん」を追加<br>● 上記以外は変更なし | **4　キャッシュ・フロー（CF)計算書**<br>● 間接法の出発点に営業利益を使用<br>● 利息と配当金から生じるCFの分類の選択肢を削除 |
| **2　損益に関連する追加開示**<br>● 経営者が定義した業績指標（MPM）<br>● 機能別表示における営業費用の性質別開示 | **包括利益計算書および持分変動計算書**<br>● 変更なし | **期中財務諸表**<br>● 新基準で要求される区分，小計を期中財務諸表において表示<br>● MPMの注記<br>● 機能別表示における営業費用の性質別開示は不要 |

● IAS第1号の置き換え(IAS第1号の要求事項の多くを引き継いでいる)
● 財務諸表項目の認識・測定への影響はない

（注）　図表の番号は以下の各節に対応している。

　以下において，上の要約のうちIFRS第18号により導入された主な変更点を概観する。各論点の詳細については，本書の各章を参照されたい。

# 1．損益計算書の構造

　IFRS第18号は，損益計算書について定義された構造を導入した。定義された構造を導入した目的は，損益計算書の報告における企業間の表示のばらつきを減らし，財務諸表利用者が情報を理解し，また，企業間比較を容易にすることにある。損益計算書の構造は，(1)区分および(2)要求される小計で構成される。

## (1)　区　分
　営業，投資，財務，法人所得税，非継続事業の5つの区分のいずれかに損益計算書の項目を分類する必要がある。IFRS第18号は，これらの項目を以下の3つの主要区分に分類するための全般的なガイダンスを提供している。

*4* 特別トピック　IFRS 第18号の基礎事項

**(図表特－1－2) 損益計算書の区分**

| 営業区分 | 投資区分 | 財務区分 |
|---|---|---|
| IFRS第18号によって定義されていない。この区分は，他の区分で定義されない収益および費用についての「残余」区分である。この区分には，通常，企業の主な事業活動の業績が含まれる。 | この区分は，一般的に以下を含む。<br>● 関連会社および共同支配企業から生じる損益<br>● 現金および現金同等物から生じる損益<br>● 他の資源からおおむね独立したリターンを生む資源からの損益 | この区分は，以下を含む。<br>● 資金調達（一般的な銀行借入など）のみを伴う負債からのすべての損益<br>● 利息費用およびその他の負債による金利変動の影響（年金負債の割引の巻戻しなど） |

　IFRS 第18号は，主たる事業活動として，顧客にファイナンスを提供している企業（例えば，銀行），または特定の特徴を有する資産に投資する企業（例えば，投資企業）についての追加的な要求事項を含んでいる。一般原則を適用する場合には投資または財務区分に通常分類される収益および費用の一部が，これらの企業については営業区分に表示される。その結果，営業利益には企業の主たる事業活動の損益が含まれることになる。

## (2)　要求される小計

　IFRS 第18号は，特定の合計と小計を表示することを要求している。IAS 第1号からの主な変更点は，「営業損益」を表示することを義務付けたことである。その他の要求される小計は，いくつかの例外（例えば，銀行が主たる事業活動としてファイナンスを提供しており，特定の表示方法を選択している場合）を除き，「純損益」および「財務及び法人所得税前損益」となっている。

　これらの原則を適用した一般企業の損益計算書の概念図は**図表特－1－3**のとおりである。

（図表特－1－3）損益計算書の概念図

| 表示項目 | CU | 区分 |
|---|---|---|
| 収益 | X | 営業 |
| 売上原価 | (X) | |
| **売上総利益** | X | |
| 販売費 | (X) | |
| 一般管理費 | (X) | |
| 研究開発費 | (X) | |
| **営業利益** | X | 要求される小計 |
| 持分法を適用して会計処理される関連会社および共同支配企業の利益に対する持分相当額 | X | 投資 |
| 現金および現金同等物から生じる金利収益 | X | |
| **財務・法人所得税前利益** | X | 要求される小計 |
| 借入金の金利費用 | (X) | 財務 |
| その他の負債の金利費用 | (X) | |
| **法人所得税前利益** | X | |
| 法人所得税費用 | (X) | 法人所得税 |
| **継続事業からの当期純利益** | X | |
| 非継続事業からの損失 | | 非継続事業 |
| **当期純利益** | X | 要求される小計 |

（注）　CU…通貨単位

## 2．損益計算書に関する追加開示

　IFRS 第18号は，損益計算書に関連する特定の開示要求を導入している。

### (1)　経営者が定義した業績指標

　経営者が，「代替的業績指標（APM）」や「非 GAAP 指標」とも呼ばれる企業独自の業績指標を定義して公表している場合がある。IFRS 第18号は，企業の財務業績に関連するこれらの指標の一部を，経営者が定義した業績指標（MPM）と定義している。これらの指標に関する情報は，MPM と IFRS 会計基準における最も類似する小計との調整を含め，単一の注記で財務諸表におい

て開示する必要がある。これにより，非GAAP指標の一部が財務諸表に効果的に取り込まれることになる。

### (2) 機能別に損益計算書を表示している場合の性質別費用の開示

営業区分において費用を性質，機能，またはその両方の組み合わせにより表示することになる。IFRS第18号には，事実と状況に基づいて，どのアプローチが最も適切かを評価および決定するためのガイダンスが含まれている。項目が機能別に表示されている場合，特定の費用について性質別に情報を開示することが要求される。

## 3．集約および分解に関する原則の改善

IFRS第18号は，共通の特性に基づいて項目をグルーピングすることに焦点を当てた集約と分解の原則に関するガイダンスを拡充している。これらの原則は財務諸表全体を通じて適用されるとともに，どの項目を基本財務諸表に表示し，どの情報を注記に開示するかを決定する際に使用される。

## 4．キャッシュ・フロー計算書

IFRS第18号は，現行の財務諸表の表示および開示について，その他いくつかの限定的な変更を行っている。例えば，IAS第7号「キャッシュ・フロー計算書」は以下のように修正されている。
(1) 営業活動から生じるキャッシュ・フローの調整の出発点として「営業損益」を指定
(2) 利息および配当の支払および受取りの表示に関する既存の選択肢を削除

## 5．適用日等

新基準は，期中財務諸表を含め，2027年1月1日以後に開始する年次報告期間から適用される。したがって，わが国のIFRS会計基準適用企業の観点から

は，早期適用を考慮しない場合，原則的として12月決算企業が最も早くIFRS第18号を適用して2027年12月期財務諸表を作成することになる。また，わが国では最も多いと考えられる3月決算企業の場合，2028年3月期を対象としてIFRS第18号に従った財務諸表を作成することになる。なお，IFRS第18号は期中財務報告から適用されるため，半期報告あるいは四半期報告から対応が必要となる点に留意する必要がある。

　また，遡及適用が要求されているため，比較情報はIFRS第18号に基づき作成される。このため，上述の財務諸表作成のための準備については，比較情報を考慮に入れておく必要がある。

　なお，IFRS第18号の適用年度において，本基準は，直前の比較期間におけるIAS第1号に基づく損益計算書の表示方法と，IFRS第18号に基づく損益計算書の表示方法との調整を要求している。適用初年度における要約期中財務諸表にも同様の調整が要求事項として含まれている。

　第2章において，より詳細に経過措置および適用日について解説する。

## 第2章 適用日および経過措置

## 1. 適用日

　IFRS 第18号は，期中財務諸表も含め，2027年1月1日以後に開始する年次報告期間から適用される。また，注記でその旨を開示したうえで，IFRS 第18号を早期適用することも認められている（IFRS 第18号 C1 項）。

　なお，IAS 第1号は IFRS 第18号に置き換えられるため，廃止される（IFRS 第18号 C8 項）。

## 2. 経過措置

### (1)　遡及適用

　IFRS 第18号を適用する際には遡及適用が必要であり，比較対象期間を修正再表示する必要がある。その際，IAS 第8号「財務諸表の作成基礎」を適用するが，IAS 第8号28項(f)に規定されている次の定量的情報については，適用初年度の当期および比較対象期間について表示する必要はない（IFRS 第18号 C2 項）。

- ●影響を受ける財務諸表の各科目の修正額
- ●IAS 第33号「1株当たり利益」が適用される場合，基本的1株当たり利益および希薄化後1株当たり利益の修正額

## (2)　比較対象期間についての調整表

　IFRS 第18号で要求される損益計算書の構成の変更により，財務諸表利用者が企業の財務数値の趨勢を分析することが困難になるおそれがある。そのため，IFRS 第18号の適用初年度において年次財務諸表を作成する際，直前の比較対象期間の損益計算書の各科目について，次の両者の差額の内容を示す調整表を開示する必要がある（IFRS 第18号 C3 項，BC418項）。

- ●IFRS 第18号を適用して表示した修正再表示後の金額
- ●従来，IAS 第 1 号を適用して表示していた金額

　当該調整表は，直前の比較対象期間についてのみ要求され，当期または直前の比較対象期間より前の比較対象期間については要求されない。ただし，それらの期間について調整表を開示することは妨げられない（IFRS 第18号 C6 項）。なお，直前の比較対象期間についてのみ要求している理由は，適用初年度にわたって IAS 第 1 号に従って財務諸表を作成するためのシステムを維持することのコストがかかることや，IFRS 第18号は遡及適用されるため，当期や直前の比較対象期間より前の期間の調整表まで求めることにより得られる情報の便益が限定的と見込まれたためとされている（IFRS 第18号 BC420項）。

## (3)　期中報告期間
### ①　調整表

　IFRS 第18号の適用初年度に IAS 第34号「期中財務報告」を適用して要約期中財務諸表を作成する際，上記(2)と同様の調整表の開示が要求される。直前の比較対象期間（会計期間および累計期間の両方を含む）の損益計算書の各科目について調整表を開示する必要がある。また，年次財務諸表の場合と同様，当期や直前の比較対象期間より前の比較対象期間については，開示することは妨げられないものの，要求はされない（IFRS 第18号 C5 項，C6 項）。

　IAS 第34号は，期中財務諸表において直近の年次財務諸表と同じ会計方針と計算方法を採用している旨，変更している場合にはその内容等の開示を要求している（IAS 第34号第16A 項(a)）。当該調整表は，ここで要求される情報の一部として開示が必要とされている。

② 見出し・小計

IAS第34号第10項では，要約財務諸表に「直近の年次財務諸表に掲記された」見出しおよび小計を含めなければならないとされている。しかし，IFRS第18号の適用初年度において IAS第34号を適用して要約期中財務諸表を作成する際には，当該要求事項を適用せず，「IFRS第18号を適用する際に使用すると見込まれる」各見出しと要求される小計を表示する必要がある（IFRS第18号C4項）。

図表特－2－1に，3月決算企業を前提として上記(1)から(3)の内容をまとめている。

(図表特－2－1) IFRS第18号適用初年度の経過措置

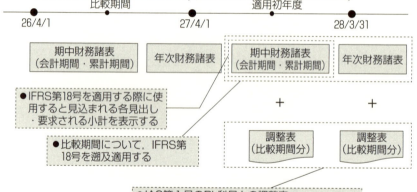

(4) 関連会社および共同支配企業に対する投資

IAS第28号「関連会社及び共同支配企業に対する投資」は，「関連会社又は共同支配企業に対する投資が，ベンチャー・キャピタル企業，又はミューチュアル・ファンド，ユニット・トラスト及び類似の企業（投資連動保険ファンドを含む）である企業に保有されているか，又は当該企業を通じて間接的に保有されている場合には，企業は当該投資をIFRS第9号「金融商品」に従って純

損益を通じて公正価値で測定することを選択できる」としている（IAS 第28号第18項）。

IFRS 第18号の適用開始日において上記 IAS 第28号の規定の適用要件を満たす企業は，関連会社または共同支配企業に対する投資の測定方法を持分法から IFRS 第9号に従って純損益を通じて公正価値で測定する方法に変更することができる。当該会計方針の変更を行う場合，IAS 第8号に従って，変更後の会計処理を遡及適用する必要がある。また，IAS 第27号「個別財務諸表」に従って個別財務諸表を作成する企業は，個別財務諸表においても同様の変更を行う必要がある（IFRS 第18号 C7 項）。

上記の IAS 第28号の規定は，関連会社または共同支配企業の当初認識時についてのみ定めたものである。そのため，当初認識時に IFRS 第9号に従って純損益を通じて公正価値で測定することを選択すべきであったところ，選択しなかった企業が存在する可能性を考慮し，IFRS 第18号適用時の経過措置が定められた。IFRS 第18号では，持分法を適用して会計処理する投資から生じる収益および費用はすべて投資区分に分類されることになるが，例えば保険会社など，従来，こうした収益および費用の一部について営業損益に含めている企業が存在していた。このような企業のニーズを踏まえ，IFRS 第18号は，関連会社または共同支配企業に対する投資から生じる収益および費用の一部を営業区分に分類する機会を提供している。

# 第 I 部

# 財務諸表の構成と
# 全般的要求事項

　第 I 部では，第 1 章において IFRS 第18号「財務諸表における表示及び開示」と他の IFRS 会計基準との関係や，その適用範囲について解説する。第 2 章においては，財務諸表の目的や基本財務諸表と注記の役割，また，それらの関係など，財務諸表の全般的な要求事項について解説する。第 3 章においては，基本財務諸表に表示し，注記で開示するための情報の集約と分解の原則について解説する。

# 第1章 概要および範囲

## 1．IFRS 第18号の概要

　IFRS 第18号「財務諸表における表示及び開示」は，一般目的財務諸表の表示および開示の要求事項に関する指針を提供している。これらの要求事項は，財務諸表が企業の資産，負債，資本，収益および費用を忠実に表現する関連性のある情報を提供することを確保するものである。他の IFRS 会計基準書の表示および開示に関する要求事項は，IFRS 第18号の要求事項を補足するものである（IFRS 第18号第1項）（図表Ⅰ－1－1を参照）。

（図表Ⅰ－1－1）IFRS 第18号と他の IFRS 会計基準との関係の概要

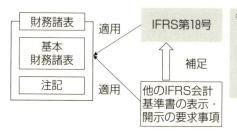

## 2. IFRS 第18号の適用範囲

### (1) 対象となる財務諸表

　IFRS 第18号は，IFRS 会計基準に従って作成されるすべての一般目的財務諸表に適用される。一般目的財務諸表とは，報告企業の資産，負債，資本，収益および費用に関する情報を提供する財務報告書である（IFRS 第18号第1項，第2項）。IFRS 第18号はあらゆる種類の企業に適用され，IFRS 第10号「連結財務諸表」に準拠した連結財務諸表にも，IAS 第27号「個別財務諸表」に準拠した個別財務諸表にも適用される。IFRS 第18号は，営利目的の企業に適した用語を使用しているが，その他の企業（例えば，非営利事業を営む企業や資本を有しない企業）についても，必要に応じて財務諸表における特定の科目，区分，小計または合計，財務諸表自体について用いる表記を修正することにより，適用が可能である（IFRS 第18号第6項，第7項）。

### (2) 他の IFRS 会計基準書との関係

　IFRS 第18号は，基本財務諸表における表示と注記における開示に関する全般的な要求事項を規定している。また，財務業績の計算書，財政状態計算書，持分変動計算書における情報の表示に関する個別的な要求事項を規定している。他の IFRS 会計基準書では，特定の取引や事象について，より詳細な表示や開示が要求される場合がある。例えば，IAS 第7号「キャッシュ・フロー計算書」は，キャッシュ・フロー情報の表示と開示に関する個別的な要求事項を定めている（IFRS 第18号第3項，第4項）。

### (3) 期中財務報告

　IFRS 第18号は，集約と分解に関する要求事項（IFRS 第18号第41項～第45項）と経営者が定義した業績指標（IFRS 第18号第117項～第125項）を除き，IAS 第34号「期中財務報告」に従って作成される要約期中財務諸表には適用されない（IFRS 第18号第5項）。ただし，企業がその期中財務報告書の中で完全な1組の財務諸表を公表するときには，IFRS 第18号の要求に従ったもので

*16*　第Ⅰ部　財務諸表の構成と全般的要求事項

なければならないとされている（IAS 第34号第9項）。また、企業がその期中財務報告書の中で1組の要約財務諸表を公表する際には、その要約財務諸表には少なくとも、直近の年次財務諸表に掲記された見出しおよび小計のそれぞれ、ならびに IFRS 第18号で要求している精選された説明的注記を含めなければならない（IAS 第34号第10項）。ただし、IFRS 第18号適用初年度については、IAS 第34号第10項で要求される直近の年次財務諸表に掲記された見出しおよび小計の表示は適用されず、IFRS 第18号を適用する際に使用すると見込まれる各見出しと要求される小計を表示する必要がある（特別トピック第2章「適用日および経過措置」（8頁）を参照）。

## (4)　経営者による財務レビューとの関係

　経営者による財務レビュー（「経営者による説明」や「財政状態及び経営成績に関する経営者による討議と分析（MD&A）」と呼ばれることもある。わが国の有価証券報告書では「経営者による財政状態、経営成績及びキャッシュ・フローの状況の分析」が経営者による説明に相当する）は、財務諸表とは別個のものであり、IFRS 会計基準の適用範囲外である。

　ただし、IFRS 第7号「金融商品：開示」は、具体的な開示（金融商品から生じるリスクの性質と程度、それらのリスクを管理するための企業のアプローチなど）を財務諸表に付随する経営者による説明やリスク報告書などの記述で提供することを認めている。これらの開示は、財務諸表の中で経営者による説明やリスク報告書などの他の文書を相互参照することにより組み込まれる。それにより、他の文書において相互参照される具体的な開示は IFRS 会計基準の範囲内にあるとみなされる（IFRS 第18号第8項、IFRS 第7号第21B 項、第35C 項、B6 項）。

# 第2章

## 財務諸表の全般的要求事項

## 1. 完全な1組の財務諸表

### (1) 財務諸表の構成

完全な1組の財務諸表は次のもので構成される（IFRS第18号第10項）。

(a) 基本財務諸表
- 当該報告期間に係る財務業績の計算書
- 当該報告期間の期末現在の財政状態計算書
- 当該報告期間に係る持分変動計算書
- 当該報告期間に係るキャッシュ・フロー計算書

(b) 当該報告期間に係る注記

(c) 前報告期間に関する比較情報

(d) 前報告期間の期首現在の財政状態計算書

上記(c)について，IFRS会計基準が別のことを許容または要求している場合を除き，企業は当該報告期間の財務諸表において報告するすべての金額について，各計算書と注記において比較情報（すなわち，前報告期間に係る情報）を提供しなければならない（IFRS第18号第31項，第32項）。前報告期間に関する比較情報も，完全な1組の財務諸表を構成する。

また，上記(d)について，会計方針の遡及適用，財務諸表上の項目の遡及的修正再表示や組替えを行った場合で，かつ，その影響が前期の期首現在の財政状態計算書における情報に対して重要性がある場合，前報告期間の期首現在の財政状態計算書を表示する必要がある（IFRS第18号第37項）。これも，完全な

1組の財務諸表を構成する。

　基本財務諸表については，上に示した以外の他の名称を使用することも可能である（「財政状態計算書」の代わりに「貸借対照表」など）（IFRS第18号第11項）。企業は，基本財務諸表のそれぞれを同等の目立ち方で表示する必要がある（IFRS第18号第14項）。

　使用する用語が各科目の特性を忠実に表す方法で示されることを条件に，基本財務諸表または注記においてIFRS第18号が要求する合計，小計および科目を示すために，IFRS第18号が使用する字句とは異なる用語を使用することもできる。例えば，「純損益」の代わりに「純利益」という用語を使用することが可能である（IFRS第18号第11項，第43項）。

## (2)　財務業績の計算書の2つの表示

　財務業績の計算書に関しては，図表Ⅰ－2－1のとおり，単一の計算書として表示することも，2つの計算書として表示することも可能である（IFRS第18号第12項）。

（図表Ⅰ－2－1）財務業績の計算書の2つの表示

| 計算書の数 | 表示方法 |
|---|---|
| 単一の計算書として表示 | ● 純損益の部とその他の包括利益の部の2つの部で表示<br>● 純損益の部，その他の包括利益の部の順序で表示する |
| 2つの計算書として表示 | ● 損益計算書と包括利益を表示する独立の計算書を作成する<br>● 損益計算書の後に，包括利益を表示する独立の計算書を表示する<br>● 包括利益を表示する独立の計算書は，純損益から始める |

　企業の選択にかかわらず，IFRS第18号では，単一の計算書の中で表示する純損益の部と独立した損益計算書の両方を「損益計算書」といい，単一の計算書の中で表示するその他の包括利益の部と包括利益を表示する独立の計算書の両方を「包括利益を表示する計算書」という（IFRS第18号第13項）（図表Ⅰ－2－2を参照）。

(図表Ⅰ-2-2) 単一の計算書と2つの計算書

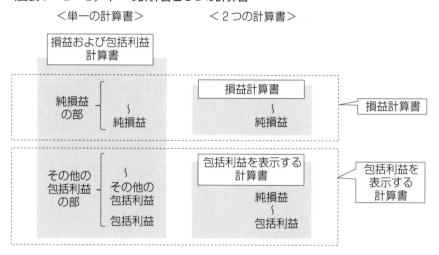

## 2．財務諸表の目的

　財務諸表の目的は，企業の資産，負債，資本，収益および費用に関する財務情報を提供することである。この情報は，利用者が企業の将来の正味キャッシュ・インフローの見通しを評価し，企業の経済的資源に係る経営者の受託責任（スチュワードシップ）を評価するうえで有用なものである。IFRS第18号における財務諸表の目的は，「概念フレームワーク」の第3.2項と一致している（IFRS第18号第9項，BC17項）。

> 概念フレームワーク
> 3.2　財務諸表の目的は，報告企業の資産，負債，持分，収益及び費用に関して，財務諸表利用者が報告企業への将来の正味キャッシュ・インフローの見通しの評価及び企業の経済的資源に係る経営者の受託責任の評価を行う際に有用な情報を提供することである。

## 3．基本財務諸表および注記の役割

上述の財務諸表の目的を達成するため，企業は基本財務諸表において要約した情報を表示し，注記においてより詳細な情報を開示する。重要性がある情報のみ，基本財務諸表に表示するか注記で開示することが求められている（IFRS第18号第15項）。基本財務諸表と注記には異なる役割があるため，情報を基本財務諸表に含めるべきか注記に含めるべきかを決定する場合，企業は，基本財務諸表の役割および注記の役割を考慮する必要がある（IFRS第18号第18項，第42項）。

図表Ⅰ－2－3は，財務諸表の目的と基本財務諸表および注記の役割の関係を示している。基本財務諸表および注記の役割については，(1)以降で説明する。

(図表Ⅰ－2－3) 財務諸表の目的と基本財務諸表および注記の役割の関係

| 財務諸表の目的 |
|---|
| 企業の資産，負債，資本，収益および費用に関する財務情報に関して，<br>・企業への将来の正味キャッシュ・インフローの見通し<br>・企業の経済的資源に係る経営者の受託責任<br>の評価を行う際に有用な財務情報を提供<br>（IFRS第18号第9項） |

 財務諸表の目的を達成するための役割

| 基本財務諸表 | 注記 |
|---|---|
| 有用な体系化された要約<br>(useful structured summary) を提供<br>(IFRS第18号第16項，第21項) | 重要性がある情報<br>(material information) を提供<br>(IFRS第18号第17項) |
| 理解可能な概観 / 比較可能 / 追加情報を要する項目を識別可能 | 基本財務諸表の科目を理解<br>追加情報により基本財務諸表を補足 |

 理解・補足

第2章　財務諸表の全般的要求事項　*21*

　なお，「有用な体系化された要約」については，*Point Of View*「有用な体系化された要約（useful structured summary）とは何か」（23頁）を参照されたい。また，「重要性がある情報」については，次のように定義されている（IFRS第18号B1項，付録A）。

---

情報は，それを省略したり，誤表示したり不明瞭にしたときに，一般目的財務諸表の主要な利用者が，特定の報告企業に関する財務情報を提供する財務諸表に基づいて行う意思決定に影響を及ぼすと合理的に見込み得る場合には，重要性がある。

---

　重要性は，情報の性質もしくは規模，またはその両方に左右される。企業は，財務諸表全体としての文脈において，単独でまたは他の情報との組み合わせで，情報に重要性があるかどうかを評価する（IFRS第18号B2項）。

　また，定義の中で示された「一般目的財務諸表の主要な利用者」は，現在のおよび潜在的な投資者，融資者および他の債権者であり，彼らは必要とする財務情報の多くを一般目的財務諸表に依拠している。財務諸表は，事業および経済活動についての合理的な知識を有し，情報を入念に検討・分析する利用者のために作成される（IFRS第18号B4，B5項）。

　情報は，財務諸表の主要な利用者に対して当該情報の省略または誤表示と同様の影響を有するような方法で伝達される場合には，不明瞭となる（IFRS第18号B3項）（**図表Ⅰ－2－4**を参照）。

（図表Ⅰ－2－4）重要性がある情報が不明瞭となる結果を生じさせる可能性のある状況の例

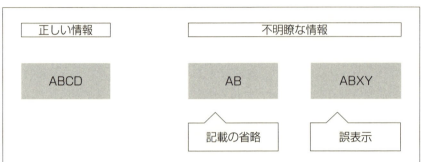

- 重要性がある項目，取引または他の事象に関する情報が，財務諸表において開示されているが，使用されている語句が曖昧または不明確である。
- 重要性がある項目，取引または他の事象に関する情報が，財務諸表全体に散在している。
- 異質な項目，取引または他の事象が，不適切に集約されている。
- 類似した項目，取引または他の事象が，不適切に分解されている。
- 重要性がある情報が重要性のない情報によって隠されている結果として，主要な利用者がどのような情報に重要性があるのかを判断できない程度まで，財務諸表の理解可能性が低下している。

## (1) 基本財務諸表の役割

基本財務諸表の役割は，報告企業の認識した資産，負債，資本，収益，費用およびキャッシュ・フローについて，財務諸表利用者にとって次のことに有用な体系化された要約を提供することである（IFRS第18号第16項）。

- 企業の認識された資産，負債，資本，収益，費用およびキャッシュ・フローについての理解可能な概観を得ること
- 企業間での比較および同一企業の各報告期間の比較を行うこと
- 財務諸表利用者が注記において追加的な情報を求めたいと考える可能性のある項目または領域を識別すること

第2章 財務諸表の全般的要求事項    *23*

> ***Point Of View***   有用な体系化された要約とは何か
>
>　IFRS 第18号は，新たに導入した「有用な体系化された要約（useful structured summary)」という用語について，次のように定義している（IFRS 第18号付録A)。
>
> > 　報告企業の認識した資産，負債，資本，収益，費用及びキャッシュ・フローについて基本財務諸表において提供される体系化された要約で，次のことのために有用であるもの。
> > - 企業の認識された資産，負債，資本，収益，費用及びキャッシュ・フローについての理解可能な概観を得ること
> > - 企業間での比較，及び同一企業の各報告期間の比較を行うこと
> > - 財務諸表利用者が注記において追加的な情報を求めたいと考える可能性のある項目又は領域を識別すること
>
>　また，「体系化された要約（structured summary)」については，概念フレームワークにおいて既存の概念として説明されている。そこでは，「体系化された要約」は財務情報を比較可能かつ理解可能なものとするために設計されているとされており，「要約の体系の重要な特徴は，ある計算書に認識された金額が，当該計算書に認識された項目を関連づける合計および小計に含まれることである」とされている（概念フレームワーク第5.2項)。
>
>　比較可能性や理解可能性を達成するためには，すべての重要性がある情報を基本財務諸表で提供することは適切ではない。例えば，多くの収益および費用項目を基本財務諸表において独立の科目として表示することは，かえって企業の財政状態や業績の概括的な理解を困難にする場合がある。
>
>　財務情報を十分に要約したうえで，企業の財務業績，財政状態およびキャッシュ・フローの主要な構成要素について有用な財務情報を提示する体系を決定するためには，判断が必要である。どのような情報が企業の資産，負債，資本，収益，費用およびキャッシュ・フローの「有用な体系化された要約」を提供するかは，各企業固有の事実や状況によって異なる。

## (2)　注記の役割

　注記の役割は，次の2つのことのために必要な重要性のある財務情報を提供

*24* 第Ⅰ部 財務諸表の構成と全般的要求事項

することである（IFRS 第18号第17項）。

- ●財務諸表利用者が基本財務諸表に表示された科目を理解すること
- ●財務諸表の目的を達成するために必要な追加の財務情報により基本財務諸表を補足すること

図表Ⅰ－2－5は，この2つの重要性のある財務情報の例を示している（IFRS 第18項 B6 項，B7 項）。

（図表Ⅰ－2－5）注記において提供される重要性のある財務情報の例

| ●財務諸表利用者が基本財務諸表に表示された科目を理解することに関する情報 | |
|---|---|
| 例 | ○基本財務諸表に表示している科目の分解 |
| | ○基本財務諸表に表示している科目の特徴の記述 |
| | ○基本財務諸表に含めた項目の認識，測定および表示にあたって使用した方法，仮定および判断に関する情報 |
| ●財務諸表の目的を達成するために必要な追加の財務情報により基本財務諸表を補足することに関する情報 | |
| 例 | ○次のような，IFRS 会計基準書が具体的に要求している情報 |
| | ●IAS第37号「引当金，偶発負債及び偶発資産」で未認識の偶発資産および偶発負債に関して要求している情報 |
| | ●IFRS第7号が信用リスク，流動性リスクおよび市場リスクなどのさまざまな種類のリスクに対する企業のエクスポージャーに関して要求している情報 |
| | ○IFRS会計基準書で個別に要求されている情報に追加する情報 |

　基本財務諸表のそれぞれの計算書が有用な体系化された要約を提供するため，これらの計算書に表示された情報は注記に表示された情報よりも目立つことになる。しかし，基本財務諸表に表示された情報のほうがより目立つとしても，それは，注記に開示されている情報が，基本財務諸表に表示されている情報に対して重要度が低いことを意味するものではない（IFRS 第18号 BC49項）。

## (3)　財務諸表に表示または注記に開示される情報

　一部の IFRS 会計基準書は，基本財務諸表において表示するかまたは注記において開示することが要求される特定の情報を定めている。企業は，IFRS 会

計基準書で要求されている具体的な表示または開示がもたらす情報に重要性がない場合には，当該表示または開示を提供する必要はない。

#### ① 基本財務諸表に表示される情報

基本財務諸表に個別に表示される情報は，有用な体系化された要約を提供するために必要な情報である必要がある。IFRS第18号は，基本財務諸表の体系に関して，準拠すべき最低限の要求事項を定めている（IFRS第18項第90項，第107項，第118項，第160項，第167項）。

しかし，有用な体系化された要約を提供するために必要ではない場合には，特定の最低限の要求事項や基本財務諸表において要求される科目であっても，基本財務諸表で個別に表示する必要はない（IFRS第18号第19項，第20項，第23項）。

#### ② 追加的な科目と小計

IFRS会計基準における具体的な要求事項に準拠するだけでは，取引ならびにその他の事象および状況が企業の財政状態および財務業績に与えている影響を財務諸表利用者が理解できるようにするためには不十分である場合がある。その場合には，追加的な開示を提供すべきかどうかを検討しなければならない（IFRS第18号第20項）。

基本財務諸表が有用な体系化された要約を提供するために必要な場合，追加の科目や小計を表示する必要がある。追加の科目や小計を表示する場合，それらは次のすべてを満たしたものである必要がある（IFRS第18号第24項）。

- IFRS会計基準に従って認識・測定した金額で構成されていること
- 基本財務諸表の体系に適合していること
- 期間ごとの継続性があること
- IFRS会計基準が要求している合計・小計よりも目立たないように示されていること

図表Ⅰ－2－6に，これらの要件をまとめた。

*26*　第Ⅰ部　財務諸表の構成と全般的要求事項

（図表Ⅰ－2－6）追加的な科目と小計の要件

| 基本財務諸表の役割 |
| --- |

| 有用な体系化された要約の提供 |
| --- |

この基本財務諸表の役割を果たすために必要な場合，

| 追加の科目・小計を表示 |
| --- |

| IFRS会計基準で認識・測定 | 基本財務諸表の体系に適合 |
| --- | --- |
| 期間ごとの継続性 | 目立たない |

# 4．財務諸表の特定

　企業は，財務諸表を明瞭に特定し，同じ公表書類中の他の情報と区別する必要がある。IFRS会計基準は財務諸表に対してのみ適用され，財務諸表の外で提供される情報（例えば，年次報告書，規制当局に対する提出書類において提供される情報）には必ずしも適用されない（IFRS第18号第25項，第26項，B10項）。財務諸表を識別して他の情報と区別することは，例えば，文書全体に適切な見出しを付けたり，金融商品取引法に基づく有価証券報告書等の開示書類に関する電子開示システムであるEDINET上で公表される開示書類に適切なタグ付けを行うことによって可能となる。

　財務諸表を識別して他の情報と区別したうえで，基本財務諸表と注記は，明瞭に特定される必要がある。さらに，次の情報について識別できるよう，目立つように表示する必要がある（IFRS第18号第27項）。

- 報告企業の名称または他の識別手段，および直前報告期間の末日からの当該情報の変更
- 財務諸表が個別企業のものなのか，企業集団のものなのか
- 報告期間の末日または財務諸表の対象期間
- 表示通貨（IAS第21号「外国為替レート変動の影響」で定義）

●財務諸表上の金額について使用している表示単位

なお，提供する情報を理解可能にするために必要な場合には，繰り返す必要がある。

## 5．報告の頻度

企業は，完全な1組の財務諸表を少なくとも年に1度は提供する必要がある。報告期間の末日を変更して年次財務諸表を1年よりも長い期間または短い期間とする場合には，財務諸表の対象期間に加えて，次の事項を開示しなければならない（IFRS 第18号第28項）。

●1年よりも長い期間または短い期間を使用している理由

●財務諸表に含めた金額が完全には比較可能ではない旨

通常，財務諸表は継続して1年間について作成される。しかし，実務上の理由で，例えば，52週間を報告期間として報告することを選択する企業も存在する。IFRS 第18号の適用にあたってもこのような実務は妨げられていない（IFRS 第18号第29項）。

## 6．表示，開示および分類の継続性

企業は，財務諸表上の項目の表示，開示および分類を毎期継続する必要がある。ただし，次の場合を除く（IFRS 第18号第30項）。

●事業の内容の著しい変更または財務諸表の見直しの結果，IAS 第8号「財務諸表の作成基礎」における会計方針の選択と適用の要件に照らし，別の表示，開示または分類のほうがより適切であることが明らかな場合

●IFRS 会計基準で表示，開示または分類の変更が要求される場合

## 7．比較情報

### ⑴　最低限の比較情報

当期の財務諸表で報告するすべての金額について，比較情報（すなわち，前

28    第Ⅰ部　財務諸表の構成と全般的要求事項

報告期間に係る情報）の提供が要求される。ただし，IFRS会計基準が別途の
要求または許容をしている場合，比較情報は要求されない。例えば，IAS第37
号では，引当金について期首引当金と期末引当金の調整を開示することを要求
しているが，当該調整に係る比較情報の開示については要求されないことを明
確にしている（IAS第37号第84項）。他方，IAS第16号「有形固定資産」と
IAS第38号「無形資産」では，有形固定資産や無形資産の期首と期末の残高の
変動に関する比較情報の開示要求について言及しておらず，この点について明
確にされていないため，IFRS第18号に基づいて比較情報の開示が要求される。
　また，当期の財務諸表の理解のために必要な場合には，説明的・記述的な情
報に関する比較情報も含めなければならない（IFRS第18号第31項）。ただし，
これらの情報に関連性がなくなった場合には，比較のための説明的・記述的情
報を提供する必要はない。例えば，前期の期末日時点で係争事件が未解決であ
り，当期において未だ解決していない場合，当期の財務諸表では，当該係争事
件の詳細や解決に向けた措置を開示する必要がある。一方，係争事件が当期中
に解決された場合には，当該期間の企業の業績を説明するために必要なときに
は，係争の結果が開示されることになる（IFRS第18号 B13項）。

## ⑵　IFRS会計基準が要求していない追加の比較情報

　基本財務諸表と注記では，最低限，当期と前期の情報を表示する。ただし，
IFRS会計基準に従って情報が作成される限り，IFRS会計基準が最低限要求
する比較情報に追加して，比較情報を提供することができる（IFRS第18号第
32項）。
　追加の比較情報は，基本財務諸表のすべてにおいて表示する必要はない。た
だし，一部の基本財務諸表についてのみ追加の比較情報を表示する場合，当該
追加の比較情報に対応する注記も追加開示する必要がある。例えば，財務業績
の計算書においてのみ，前報告期間にさらに1期分追加して比較対象期間を表
示する場合，財政状態計算書やキャッシュ・フロー計算書など，他の基本財務
諸表においては追加的な比較対象期間を表示する必要はない。ただし，財務業
績の計算書に関する追加された比較情報に対応する注記について追加開示する
必要がある（IFRS第18号 B14項，B15項）（**図表Ⅰ－2－7参照**）。

第2章 財務諸表の全般的要求事項　*29*

**（図表Ⅰ－2－7）追加の比較情報を表示する場合**

```
┌─────────────────────────────────────────────┐
│                   基本財務諸表                    │
└─────────────────────────────────────────────┘
┌──────────────────┐  ┌──────────────────────────┐     ┌────────┐
│   財政状態計算書    │  │      財務業績の計算書        │ ◀── │  追加の │
│                  │  │                          │     │  比較情報 │
│ 比較情報： 前期    │  │ 比較情報： 前期  前々期    │     └────────┘
└──────────────────┘  └──────────────────────────┘
┌──────────────────┐  ┌──────────────────────────┐
│   持分変動計算書    │  │    キャッシュ・フロー計算書    │
│                  │  │                          │
│ 比較情報： 前期    │  │ 比較情報： 前期            │
└──────────────────┘  └──────────────────────────┘

┌─────────────────────────────────────────────┐
│                     注記                      │
└─────────────────────────────────────────────┘
┌──────────────────┐                              ┌──────────────┐
│ 比較情報： 前期 前々期 │ ◀────────────────────────── │ 追加の比較情報  │
└──────────────────┘                              │ に対応する注記 │
                                                  │ も追加開示    │
                                                  └──────────────┘
```

● 財務業績の計算書に追加の比較情報（前々期の情報）を表示しても，他の基本財務諸表に同じように追加の比較情報を表示する必要はない。

## (3)　会計方針の変更，遡及的修正再表示または組替え

　企業は，次の両方に該当する場合には，前報告期間の期首現在の「第3の財政状態計算書」の表示を要求される（IFRS第18号第37項）。

● 会計方針の変更を遡及適用，財務諸表の項目の遡及的修正再表示，または項目の組替えを行う場合

● その遡及適用，遡及的修正再表示または組替えが，前報告期間の期首現在の財政状態計算書の情報に対して重要な影響を及ぼす場合

　この場合，当報告期間の期末，前報告期間の期末，前報告期間の期首の3つの財政状態計算書を表示することになる（IFRS第18号第38項）。第3の財政状態計算書は，財務諸表がそれ以前の期間に係る比較情報を表示しているか否かにかかわらず，前報告期間の期首時点の情報を表示する点に注意する必要がある（IFRS第18号第40項）。**図表Ⅰ－2－8**に概念図を記載した。

*30*　第Ⅰ部　財務諸表の構成と全般的要求事項

（図表Ⅰ－2－8）3つの財政状態計算書

| | 20X2年12月31日 | 20X1年12月31日 修正再表示 | 20X1年1月1日 修正再表示 |
|---|---|---|---|
| 資産 | | | |
| 流動資産 | X,XXX | X,XXX | X,XXX |
| | ・ | ・ | ・ |
| | ・ | ・ | ・ |
| | ・ | ・ | ・ |

前報告期間の期首も含めた3つの
財政状態計算書を表示

---

**Point Of View**　第3の財政状態計算書の表示の要否

例えば，ある製造会社が，次のような状況にあったとする。

- 20X0年12月に競合他社を買収した。
- 20X0年12月31日現在の年次財務諸表において，IFRS第3号「企業結合」に基づき企業結合を暫定的に会計処理した。
- 20X1年に企業結合の会計処理が確定し，暫定的な公正価値が更新された。その結果，20X1年の年次財務諸表において20X0年の比較情報が調整された。

買収は20X0年の12月に行われているため，この買収は，20X0年1月1日時点の企業の財政状態に影響を与えない。そのため，第3の財政状態計算書は必要ない。

---

　第3の財政状態計算書を表示することが要求される場合でも，前報告期間の期首現在の財政状態計算書に関連する注記を提供する必要はない。このような取扱いは，企業の選択により追加的な比較情報を表示する場合の取扱い（この場合には関連する注記が必要となる）とは対照的である（IFRS第18号第39項，B14項，B15項）。

第2章　財務諸表の全般的要求事項　　*31*

#### ①　組替えに関する追加のガイダンス

　財務諸表上の項目の表示，開示または分類を変更する場合，組替えが実務上不可能な場合を除き，比較金額もあわせて組み替える必要がある。比較金額（前報告期間の期首の金額を含む）を組み替える際に，企業は次の事項を開示する必要がある（IFRS 第18号第33項）。

- ●組替えの内容
- ●組み替えたそれぞれの項目またはクラスの金額
- ●組替えの理由

　なお，財務諸表上の項目の表示，開示または分類を変更する際に，比較金額の組替えが実務上不可能と判断された場合には，次の事項を開示する必要がある。

- ●金額を組み替えない理由
- ●金額を組み替えていたならば行われたであろう修正の性質

　「実務上不可能」とは，あらゆる合理的な努力を行っても要求事項を適用できない場合をいう。例えば，過去の報告期間におけるデータが，組替えが可能となるような方法で収集されておらず，かつ当該情報を再作成することが実務上不可能である場合には，組替えを行わない（IFRS 第18号第34項）。あらゆる合理的な努力を行うことが前提とされているため，「実務上不可能」に該当する状況はかなり稀であると考えられる。

*32* 第Ⅰ部　財務諸表の構成と全般的要求事項

# 第**3**章

# 集約および分解

## 1．集約および分解の原則

### ⑴　集約および分解の原則

　企業は，基本財務諸表に財務諸表項目（資産，負債，資本性金融商品もしく
は剰余金，収益，費用またはキャッシュ・フロー）を表示し，情報を注記に開
示するために，必要に応じて項目を集約または分解する。IFRS 第18号は，企
業が基本財務諸表を作成する際に，財務諸表利用者に必要な情報を提供できる
よう，次のような集約および分解の原則を定めている（IFRS 第18号第41項）。

- ●特徴に基づく集約および分解

　　　資産，負債，資本，収益，費用またはキャッシュ・フローを共通する特
　　徴に基づいて項目に分類し，集約する。また，共通の特徴を有さない項目
　　を分解する。

- ●役割を果たすための集約および分解

　　　基本財務諸表の役割（有用な体系化された要約を提供するという役割）
　　を果たす科目表示を行うために項目を集約または分解する。注記の役割
　　（重要性がある情報を提供するという役割）を果たす情報開示を行うため
　　に項目を集約または分解する。

- ●不明瞭にならない集約および分解

　　　重要性がある項目が不明瞭にならないように項目を集約または分解する。

　IFRS 第18号は，情報に重要性がある場合，常に項目を分解することを求め
ている。したがって，基本財務諸表の役割（有用な体系化された要約を提供す

るという役割）を果たすために，重要性がある情報を基本財務諸表に表示しない場合，当該情報を注記において開示することが求められる（IFRS第18号第42項）。

さらに，集約および分解の原則を適用するために，共通の特徴を有する項目を集約し，共通の特徴を有さない項目を分解することを求めている。企業は次のような手順で検討して，項目を集約または分解する（IFRS第18号B17項）。

- 取引とその他の事象を識別する

  取引またはその他の事象から生じた資産，負債，資本，収益，費用およびキャッシュ・フローを識別する。

- 類似した特徴に基づき項目に分類し，表示または開示する

  資産，負債，資本，収益，費用およびキャッシュ・フローを特徴（例えば，性質，機能，測定基礎またはその他の特徴）に基づいて項目に分類し，少なくとも1つの類似した特徴を有する項目が表示または開示される。

- 異質な特徴に基づいて項目を分解する

  基本財務諸表において，有用な体系化された要約を提供するために必要であれば分解する。注記において，重要性がある情報を提供するために必要であれば分解する。

IFRS第18号は，集約および分解の手順を定めているが，順序を定めていない。そのため，企業は，定められた手順をさまざまな順序で適用することができる（IFRS第18号B18項）。**図表Ⅰ－3－1**は，集約および分解の原則を適用するための枠組みである。

(図表Ⅰ－3－1) 集約および分解の原則を適用するための枠組み

多数の取引または事象

⬇

資産，負債，資本，収益，費用およびキャッシュ・フロー

以下の情報を提供するために，項目の特徴に基づいて集約または分解を判断する

| 有用な体系化された要約 | 重要性がある情報 |
|---|---|
| 基本財務諸表の表示 | 注記による開示（基本財務諸表で表示しない場合） |
| ●科目を表示するにあたって項目を集約する場合，各項目が資産，負債，資本，収益，費用およびキャッシュ・フローの定義を満たすだけでなく，少なくとも1つの類似した特徴を有していなければならない<br>●有用な体系化された要約を提供するために，十分に異質な特徴を有する重要な項目であっても集約する場合もある<br>●IFRS第18号および他のIFRS会計基準書に記載されている科目を表示すると，有用な体系化された要約を提供するという財務諸表の役割を効果的に果たせない場合，それらの項目の表示は求められない | ●情報が重要な場合，異質な特徴を有する項目を分解する。1つの異なる特徴であっても，分解された項目の情報が重要になる場合もある |

注記で分解する

全般的な考慮事項

●重要性は，財務諸表で情報が提供されるかどうかを決定するが，情報がどこで提供されるかに関しては決定しない。重要性があるすべての情報は，基本財務諸表で表示されるか，または注記で開示される
●どこで情報を提供するかを決定するために，基本財務諸表と注記の役割を考慮する。集約または分解を行う際にもこの役割を考慮する
●重要でない情報は，個別に表示または開示されるべきではない

## (2) 集約および分解の基礎

　IFRS第18号は，企業が集約または分解を決定するために，項目の特徴に基づいて判断することを求めている。各項目の特徴の類似性が高いほど，集約することで基本財務諸表の役割（有用な体系化された要約を提供すること）または注記の役割（重要性がある情報を提供すること）を果たす可能性が高い。逆

に，各項目の特徴が異質であるほど，分解することで基本財務諸表または注記の役割を果たす可能性が高い（IFRS 第18号 B20項）。また，集約して基本財務諸表に科目として表示する項目は，少なくとも１つの類似の特徴を有する必要がある（IFRS 第18号 B21項）。

　企業は，項目の特徴に基づいた集約または分解をするにあたり，**図表Ｉ－３－２**のような一般的な特徴，収益および費用に特有の特徴や資産および負債に特有の特徴を考慮する。

（図表Ｉ－３－２）集約および分解を決定するために考慮すべき情報

---

**一般的な特徴**

- 性質
- 企業の事業活動の中での機能または役割
- 測定基礎
- 測定または結果の不確実性（または，項目に関連した他のリスク）
- 規模
- 地域または規制環境
- 税金への影響（例えば，収益または費用の項目に異なる税率が適用される場合）

**収益および費用に特有の特徴**

- 持続性（発生頻度や経常・非経常の区別）
- 発生時期（資産または負債の当初認識において発生するのか，またはその後の再測定において発生するのか）

**資産および負債に特有の特徴**

- 回収または決済までの期間や時期（流動・非流動の分類，または企業の正常営業循環期間において回収・決済を見込むかどうかを含む）
- 流動性
- 種類（例えば，企業結合により，異なる種類の顧客資産，契約や関係が生じる場合），資産の使用または負債の譲渡に関する制限

*36* 第Ⅰ部　財務諸表の構成と全般的要求事項

---

### ケーススタディⅠ－3－1 ▶ 金融資産の分解

| 前　提 |

　A社は，重要な資本性投資および負債性投資を取得する取引を行った。資本性投資および負債性投資は，類似の特徴（金融資産である）と異質な特徴（測定基礎とリスクが異なる）を有する。A社は，財政状態計算書にどのように表示し，開示すべきか。

| ポイント |

　有用な体系化された要約を提供するために，金融資産を分解すべきか。

| 考え方 |

　A社は，具体的な事実と状況によって，次のように結論付ける可能性がある。

● 分解することが有用な体系化された要約を提供すると考える場合
　○ A社は，資本性投資と負債性投資では測定基礎が異なることから，純損益を通じて公正価値で測定される資本性投資および負債性投資で構成される科目と償却原価で測定される負債性投資で構成される科目を区分して表示する。
　○ さらに，A社は，資本性投資と負債性投資が異なるリスクに晒されているため，財政状態計算書において，さらに分解すべきか検討する。
● 分解することが有用な体系化された要約を提供しないと考える場合
　A社は，財政状態計算書において，資本性投資と負債性投資を区分せず，金融資産として合算して表示し，資本性投資と負債性投資は重要であるため注記において内訳を開示する。

---

## (3)　項目の記述

　基本財務諸表で表示される項目や注記で開示される項目は，個々の取引やその他の事象から生じる項目の集約であり，その集約の理由はさまざまである。IFRS第18号は，基本財務諸表に表示する項目または注記に開示する項目について，その特徴を忠実に表現する名称を用いることを求めている（IFRS第18号B24項）。企業は，財務諸表利用者が項目を理解するために必要なすべての記述および説明を提供する必要がある。図表Ⅰ－3－3のとおり，用語の説明や資産，負債，資本，収益，費用およびキャッシュ・フローがどのように集約または分解されているかに関する情報の開示が必要になる場合もある。

第3章　集約および分解　　*37*

(図表 I － 3 － 3 )　項目の記述

| ①　基本財務諸表において，情報に重要性がある項目と情報に重要性がある項目が集約されている場合 | | |
|---|---|---|
| 開示の考慮事項 | 名称・項目の記述 | 例 |
| それぞれの項目を個別に開示する | 可能な限り，集約された項目を正確に表す名称 | 財政状態計算書の「有形固定資産」は，以下から構成される<br>●所有資産<br>●リース資産 |
| ②　基本財務諸表または注記において，情報に重要性がある項目と情報に重要性がない項目が集約されている場合 | | |
| 開示の考慮事項 | 名称・項目の記述 | 例 |
| 重要性がない情報が重要性がある情報を不明瞭とする場合にのみ，分解した情報が必要となる | 重要性がある情報を説明する名称 | 財政状態計算書の「売上債権」は，以下から構成される<br>●外部顧客に対する売上債権<br>●購入した物品に対して過払いが生じたことによる重要でない「その他の債権」 |
| ③　基本財務諸表または注記において，情報に重要性がない項目が集約されている場合 | | |
| 開示の考慮事項 | 名称・項目の記述 | 例 |
| 分解した情報を開示する必要はない | 類似の特徴を有する項目を集約している場合，類似の特徴を表す名称 | 損益計算書の「その他の支払利息」は，いずれも個別に重要ではない以下から構成される<br>●引当金の貨幣の時間的価値の要素<br>●債務の支払利息<br>●確定給付負債の純利息費用 |
|  | 類似の特徴を有していない項目を集約している場合，類似していない特徴を表す名称 | 損益計算書の「その他の営業費用」は，いずれも個別に重要ではない以下から構成される<br>●弁護士費用<br>●従業員の福利厚生費<br>●外部委託のオフィス清掃費<br>●付属品の賃貸費用 |

　情報に重要性がない項目の集約である場合に「その他」を使用することがあ

るが,特徴に基づいて検討した結果,「その他」より有益な情報を提供する名称がない場合にのみ,「その他」の名称を付けることが認められる(IFRS 第18号 B25項)。企業は,**図表Ⅰ-3-4**のように,「その他」よりも有益な情報を提供する名称があるかどうかを評価し,「その他」よりも有益な情報を提供する名称がない場合には,追加の開示を検討する。

(図表Ⅰ-3-4)「その他」の名称を使用する場合のフローチャート

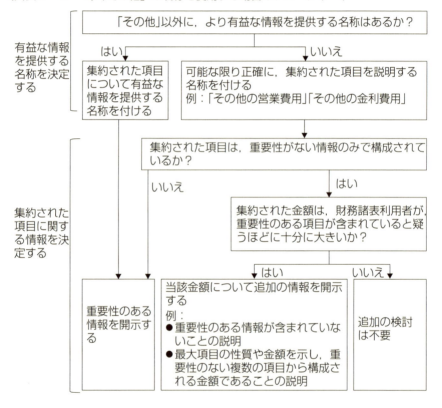

## 2.相 殺

IFRS 第18号は,相殺により,財務諸表利用者が取引やその他の事象および

状況を網羅的かつ適切に理解し，企業の将来キャッシュ・フローを評価するための能力を損なう。このため，IFRS会計基準で要求または許容されている場合を除き，資産と負債または収益と費用を相殺せず，資産と負債の両方および収益と費用の両方を別建てで表示することを求めている（IFRS第18号第44項）。

ただし，次のような限られた場合においてのみ相殺を認めている。

- 同一の取引から生じた収益と費用で，相殺することが取引実態を反映する場合
  - 固定資産の処分損益：固定資産の処分収入と資産の帳簿価額および関連する売却費用
  - 引当金に関する純支出：支出と第三者との契約上の合意に基づく弁済額（例えば，サプライヤーの保証契約）
- 類似項目のグループから生じる利益および損失であり，その金額が損益計算書において同じカテゴリーに含まれる場合
  - 為替差損益
  - トレーディング目的で保有する金融商品から生じる利益および損失

企業は，これらの収益と費用または利益を注記で個別に開示することにより，重要性のある情報を得られる場合には，これらを開示しなければならない。

# 第 II 部

# 財務諸表の各構成要素の表示および開示

　第 II 部では，第 1 章から第 4 章において基本財務諸表（財務業績の計算書，財政状態計算書，持分変動計算書，キャッシュ・フロー計算書）ごとに，IFRS 第18号「財務諸表における表示及び開示」の適用によりどのような表示または注記における開示が要求されるかについて解説する。なお，IFRS 第18号は財務業績の計算書である損益計算書の改善に焦点を当てたものであり，それらについては第 1 章で解説している。注記については第 5 章，第 6 章で解説しており，中でも，IFRS 第18号で新たに導入された経営者が定義した業績指標（MPM）については，第 6 章において独立して解説を行っている。

*42* 第Ⅱ部 財務諸表の各構成要素の表示および開示

# 第1章

# 財務業績の計算書

## 1. 損益計算書

会計期間に認識されたすべての収益および費用項目は，その会計期間の純損益に織り込まれる必要がある。ただし，IFRS会計基準が会計期間の純損益に織り込むこととは異なる取扱いを求める，あるいは許容する場合にはその限りではない。収益および費用項目のうち純損益から除外された項目は，包括利益を表示する計算書におけるその他の包括利益として認識されるか，もしくは資本取引に関連する項目であれば資本において認識されることになる（IFRS第18号第46項，B86項）。包括利益を表示する計算書，あるいはその他の包括利益については，4.「包括利益を表示する計算書」(113頁) において取り扱うこととし，この節では損益計算書に焦点を当てて説明する。

IFRS第18号「財務諸表における表示及び開示」は，損益計算書に対して明確な構造を規定している。その構造は，以下の5つの区分と必須となる3つの小計により形成される。

- ●営業区分
- ●投資区分
- ●財務区分
- ●法人所得税区分
- ●非継続事業区分

会計期間に認識された収益および費用項目のうち損益計算書に含められる項目は，これら5つの区分に分けて損益計算書に表示されることになる（IFRS

第1章　財務業績の計算書　　*43*

第18号第47項）。また，これらの各区分の小計として，以下の小計が必要となる（IFRS第18号第69項，B29項）。

- 営業損益
- 財務及び法人所得税前純損益
- 純損益

このような損益計算書に対する明確な構造を適用することにより，財務諸表利用者の理解は促進され，また，企業間の比較可能性も向上することになる（IFRS第18号BC81項）。損益計算書の構造を「区分」と「小計」に基づいて概念図で示すと，**図表Ⅱ－1－1**のようになる。


**（図表Ⅱ－1－1）損益計算書の構造**

| | |
|---|---|
| 売上高 | |
| 売上原価 | |
| 売上総利益 | 営業区分 |
| 販売費及び一般管理費 | |
| 営業利益 | |
| 持分法投資損益 | |
| 金融収益 | 投資区分 |
| 財務・法人所得税前利益 | |
| 借入金の金利費用 | |
| リース負債の金利費用 | 財務区分 |
| 法人所得税前利益 | |
| 法人所得税 | 法人所得税区分 |
| 継続事業からの当期純利益 | |
| 非継続事業からの損失 | 非継続事業区分 |
| 当期純利益 | |


　IFRS第18号に基づく損益計算書に含まれる収益と費用項目を分類するための「区分」については，損益計算書における要求される「小計」と関連させて検討しなければならない。

　ただし，どの収益と費用項目が損益計算書のどの区分に分類されるかという点については，要求される小計との関係で明確である。また，要求される小計

を用いること以外に，損益計算書の上で各区分をどのように命名するか，すなわちその名称についての決まりはない。

IFRS 第18号の要求事項である小計がどのようにそれぞれの収益と費用項目を営業，投資，財務に分類するかを示す1つの例が上の**図表Ⅱ－1－1**になる。

なお，明確な要求事項は存在しないものの，企業は IFRS 第18号において定義された区分を明確に示すために，損益計算書に追加の見出しを用いることができると考えられる。

また，IFRS 第18号における区分の説明は，キャッシュ・フロー計算書で用いられている区分とは整合していない。例えば，営業を支援するために使用される資産に対する投資コストに関するキャッシュ・フローは，キャッシュ・フロー計算書の投資活動において報告されるが，関連する収益と費用項目（減価償却費あるいは償却費）は，損益計算書における営業区分において報告されることになる。

---

### *Short Break*　IFRS 第18号による5つの区分の導入

IAS 第1号「財務諸表の表示」では，小計として純損益の表示のみが要求されていた。また，関連性がある場合には追加的な表示項目や小計の表示も要求されていた。これらの要求事項に対する課題として，同業他社間でも損益計算書の構造や表示項目にばらつきが生じていること，多くの企業が営業利益を表示しているが IFRS 会計基準では定義されていないため算定方法が異なること，さらに，関連会社および共同支配企業に係る持分法投資損益の表示方法にばらつきが生じていることにより，比較が困難なことが挙げられていた。その対応として，公開草案の段階では，損益計算書の税引前利益よりも上の部分の構成の改善が提案されていた。すなわち，新たな3つの小計，「営業損益」，「営業損益並びに不可分の関連会社及び共同支配企業から生じる収益及び費用」，「財務及び法人所得税前純損益」を表示し，さらにその3つの小計の表示にあたって，税引前利益よりも上に含まれる収益および費用を4つの区分，すなわち，営業区分，不可分の関連会社および共同支配企業区分，投資区分，および財務区分に分類することが提案された。

最終的に，IFRS 第18号では「営業損益」，「財務及び法人所得税前純損益」，「純損益」の3つの小計を要求している。公開草案の段階で提案されていた「営業損益並びに不可分の関連会社及び共同支配企業から生じる収益及び費用」は，関連会社等に係る持分法投資損益を不可分のものと不可分でないものとに区分表示す

第1章 財務業績の計算書 **45**

ることの有用性に対する懸念，あるいは実務上困難であるという意見があり，最終基準には織り込まれなかった。これに伴い，不可分の関連会社等に係る持分法投資損益を独立して分類するための区分も要求されないこととなった。

> *Short Break* 損益計算書とキャッシュ・フロー計算書の区分
>
> IASBにおいて基本財務諸表のそれぞれで用いられている区分を整合させる必要性の有無について議論された。議論の結果，最終的にIASBは財務諸表利用者にとっての特に損益計算書における情報の必要性を勘案し，損益計算書で用いられる区分の定義に焦点を当てることを決定した。すなわち，IASBは，基本財務諸表の各計算書における分類の目的をそれらの計算書間での一致よりも優先した。したがって，損益計算書とキャッシュ・フロー計算書の区分を合わせる必要はない。

　なお，上で説明したIFRS第18号の損益計算書における区分と小計の一般的な枠組みは，報告企業として金融機関ではない企業を念頭に置いて作成されている。しかしながら，報告企業によっては，銀行や投資ファンドのように投資活動あるいは財務活動もしくはその両方を営業活動として行っている場合もありうる。こうした報告企業の場合には，それらの営業活動とその収益と費用を適切に反映し営業利益または損失を示すために，投資区分あるいは財務区分に分類されることになるよう認識された収益および費用を営業区分に含める必要がある。こうした特別な状況に対応するために，IFRS第18号は，企業が特定の主要な事業活動を有しているか否かを評価することを求めている。すなわち，特定の主要な事業活動が当該企業の主たる事業活動である場合には，投資区分あるいは財務区分に分類された収益および費用を営業区分に分類することを要求している（IFRS第18号第50項）。特定の主要な企業活動を有する企業の取扱いについては，(4)「特定の主要な事業活動を有する企業」（64頁）において詳説する。

　まず，以下では損益計算書の構造に影響を及ぼす5つの区分についてそれぞれ説明する。

## (1) 営業区分

　営業区分には，そのほかの区分，すなわち投資，財務，法人所得税および非

46　第Ⅱ部　財務諸表の各構成要素の表示および開示

継続事業の区分に分類されないすべての損益が含まれる（IFRS 第18号第52項）。したがって，営業区分は，他の区分に分類されなかったすべての収益および費用を含み，いわば「残余区分」の性質を有する。このため，企業の営業活動から生じる，高い変動性を示す収益あるいは費用，経常的でない収益あるいは費用（工場の火災により生じた減損損失，訴訟費用など）もこの区分に分類される（IFRS 第18号 B42項）。

　営業区分に分類されたすべての収益および費用を合計することにより，IFRS 第18号により要求される小計である営業利益が算出・表示される（IFRS 第18号第70項）。

　営業区分には，変動性の有無あるいは経常的であるか否かにかかわらず，他の区分に分類されなかったすべての収益および費用が分類される。このため，営業区分はその小計である営業利益とともに，あらゆるビジネスモデルに対応するとともに企業の営業活動の完全な描写を提供することになる。

　損益計算書の構造における営業区分を概念図で示すと**図表Ⅱ－1－2**のようになる。

（図表Ⅱ－1－2）営業区分の概念図

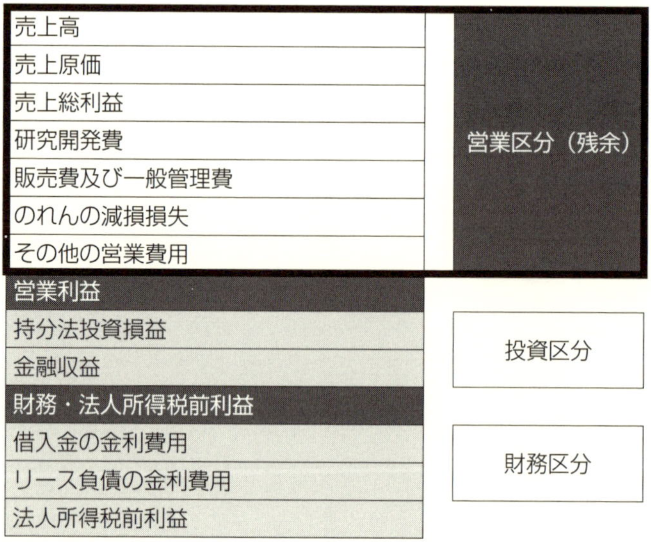

第1章　財務業績の計算書　*47*

> **Short Break**　営業区分が「残余の区分」とされた背景
>
> 　前述のとおり，IASBは，営業利益という小計を導入することにより，財務諸表の利用者に有用な情報を提供することになり，また，どのような収益と費用を営業区分に分類するかを示すことにより実務の多様性が減少し，企業間の比較可能性が向上することを想定している。
>
> 　IFRS第18号を最終化する議論の中で，IASBは営業区分を「残余の区分」とした。当初，営業利益を直接的に定義することにより営業区分に含まれる損益を規定することも議論されたが，以下の理由から最終的に営業区分は残余の区分となった。
>
> - すべての企業に適切な営業利益に対する直接的な定義を開発することは不可能でないとしても困難であると想定される
> - 企業が直接的な定義を適用する場合に重大な判断を要するため，より困難であるとともによりコストがかかることが想定される
> - 直接的に営業利益を定義した場合に，営業費用の分類に一貫性を欠く可能性がある

## (2)　投資区分

　損益計算書の構造における投資区分を概念図で示すと**図表Ⅱ－1－3**のようになる。

（図表Ⅱ－1－3）投資区分の概念図

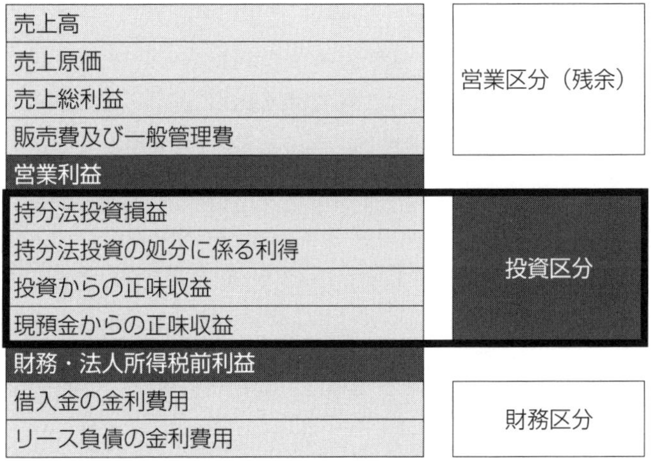

*48* 第Ⅱ部　財務諸表の各構成要素の表示および開示

| 法人所得税前利益 |
| --- |

投資区分には，特定の資産から生じる損益が分類される。ここでいう「特定の資産」とは，以下のような資産を指す。

① 関連会社，共同支配企業および非連結子会社に対する投資
② 現金および現金同等物
③ 個別にかつ企業の他の資源からおおむね独立してリターンを生み出す資産

ただし，後述する「特定の主要な事業活動を有する企業」（銀行や保険会社，投資企業など）（⑷「特定の主要な事業活動を有する企業」（64頁）参照）の場合には，別途の取扱いが定められている（IFRS 第18号第50項）。

上記の①から③に示した特定の資産から生じる損益は投資区分に分類されるが，この損益には以下のようなものが含まれる（IFRS 第18号第54項）。

- 特定の資産が生み出した収益
- 特定の資産の当初測定と事後測定，および特定資産の処分から生じる収益と費用
- 特定の資産の取得と処分に直接起因する増分費用（例えば，取得あるいは処分に係る取引コスト）

以下では，これらの特定の資産として取り扱われる資産の例を示す。

## ① 関連会社，共同支配企業および非連結子会社

これらの資産には，以下のようなものが含まれる。

- 持分法を適用した関連会社および共同支配企業に対する投資
- 純損益を通じて公正価値で測定することを選択した関連会社および共同支配企業

なお，IAS 第27号「個別財務諸表」に基づいて作成された個別財務諸表については取得原価で測定された関連会社および共同支配企業も含まれる。また，非連結子会社については，以下のものが含まれる（IFRS 第18号 B43項～B44項）。

- IAS 第27号に基づいて作成された個別財務諸表において持分法を適用して

いる子会社投資
- 投資企業において純損益を通じて公正価値で測定される子会社投資
- 個別財務諸表において取得原価あるいはIFRS第9号「金融商品」に従って会計処理された子会社投資

### ② 現金および現金同等物

現金および現金同等物は，IAS第7号「キャッシュ・フロー計算書」第6項において以下のように定義されている。

---
- 現金は，手許現金と要求払預金からなる。
- 現金同等物とは，短期の流動性の高い投資のうち，容易に一定の金額に換金可能であり，かつ，価値の変動について僅少なリスクしか負わないものをいう。
---

現金および現金同等物の詳細については，第4章「キャッシュ・フロー計算書」(170頁) において解説する。

### ③ 個別にかつ企業の他の資源からおおむね独立してリターンを生み出す資産

個別にかつ企業の他の資源からおおむね独立してリターンを生み出す資産の典型例として以下のものが挙げられる (IFRS第18号 B46項)。
- 負債性投資または資本性投資
- 投資不動産および当該不動産が生み出す賃貸に係る債権

個別にかつ企業の他の資源からおおむね独立してリターンを生む資産か否かを評価する際には，以下の2つの要件を考慮する。
- 個別にリターンを生み出す資産か
- 企業の他の資源からおおむね独立してリターンを生み出す資産か

ある資産が個別にかつ企業の他の資源からおおむね独立してリターンを生み出す資産であるためには，上記の両方の要件を満たす必要がある。なお，リターンは正の場合も負の場合もありうる (IFRS第18号 B45項)。

50　第Ⅱ部　財務諸表の各構成要素の表示および開示

ⅰ. 個別にかつ企業の他の資源からおおむね独立してリターンを生み出す資産
　の例

　次のような種類の資産は，個別の資産として保有すること（そして売却すること）によってリターンを生み出すことができる。これらの資産は，リターンを生み出すために他の資源の助けを必要とせず，また一体化させる必要はない。

- ●企業が保有する負債性金融商品
- ●企業が保有する資本性金融商品
- ●投資不動産および当該不動産が生み出す賃貸に係る債権

　これらの資産から生じる収益と費用には，通常，以下のようなものが含まれる（IFRS 第18号 B47項）。

- ●金利収益
- ●配当
- ●賃貸収益
- ●減価償却費
- ●減損損失（予想信用損失を含む）と減損損失の戻入れ
- ●公正価値の変動による収益と費用
- ●当該資産の認識の中止または売却目的としての分類と再測定から生じた収益と費用

　これらの収益と費用は，通常，損益計算書の投資区分に分類される。ただし，企業が主要な事業活動として関連する資産に投資する場合に限り，これらの収益と費用は営業区分に分類される（(4)「特定の主要な事業活動を有する企業」（64頁）参照）。

ⅱ. 個別にかつ企業の他の資源からおおむね独立してリターンを生み出さない
　資産の例

　図表Ⅱ－1－4に示した資産は，個別にかつ企業の他の資源からおおむね独立してリターンを生み出さない資産の例である。

第1章　財務業績の計算書　*51*

（図表Ⅱ－1－4）個別にかつ企業の他の資源からおおむね独立してリターンを生み
出さない資産の例

| 資産 | リターンを生み出す | | 説明 |
|---|---|---|---|
| | 個別に | 企業の他の資源からおおむね独立して | |
| 顧客に対する営業債権 | ○ | × | これらの資産は，収益および費用が営業区分に分類される財またはサービスの製造もしくは供給の結果として生じる，あるいは認識される。<br>これらの資産から生じるリターンは他の資産とは別個のものとなる（それゆえ個別にリターンを生み出す）が，企業の財またはサービスを製造あるいは供給するプロセスの一部として他の企業の資源と組み合わせてリターンを生み出す。 |
| 契約資産 | ○ | × | |
| 棚卸資産 | ○ | × | |
| 製造業の有形固定資産 | × | × | これらの資産は，各々の資産に特定して関連させられるリターンを生み出さない。<br>また，これらの資産は，通常財またはサービスを供給するためのインプットとして，他の資産および他の企業の資源と組み合わせて使用される必要がある。 |
| 製造業が生産に用いる無形資産のブランド名 | × | × | |

　個別にかつ企業の他の資源からおおむね独立してリターンを生み出さない資産から生じるすべての収益と費用は，損益計算書の投資区分ではなく営業区分に分類される。これらの営業区分に分類される収益と費用には，通常，以下のようなものが含まれる。

- 組み合わせた資産を用いて製造あるいは供給した財またはサービスに係る収益
- 金利収益
- 減価償却費と償却費

52 第Ⅱ部 財務諸表の各構成要素の表示および開示

- 減損損失（予想信用損失を含む）および減損損失の戻入れ
- 当該資産の認識の中止または売却目的保有への分類と再測定から生じた収益と費用
- 営業区分に分類される収益および費用を生じる資産を含む企業結合に関する収益と費用（例えば，割安購入益や条件付対価の再測定収益もしくは費用）

---

### ケーススタディⅡ－1－1 ▶ 持分法適用の投資から生じる損益の取扱い

【前 提】

A社は，持分法を適用している関連会社等に対する投資を有している。これらの投資から生じる損益を損益計算書の投資区分以外に分類することは可能か。

【ポイント】

持分法適用の投資から生じる損益には，特定の主要な事業活動を営む場合の取扱い，あるいは会計方針の選択といった取扱いはない。

【考え方】

持分法を適用している投資から生じる損益については，常に損益計算書の投資区分に分類する必要がある。こうした投資には，関連会社，共同支配企業および非連結子会社に対する投資が含まれる。なお，持分法を適用している投資から生じる損益は，これらの投資を企業が主要な事業として行っているか否かには関連せず，投資区分に分類される。

投資区分に分類すべき持分法を適用している投資から生じる損益は，以下の項目から構成される。

- 当該投資から生じる損益の持分
- 当該投資から生じるその他の損益（例えば，減損損失）

IFRS 第18号は，損益計算書の投資区分における持分法を適用している投資から生じる損益項目の表示場所を特に指定していない。このため，有用な体系化された要約を提供する必要性を考慮して，営業利益の小計の次，すなわち投資区分の最初の項目として表示するとともに，「営業利益および持分法適用の投資から生じる損益」といった追加の小計を表示することも考えられる。同様に，分解の要件を満たす場合にはこうした持分法を適用している投資から生じる損益を分解して

表示することも可能である（第Ⅰ部第1章第3節「集約および分解」（32頁）参照）。

　なお，持分法を適用している投資から生じる損益は，IAS第28号「関連会社及び共同支配企業に対する投資」の要求事項に従い関連する税金を控除して表示される。関連会社および共同支配企業の税金の区分はIFRS第18号に詳述されていないが，IFRS第18号の設例中に示されている持分変動計算書の関連会社および共同支配企業のその他の包括利益に対する持分の科目に係る脚注において，「関連会社および共同支配企業のその他の包括利益に対する持分に含まれる金額は，税金および非支配持分（該当がある場合）を控除後の純額を表している」と記載されている。


　企業結合から生じる損益については，損益計算書の営業区分に分類する必要がある。この要求事項に対する唯一の例外は，企業結合から生じる損益が，非継続事業区分に分類され表示される場合である。

　企業結合から生じる損益には以下のようなものが含まれる。

- ●条件付対価の公正価値の変動
- ●割安購入益
- ●取得関連費用

　これらの損益は営業区分に分類される。なぜなら，個別にかつ企業の他の資源からおおむね独立してリターンを生む資産から生じた損益ではないからである。例えば，割安購入益は，企業結合において取得した資産と引き受けた負債から生じた収益である。


## ⑶　財務区分

　財務区分には，通常の資金調達に係る負債から発生した損益およびその他の負債の金利費用等の負債に関連した損益が含まれる。損益計算書の構造における財務区分を概念図で示すと**図表Ⅱ－1－5**のようになる。

*54*　第Ⅱ部　財務諸表の各構成要素の表示および開示

（図表Ⅱ－1－5）財務区分の概念図

| 売上高 | |
|---|---|
| 売上原価 | 営業区分（残余） |
| 売上総利益 | |
| 販売費及び一般管理費 | |
| 営業利益 | |
| 持分法投資損益 | 投資区分 |
| 金融収益 | |
| 財務・法人所得税前利益 | |
| 借入金の金利費用 | 財務区分 |
| リース負債の金利費用 | |
| 年金負債の金利費用 | |
| 法人所得税前利益 | |

　財務区分に含められる損益を決定するためには，以下の2つの種類に負債を分類する必要がある（IFRS第18号第59項）。

① 　資金調達のみを伴う取引から生じる負債

② 　①に示された負債以外の負債（すなわち，資金調達のみを伴うものではない取引から生じる負債。以下では「その他の負債」と表記）

なお，以下のような負債についてはさらなる検討が必要となる。

● 混合負債（負債に該当する主契約を含む混合契約）

● 発行した保険契約から生じる負債

● IFRS第9号を適用して識別した，発行した有配当投資契約

● デリバティブおよび指定したヘッジ手段

### ① 　資金調達のみを伴う取引から生じる負債

　一般的に，企業は負債もしくは企業自身の資本性金融商品を通じて資金調達を行う。以下のような取引から生じる負債は，資金調達のみを伴う取引から生じる負債として取り扱われる（IFRS第18号 B50項）。

● 現金の受取り，金融負債の消滅，あるいは企業自身の資本性金融商品の受取りといった形でファイナンスを受ける

●後日現金もしくは企業自身の資本性金融商品によって返済する

　資金調達のみを伴う取引から生じる負債の例は，以下のとおりである（IFRS第18号B51項）。

- ●現金で決済される負債性金融商品（借入，証書借入，債券および住宅ローンなど）：企業は現金を受け取り，その後負債と交換に現金を返済する
- ●サプライヤー・ファイナンスが付与された時点で財またはサービスに対する当初の仕入債務の認識を中止したことにより生じる，サプライヤー・ファイナンス契約における負債：企業は財またはサービスの対価である金融負債を免除され，交換に現金を支払う
- ●企業の株式を引き渡すことを通じて決済される社債：企業は現金を受け取り，その後負債と交換に企業自身の資本性金融商品を引き渡す
- ●企業自身の資本性金融商品を購入する義務：企業は企業自身の資本性金融商品を受け取り，交換に現金を支払う

　資金調達のみを伴う取引から生じる負債については，デリバティブおよび指定したヘッジ手段に係る利得および損失，IFRS第9号を適用して認識した，発行した有配当投資契約からの収益および費用，IFRS第17号を適用して純損益に含めた保険金融収益および費用，および企業が主要な事業活動として顧客にファイナンスを提供している場合を除き，以下について純損益計算書に含めた金額を財務区分に分類する必要がある（IFRS第18号第60項）。

- ●当該負債の当初測定および事後測定（当該負債の認識の中止時を含む）から生じる収益および費用
- ●当該負債の発行および消滅に直接起因する増分費用（例えば，取引コスト）

　資金調達のみを伴う取引から生じる負債に関連して財務区分に分類される収益および費用の例は，以下のとおりである（IFRS第18号B52項）。

- ●金利費用（社債から生じるものなど）
- ●公正価値に係る収益および費用（純損益を通じて公正価値で測定することを指定した負債から生じるものなど）
- ●負債に分類された発行済株式に係る配当
- ●負債の認識の中止から生じる収益および費用

*56    第Ⅱ部　財務諸表の各構成要素の表示および開示*

> ### ケーススタディⅡ－1－2 ▶ 資金調達のみを伴うとは考えられない，伝統的ではない資金調達契約と関連する損益の区分

#### 前　提

　後述②で説明する「その他の負債」に加えて，資金調達のみを伴うとは考えられない，伝統的ではない資金調達契約が存在する。資金調達のみを伴う取引の定義には多くの伝統的な資金調達取引が含まれるが，以下のような伝統的ではない資金調達取引は含まれない。

- コモディティ・ローン（例えば，コモディティを引き渡すことによって当初金融業者から受け取った前払金を返済することを要求される）
- 特定の暗号通貨ローン（例えば，暗号資産あるいは暗号通貨を引き渡すことによって当初金融業者から受け取った前払金を返済することを要求される（特定の暗号化された資産が現金の定義を満たさない））
- 株式貸借取引（株式を受け取り，当該株式を返還する）

　これらの資金調達のみを伴うとはみなさない，伝統的ではない資金調達契約に係る収益と費用は損益計算書のどの区分に含めるべきか。

#### ポイント

　IFRS 第18号 B50項では，企業は，現金を受け取るか，金融負債を免除されるか，もしくは企業自身の資本性金融商品を受け取るかのいずれかの形で資金調達し，後日，交換に現金もしくは企業自身の資本性金融商品を引き渡す取引を「資金調達のみを伴う取引」として，当該取引から生じる負債を「資金調達のみを伴う取引から生じる負債」とするとともに，これに当てはまらない負債を「その他の負債」としている。

#### 考え方

　株式貸借取引のように負債が認識されない取引であれば，財務区分に関する要求事項は適用されない。負債が認識される場合には，収益および費用の区分は認識された負債の性質次第で決定される。資金調達のみを伴うとは考えられない，伝統的ではない資金調達取引により認識される負債と関連する損益の区分については，以下のような結論となる。

- デリバティブあるいは分離された組込デリバティブが認識される場合，後述の(7)「為替差額・正味貨幣持高・デリバティブ」（87頁）において解説する要求事項が適用される。
- 主契約の負債契約と，分離されたもしくは分離されない組込デリバティブのいずれかの組み合わせによる混合負債（金融もしくは非金融）が認識される

場合，後述の③「特定の金融商品に係る追加の検討事項」（59頁）において解説する要求事項が適用される。
- 上記以外の負債が認識されるすべての場合には，以下で解説する②「その他の負債」の要求事項が適用される。この要求事項を適用することにより，金利収益と金利費用および上記の取引により認識された負債から生じる金利の変更による収益と費用は，財務区分に含まれる。他の収益および費用は，関連する取引が性質として資金調達であるとしても，営業区分に含まれる。なお，為替換算差額については(7)「為替差額・正味貨幣持高・デリバティブ」（87頁）において解説する。

## ②　その他の負債

資金調達のみを伴うものではない取引から生じる負債（「その他の負債」）の例は，以下のとおりである（IFRS第18号B53項）。
- 現金で決済される財またはサービスの対価である債務（上記①で示した資金調達の形式とは異なり，財またはサービスを最初に受け取るため）
- IFRS第15号「顧客との契約から生じる収益」に従って認識された契約負債（財またはサービスを移転することによって債務を決済するため）
- リース負債（上記①で示した資金調達の形式と異なり，最初に使用権資産を受け取るため）
- 廃棄または資産の原状回復に係る引当金（関連する引当金の発生と引き換えに資産の便益を受け取るため）
- 訴訟引当金（当初に現金による資金調達，金融負債の免除あるいは企業自身の資本性金融商品を受け取らないため）

**図表Ⅱ－1－6**では，その他の負債に関連する損益の表示を要約している。顧客へのファイナンスの提供を主要な事業活動としている場合にも，同様の表示が適用される（IFRS第18号第61項，第65項(b)，B54項，B55項）。

（図表Ⅱ－1－6）その他の負債に関連する損益の表示

| 財務区分 | 営業区分 |
| --- | --- |
| 金利および金利の変動から生じる収益および費用（IFRS会計基準の他の要求事 | 金利および金利の変動から生じる収益および費用以外の収益および費用 |

58　第Ⅱ部　財務諸表の各構成要素の表示および開示

| 項を適用してこれらの収益および費用を識別した場合）<br>例：<br>● 財またはサービスの購入から生じた債務に係る金利費用（IFRS第9号）<br>● 重大な金融要素を伴う契約負債に係る支払利息（IFRS第15号）<br>● リース負債に係る金利費用（IFRS第16号「リース」）<br>● 負債の未払いの期間にわたって金利費用として発生する(i)取得日における繰延対価の公正価値と(ii)総額との差額<br>● 確定給付負債（資産）の純額に係る利息の純額（IAS第19号「従業員給付」）<br>● 時の経過による引当金の割引後金額の増加と割引率の変更による引当金の金額への影響額（IAS第37号「引当金,偶発負債及び偶発資産」） | 例：<br>● 購入した財またはサービスの消費により認識された費用<br>● IFRS第9号B5.4.6項に従った見積将来キャッシュ・フローの変更による再測定<br>● 現金決済型株式報酬負債の当初費用および公正価値の変動（IFRS第2号「株式に基づく報酬」）<br>● 引当金を決済するために要求される支払の最善の見積りの変更の影響（IAS第37号）<br>● 確定給付制度から生じる当期勤務費用および過去勤務費用（IAS第19号）<br>● 企業結合における条件付対価に係る負債の公正価値の再測定（IFRS第3号「企業結合」） |
|---|---|
| 負債の認識の中止から生じる利得および損失については，(6)「認識の中止および分類の変更」（80頁）を参照。 ||

---

### ケーススタディⅡ－1－3 ▶ サブリースの中間の貸手のリース負債に係る支払利息を含める区分

**前　提**

　B社は，サブリースの中間の貸手として第三者からリース資産をリースする。B社は顧客に対して当該リース資産をサブリースしている。IFRS第16号に従って，B社は当該サブリースをファイナンス・リースに分類している。サブリース債権に係る金融収益とリース負債に係る金利費用の差異は，B社の営業業績にとって重要な指標である。B社はリース負債に係る金利費用を営業区分に含めることはできるのか。

**ポイント**

　リース負債に係る金利費用は財務区分に含められる。

**考え方**

　リース負債は，資金調達のみを伴う取引から生じる負債ではない負債（「その他

第1章　財務業績の計算書　*59*

の負債」）の例の1つである。したがって，B社は金利費用を財務区分に含めなければならない。IFRS第18号には，サブリースの中間の貸手についてリース負債に係る金利費用を営業区分に含めることを許容するような例外的な取扱いはない。

　IFRS第18号を最終化する議論の中で，IASBはサブリースの中間の貸手について特別な要求事項を開発しないことを決定した。IASBが実施したリサーチとアウトリーチでは，サブリース債権に係る金融収益とリース負債に係る金利費用の差異は，多くのサブリースの中間の貸手にとって重要な業績指標ではなく，このため例外事項とすることは正当化されなかった。

### ③　特定の金融商品に係る追加の検討事項

　以下に示したような特定の金融商品については，財務区分に含められる損益を決定するために追加で検討する必要がある。

- ●外貨建ての負債（これらの負債の換算により生じる外貨換算差額の区分については，(7)「為替差額・正味貨幣持高・デリバティブ」(87頁) 参照）
- ●主契約である負債を含む混合契約（金融もしくは非金融）（下記ⅰ参照）
- ●IFRS第9号を適用して識別された，発行した有配当投資契約（下記ⅱ参照）
- ●IFRS第17号「保険契約」に従って損益計算書に含まれる保険金融収益および費用（下記ⅱ参照）
- ●デリバティブおよび指定したヘッジ手段

　負債に関連する特定の収益と費用は財務区分に含める必要がある。どのような収益および費用を財務区分に含めるかを決定するために，資金調達のみを伴う取引から生じる負債とその他の負債を区別する必要がある。特に，特定の金融商品については追加の要求事項を適用する。**図表Ⅱ－1－7**のフローチャートでは，金融商品によってどの要求事項を検討する必要があるかを要約している。

(図表Ⅱ-1-7) 特定の金融商品に係る追加の検討フローチャート

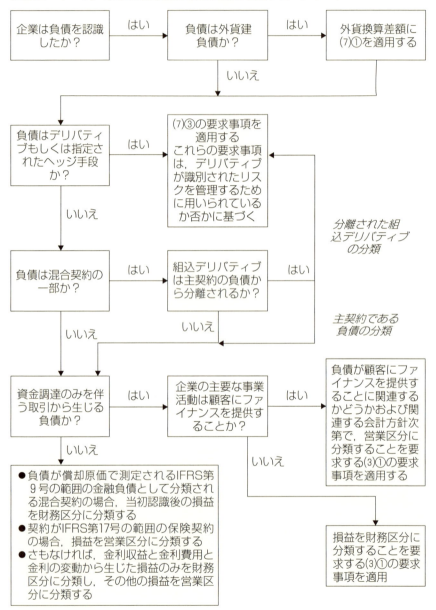

ⅰ．負債に該当する主契約を含む混合契約から生じる損益の分類

　キャッシュ・フローの変動性を織り込むような契約条件を含む負債がある。当該契約が組込デリバティブを含むものとされた場合には，**図表Ⅱ－1－8**に示した組込デリバティブを含む負債から生じる損益の区分に係る要求事項が適用されることになる（組込デリバティブが主契約から分離されるか否かの結論によらない）。契約が組込デリバティブを含まないとされた場合には，以下の要求事項は適用されない（前述①「資金調達のみを伴う取引から生じる負債」（54頁）および②「その他の負債」（57頁）参照）。主契約の負債を含む混合契約から生じる収益および費用は，**図表Ⅱ－1－8**のとおり区分する（IFRS第18号 B56項，B59項）。

（図表Ⅱ－1－8）組込デリバティブを含む負債から生じる損益の区分

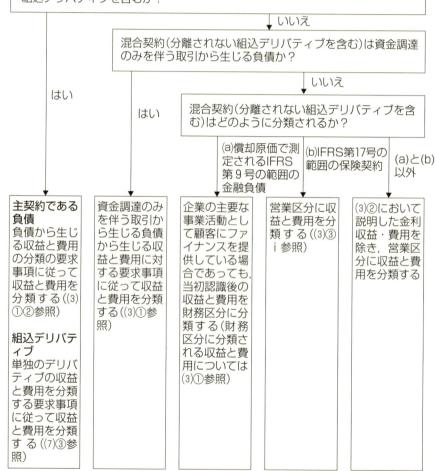

| ケーススタディⅡ－1－4 ▶ 当初認識後の早期返済オプションを含む仕入債務に関連する収益と費用の区分 |

前 提

　受領した財またはサービスの対価でありサプライヤーに対する債務で，支払延

長条件が付されているものの中には，早期返済条項が含まれていることがある。こうした契約に組み込まれた早期返済条項については，主契約である負債と密接に関連しているかどうかに関して評価する必要がある。早期返済条項が主契約である負債と密接に関連していると評価された場合には，当該条項は主契約である負債から分離されない（例えば，オプション行使価格が，主契約である負債の償却原価とおおよそ等しい場合）。この場合，通常，当該債務は償却原価で測定される。これらの契約では，早期返済オプションの行使の有無および行使時期に関する予想が更新されると，予想将来キャッシュ・フローの変更による収益および費用が生じる。当初認識後，早期返済オプションを含む債務に関連する収益および費用はどの区分に分類されるか。

ポイント

特定の混合契約からの収益と費用は，すべて財務区分に分類される。

考え方

当初認識後の債務の測定から生じる収益と費用（早期返済オプションの行使に関する予想の変更による将来キャッシュ・フローの変更を含む）および債務の発生と消滅に直接起因する増分費用は，財務区分に分類されなければならない。

この理由は，この債務が混合契約であり以下の特徴を有しているからである。

● 組込デリバティブは主契約である負債から分離されない

● 資金調達のみを伴う取引から生じていない

● IFRS第9号の範囲の償却原価で測定される金融負債に分類される

このような債務に関して，将来キャッシュ・フローの変更から生じる収益と費用が利息あるいは別の種類の損益として識別されるのかどうかが明確ではない場合がある。こうした理由から，IASBは金利収益および金利費用を負債の再測定から生じるその他の種類の収益と費用と分けて識別することを要求しないと決定した。

しかしながら，多くの場合，大部分の収益および費用は償却原価による負債の測定から発生するものなので，金利費用であるとIASBは想定している。その結果，IASBはこうした混合契約から生じるすべての収益と費用を財務区分に分類することを要求することを決定した。IASBは，いくつかの状況では，この要求事項により資金調達とは関連しない収益および費用が財務区分に分類される可能性があることを認めているが，こうした場合に金利費用を識別することを要求するコストは，その結果得られるであろう情報の便益を上回ると想定している。

64 第Ⅱ部 財務諸表の各構成要素の表示および開示

組込デリバティブが主契約である負債から分離されない混合契約に関連する要求事項は，主契約である負債（金融もしくは非金融）と組込デリバティブが分離されないすべての混合契約に適用される。すなわち，組込デリバティブが分離されないことがIFRS第9号第4.3.3項を適用していることによるのか（例えば，組込デリバティブの経済的な特徴が，主契約の経済的特徴およびリスクに密接に関連しているため），あるいはIFRS第9号第4.3.5項（公正価値オプション）を適用していることによるのかによらず，この要求事項を適用する（IFRS第18号B57項）。

ⅱ．IFRS第9号を適用して識別された発行した有配当投資契約および保険契約から生じる負債から生じる損益の分類

IFRS第9号を適用して識別された発行した有配当投資契約から生じた損益は，財務区分ではなく，営業区分に分類する必要がある。同様にIFRS第17号に従って損益計算書に含まれる保険金融収益および費用は，営業区分に分類する必要がある（IFRS第18号第64項）。

発行したIFRS第9号を適用して識別された有配当投資契約の例として，以下のようなものが挙げられる（IFRS第18号B58項）。

- IFRS第17号において裁量権付有配当投資契約の定義に当てはまらない，保険会社が発行した有配当投資契約
- 投資企業によって発行された有配当投資契約

## ⑷　特定の主要な事業活動を有する企業

⑴から⑶で解説した，IFRS第18号における区分の一般的な枠組みは，金融機関ではない企業を念頭に置いて作られている。しかし，銀行や投資ファンドのように，投資活動や財務活動を主要な事業活動とする企業もある。企業の営業利益を正確に反映するためには，投資区分または財務区分で認識される可能性のあるこれらの活動からの収益と費用を，営業区分で認識する必要がある。したがって，IFRS第18号は，特定の主要な事業活動を有しているかどうかを評価し，特定の主要な事業活動を有している場合，当該活動から生じる結果を，投資区分または財務区分ではなく，営業区分に分類することを企業に求めてい

る（IFRS 第18号第50項）。

　そのため，収益と費用を営業区分，投資区分，財務区分に分類するにあたっては，次のような特定の主要な事業活動を有しているかどうかを判断する必要がある。

- 以下に該当する特定の種類の資産への投資
  - ○ 関連会社，共同支配企業および非連結子会社に対する投資
  - ○ 個別にかつ企業の他の資源からおおむね独立してリターンを生み出すその他の資産
- 顧客へのファイナンスの提供

IFRS 第18号を適用し，収益と費用の区分を決定するにあたっては，これらの2つの特定の主要な事業活動の1つまたは両方を有しているかどうかを判断するだけでよく，他の主要な事業活動を識別する必要はない（IFRS 第18号第49項，B30項）。

---

### *Point Of View*　主要な事業活動を識別する枠組み

　IFRS 第18号は「主要な事業活動」という概念を導入し，これらの活動の結果が企業の営業利益の一部として報告されることとしている。IFRS 第18号は，主要な事業活動を識別し定義することが困難である可能性を考慮し，主要な事業活動全般を識別することなど，広範な観点から事業活動を検討することを企業に求めていない。その代わりに，通常，投資区分または財務区分で表示される収益や費用の一部を，営業利益の一部を構成するように移動させる必要があるような事業活動，すなわち，特定の主要な事業活動を有しているかどうかを検討することのみを求めている。

　企業が主要な事業活動を有している場合，収益と費用を適切に分類するための1つの方法として，次の2ステップのアプローチが考えられる。

- ステップ1
  特定の主要な事業活動を有していないと仮定して，収益と費用を営業区分，投資区分および財務区分に分類する。
- ステップ2
  投資区分および財務区分に含まれる収益と費用のうち，営業区分に表示

するように移動させる必要がある項目を識別する。IFRS 第18号は，特定の主要な事業活動に応じて，投資区分および財務区分に含まれる収益と費用のうち，どの項目を営業区分に表示できるかについてガイダンスを示している。

この概要は**図表Ⅱ－1－9**のとおりである。なお，法人所得税区分と非継続事業区分は，他の区分に係る定めの影響を受けないため，以下の図に含めていない。

(図表Ⅱ－1－9) 収益と費用を分類する方法

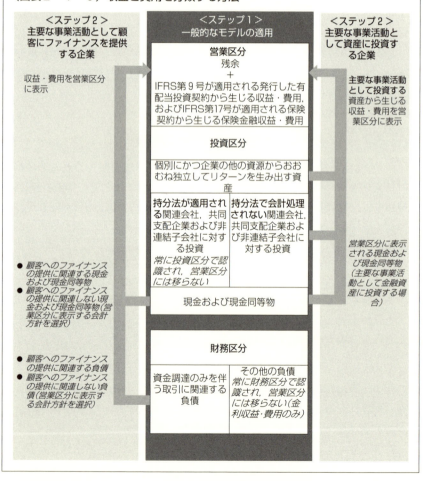

第1章　財務業績の計算書　　*67*

---

**Short Break**　主要な事業活動の評価における保険契約の発行

IFRS第17号が適用される保険契約から生じる保険金融収益・費用およびIFRS第9号が適用される発行した有配当投資契約から生じる収益・費用は，IFRS第18号では営業区分に分類することが求められる（IFRS第18号第64項）。したがって，保険契約の発行が主要な事業活動であるかどうかを評価する必要はない。

この取扱いは，多くの場合，保険契約を発行する企業はそれを主要な事業活動としており，そうではない企業に対する定めを追加することは，不必要な複雑性を生じさせるとIASBが判断したためである。

---

なお，主要な事業活動として，資産への投資または顧客へのファイナンスの提供を行う可能性のある企業の例は，**図表Ⅱ－1－10**のとおりである（IFRS第18号B31項，B32項）。

（図表Ⅱ－1－10）特定の主要な事業活動を有する可能性のある企業の例

| 資産への投資 | 顧客へのファイナンスの提供 |
| --- | --- |
| ● 投資企業<br>● 投資不動産を保有する企業<br>● 保険会社 | ● 銀行やその他の貸付を行う金融機関<br>● 企業の製品を顧客が購入するためにファイナンスを提供する企業<br>● ファイナンス・リースにより顧客にファイナンスを提供する貸手 |

---

**Short Break**　投資企業とは

投資企業とは，IFRS第10号「連結財務諸表」において，次のすべてに該当する企業と定義されている（IFRS第10号第27項）。

- 投資者から，当該投資者に投資管理サービスを提供する目的で資金を得ている。
- 投資者に対して，自らの事業目的は資本増価，投資収益，またはその両方からのリターンのためだけに資金を投資することであると確約している。
- 投資のほとんどすべての測定および業績評価を公正価値ベースで行っている。

投資企業に該当する場合，原則として，その子会社を連結せず，子会社に対する投資をIFRS第9号に従って純損益を通じて公正価値で測定することが求めら

68　第Ⅱ部　財務諸表の各構成要素の表示および開示

　れる（IFRS 第10号第31項）。

　企業が資産への投資または顧客へのファイナンスの提供を行っているかどうかは，一般的に明らかである。しかし，特定の事業活動が企業にとって主要な事業活動であるかどうかを決定するために，判断が必要となる場合がある。これは単なる主張ではなく事実の問題であり，その評価は証拠に基づいて行う（IFRS 第18号 B33項）。

　**図表Ⅱ－1－11**は，特定の事業活動が企業にとって主要な事業活動であることを裏付ける証拠の例である（IFRS 第18号 B34項～B36項）。

**（図表Ⅱ－1－11）主要な事業活動を裏付ける証拠の例**

| 例 | 補足説明 |
|---|---|
| 経営成績の重要な指標 | 企業の経営成績を評価または伝達するために，通常，投資区分または財務区分に分類される項目について，売上総利益に類似した小計が使用される（例えば，正味金利収益）。<br>　この指標は，企業の経営成績を対外的に説明するため，または内部的に業績を評価または監視するために使用される。 |
| IFRS 第8号「事業セグメント」を適用する企業におけるセグメント情報 | ● 報告セグメントに単一の特定の事業活動のみが含まれる場合，当該事業活動は企業にとって主要な事業活動であることを示唆する。<br>● 報告セグメントに含まれる事業セグメントの1つに単一の特定の事業活動のみが含まれる場合，当該事業活動が企業にとって主要な事業活動である可能性を示唆する。事業セグメントの業績が企業の経営成績の重要な指標であるかどうかを検討する必要がある。 |

　なお，特定の主要な事業活動を有しているかどうかの評価は，報告企業全体の観点で行う必要がある。したがって，連結グループの特定の主要な事業活動の評価は，子会社レベルでの結論とは異なる可能性がある（IFRS 第18号 B37項）。例えば，子会社は主要な事業活動として顧客にファイナンスを提供するが，連結グループ全体にとっては，顧客へのファイナンスの提供は主要な事業活動とはならない場合がある。その結果，子会社と連結グループの損益計算書における収益と費用の分類が異なり，連結上調整する必要性が生じる場合がある。

第1章 財務業績の計算書 *69*

　また，特定の主要な事業活動を有しているかどうかの評価は，特定の一時点における事実に基づくものであり，時の経過とともに変化する可能性がある。当該評価の変更を適用した収益と費用は将来に向かって分類して表示し，変更前の表示金額は再分類しない（IFRS 第18号 B41項）。

　特定の主要な事業活動を有している場合，**図表Ⅱ－1－12**に示す事項を開示する必要がある（IFRS 第18号第51項）。

**(図表Ⅱ－1－12) 特定の主要な事業活動を有している場合の開示要求**

| 開示要求 | | 補足説明 |
|---|---|---|
| ●特定の主要な事業活動を有している旨<br>●特定の主要な事業活動の内容 | | 主要な事業活動として，資産への投資または顧客へのファイナンスの提供を行っているかどうかを説明する。 |
| 主要な事業活動として，資産への投資または顧客へのファイナンスの提供を行っているかどうかについての過去の評価と異なる結果を識別した場合 | ●評価結果を変更した旨<br>●変更日 | |
| | 当期に区分変更した項目について，<br>●当期の変更前後の収益と費用の項目の金額および区分<br>●前期の金額および区分 | 実務上不可能な場合には，左記の開示は求められないが，その旨を開示する必要がある。 |

### ① 投資区分

　主要な事業活動として資産への投資や顧客へのファイナンスの提供を行っていない場合，本章1.(2)「投資区分」（47頁）に示した収益と費用は常に投資区分に分類する。しかし，主要な事業活動として資産への投資や顧客へのファイナンスの提供を行っている場合は，これらの資産から生じる収益と費用の区分が異なる可能性がある。

　**図表Ⅱ－1－13**は，特定の資産に関する収益と費用の分類要件を要約している。なお，資産への投資と顧客へのファイナンスの提供を主要な事業活動としている場合，この図表に示す事項を組み合わせて検討する必要がある（IFRS 第18号第55項～第58項）。

70 　第Ⅱ部　財務諸表の各構成要素の表示および開示

**（図表Ⅱ－1－13）特定の資産に関する収益と費用の分類要件**

| 対象企業 | 特定の資産 | その他の考慮事項 | 収益・費用の区分 |
|---|---|---|---|
| 主要な事業活動として資産への投資を行う企業－主要な事業活動として投資した特定の資産 | 関連会社，共同支配企業および非連結子会社に対する投資 | IAS第27号またはIAS第28号に従って持分法を適用する場合 | 投資区分 |
| | | 持分法を適用しない場合 | 営業区分 |
| | 個別にかつ企業の他の資源からおおむね独立してリターンを生み出すその他の資産 | | 営業区分 |
| 主要な事業活動として資産への投資を行う企業－投資区分のその他の資産／主要な事業活動として投資していない投資区分の資産 | 現金および現金同等物 | 主要な事業活動として個別にかつ企業の他の資源からおおむね独立してリターンを生み出す金融資産に投資している場合 | 営業区分 |
| | | 主要な事業活動として個別にかつ企業の他の資源からおおむね独立してリターンを生み出す金融資産に投資していない場合 | 投資区分 |
| | 関連会社，共同支配企業および非連結子会社に対する投資 | | 投資区分 |
| | 個別にかつ企業の他の資源からおおむね独立してリターンを生み出すその他の資産 | | 投資区分 |

| 主要な事業活動として顧客へのファイナンスの提供を行う企業 | 現金および現金同等物 | 顧客へのファイナンスの提供に関連する現金および現金同等物から生じる収益と費用 | 営業区分 |
| | | 顧客へのファイナンスの提供に関連しない現金および現金同等物から生じる収益と費用 | 営業区分または投資区分（会計方針の選択） |
| | | 現金および現金同等物を顧客へのファイナンスの提供に関連するかどうか区別できない場合 | 営業区分 |
| | 関連会社，共同支配企業および非連結子会社に対する投資 | | 投資区分 |
| | 個別にかつ企業の他の資源からおおむね独立してリターンを生み出すその他の資産 | | 投資区分 |
| 主要な事業活動として右記の資産への投資を行っていない，またはファイナンスの提供を行っていない企業 | 関連会社，共同支配企業および非連結子会社に対する投資 | | 投資区分 |
| | 現金および現金同等物 | | |
| | 個別にかつ企業の他の資源からおおむね独立してリターンを生み出すその他の資産 | | |

### Point Of View　現金および現金同等物から生じる収益と費用の区分

　現金および現金同等物から生じる収益と費用は，通常，投資区分に分類するが，次の場合に対する一定の例外があり，これらの収益と費用を営業区分に分類する可能性がある（IFRS 第18号第56項）。
- 主要な事業活動として，個別にかつ企業の他の資源からおおむね独立してリターンを生み出す金融資産に投資する場合
- 主要な事業活動として，顧客にファイナンスを提供する場合

　現金および現金同等物から生じる収益と費用の分類は，**図表Ⅱ－1－14**のフローチャートのとおりである。

（図表Ⅱ－1－14）現金および現金同等物から生じる収益と費用の分類

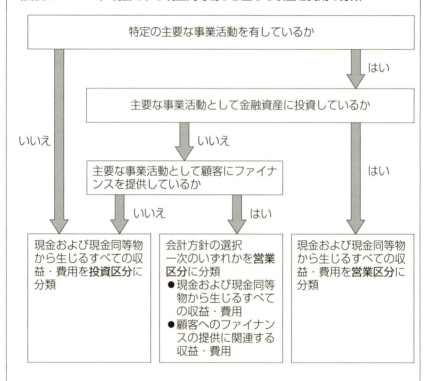

　上記2つの主要な事業活動のいずれかを行う企業は，通常，業務上の目的で多額の現金および現金同等物を保有している。このような企業には，

保険会社，投資ファンド，銀行などが含まれる。これらの企業にとっては，現金および現金同等物から生じる収益と費用を営業区分に分類することにより，より有用な情報を提供することになる。

　主要な事業活動として顧客にファイナンスを提供しているが，主要な事業活動として金融資産への投資を行っていない企業には，追加的に会計方針の選択が認められる。このような企業は，顧客へのファイナンスの提供に関連しない現金および現金同等物から生じる収益と費用を，営業区分または投資区分のいずれかに分類することができる。この会計方針の選択は，顧客へのファイナンスの提供に関連しない負債から生じる収益と費用を分類する企業の方針と整合させる必要がある（本章1.(4)②「財務区分」（73頁）を参照）。

## ② 財務区分

　財務区分における収益と費用の表示は，主要な事業活動として顧客にファイナンスを提供しているかどうかにより異なる。**図表Ⅱ－1－15**は，資金調達のみを伴う負債に関連する収益と費用の表示について要約している。

**(図表Ⅱ－1－15) 資金調達のみを伴う負債に関連する収益と費用の表示**

| 対象企業 | 対象となる負債 | 財務区分 | 営業区分 |
|---|---|---|---|
| 主要な事業活動として顧客にファイナンスを提供しない企業 | 資金調達にのみ関連するすべての負債 | 負債の当初測定や事後測定から生じる収益と費用<br>(例)<br>● 金利費用<br>● 消滅や契約変更による債務の再測定<br>● 見積キャッシュ・フローの変動（IFRS第9号B5.4.6項）や市場金利の変動（IFRS第9号B5.4.5項）による負債の再 | |

| | | | |
|---|---|---|---|
| | | 測定<br>● 公正価値利得および損失<br>● 負債に分類した優先株式に対する現金配当 | |
| | | 取引コストなど，負債の発行や消滅に直接起因する増分費用 | 負債の発行や消滅に追加的に生じないまたは起因しない費用 |
| | 負債の認識の中止から生じる利得および損失については，本章1.(6)「認識の中止および分類の変更」(80頁) を参照 | | |
| 主要な事業活動として顧客にファイナンスを提供する企業 | 顧客へのファイナンスの提供に関連する負債 | | 負債の当初測定や事後測定から生じる収益と費用 |
| | | | 負債の発行や消滅に直接起因する増分費用 |
| | 顧客へのファイナンスの提供に関連しない負債 | 収益と費用を営業区分または財務区分に分類する会計方針を選択<br>● 主要な事業活動として，個別にかつ企業の他の資源からおおむね独立してリターンを生み出す金融資産に投資していない場合，会計方針の選択を現金および現金同等物から生じる収益と費用を分類するために企業が行った会計方針の選択と整合させる必要がある（本章1.(4)①「投資区分」(69頁) を参照）。<br>● 顧客へのファイナンスの提供に関連する負債と関連しない負債を区別できない場合，資金調達のみを伴う取引から生じたすべての負債から生じる収益と費用を営業区分に分類する必要がある。 | |
| | 負債の認識の中止から生じる利得および損失については，本章1.(6)「認識の中止および分類の変更」(80頁) を参照 | | |

　次の2つの *Point Of View* では，IFRS第9号の適用範囲外のローン・コミットメントに関して，組成手数料を受け取る場合と支払う場合に分けて，組成手数料の区分について説明している。

第1章 財務業績の計算書    75

---

> *Point Of View*　IFRS第9号の適用範囲外のローン・コミットメントに係る受取組成手数料の区分

　発行するローン・コミットメントの一部は，IFRS第9号が適用される。市場金利を下回る金利でローンを提供するコミットメントを除き，これらのローン・コミットメントは純損益を通じて公正価値で測定される（IFRS第9号第2.3項）。

　その他のローン・コミットメントは，減損と認識の中止の定めを除き，IFRS第9号の適用範囲外である（IFRS第9号第2.1項(g)）。当該ローン・コミットメントに関して受け取ったコミットメント手数料の会計処理は次のとおりである。

- 企業が貸付契約を締結する可能性が高い場合，金融商品の取得に係る継続的な関与に対する補償とみなされ，コミットメント手数料を繰り延べ，実効金利に対する調整として認識する。企業が貸付を実行せずにコミットメントが期限満了となる場合，コミットメント手数料を期限満了時に収益として認識する（IFRS第9号 B5.4.2項(b)）。
- 具体的な貸付契約が締結される可能性が低い場合，IFRS第15号の定めに従って収益として認識する（IFRS第9号 B5.4.3項(b)）。

　上記のようなIFRS第9号の適用範囲外のローン・コミットメントに対して受け取る手数料の区分が論点になるが，その区分は受け取った手数料をどのように会計処理するかによる。

- コミットメント手数料を実効金利の一部として会計処理する場合，その区分は貸付金の金利収益の区分に従うこととなり，次のとおりとなる。
  - 主要な事業活動として顧客にファイナンスを提供する場合，貸付金は個別にかつ企業の他の資源からおおむね独立してリターンを生み出すものではないため，組成手数料を含め，金利収益は営業区分に分類する。
  - 主要な事業活動として顧客にファイナンスを提供しない場合，貸付金は個別にかつ企業の他の資源からおおむね独立してリターンを生み出すため，金利収益は投資区分に分類する。
- コミットメント手数料を別個の収益として認識する場合，IFRS第15号に従って会計処理されるコミットメント手数料は営業区分に分類する。これは，当該コミットメントが財政状態計算書において金融資産

76    第Ⅱ部　財務諸表の各構成要素の表示および開示

の組成や認識を生じさせないためである。

---

### Point Of View　IFRS 第 9 号の適用範囲外のローン・コミットメントに係る支払組成手数料の区分

　保有するローン・コミットメントの一部には IFRS 第 9 号が適用され，純損益を通じて公正価値で測定される（IFRS 第 9 号第2.3項）。

　その他のローン・コミットメントは IFRS 第 9 号の適用範囲外である（IFRS 第 9 号第2.1項(g)）。当該ローン・コミットメントに関して支払ったファシリティ手数料の会計処理は次のとおりである。

- ●ファシリティ（借入枠）から引き出す可能性が高いという証拠がある場合，ファシリティ手数料は IFRS 第 9 号に基づく取引コストとして会計処理される。ファシリティ手数料を繰り延べ（資産計上），借入実行時に取引コストとして含める。

- ●ファシリティから引き出す可能性が高いという証拠がない場合，流動性に対するサービスへの支払，すなわち，ファシリティの期間にわたって事前に取り決めた条件で借入の利用可能性を確保するための支払とみなされ，ファシリティ手数料をサービスに対する前払金として資産計上し，関連するファシリティの期間にわたり償却する。

　上記のような IFRS 第 9 号の適用範囲外のローン・コミットメントに対して支払う手数料の区分が論点になるが，その区分は支払った手数料をどのように会計処理するかによる。

- ●ファシリティから引き出す時点で取引コストとして会計処理する場合，その区分は借入金の金利費用の区分に従うこととなり，次のとおりとなる。
    - ○主要な事業活動として顧客にファイナンスを提供し，かつ，その負債が顧客へのファイナンスの提供と関連する場合，営業区分に分類する。
    - ○主要な事業活動として顧客にファイナンスを提供するが，その負債が顧客へのファイナンスの提供と関連しない場合，企業の会計方針の選択に応じて，営業区分または財務区分に分類する。
    - ○主要な事業活動として顧客にファイナンスを提供しない場合，財務区分に分類する。

- ●サービスに対する前払金として資産計上する場合，貸付が実行されず

第1章 財務業績の計算書 77

> に期限満了となるコミットメントに支払う手数料，または，貸付が実行される可能性が低い場合に支払う手数料は営業区分に分類する。これは，当該コミットメントが財政状態計算書において金融負債の認識を生じさせず，財務区分に分類される要件を満たしていないためである。

　次の**ケーススタディⅡ－1－5**は，主要な事業活動として顧客にファイナンスを提供していないが，顧客から預り金としてファイナンスを受領している場合の金利費用の表示について説明している。

---

### ケーススタディⅡ－1－5 ▶ 顧客からファイナンスを受領している場合の金利費用の表示

**前　提**

　A社は製造業者であり，主要な事業活動として，顧客からの預り金を保有し，顧客から多額のファイナンスを受領している。一方，A社は，主要な事業活動として顧客にファイナンスを提供していない。

　A社は，顧客からの預り金を主要な事業活動として保有しているため，当該預り金の保有から生じる金利費用を営業区分に分類することは認められるか。

**ポイント**

　主要な事業活動として顧客にファイナンスを提供しているかどうかを踏まえて，金利費用の区分を検討する。

**考え方**

　A社は，主要な事業活動として顧客にファイナンスを提供していないため，金利費用を営業区分に分類することは認められない。IFRS第18号には，顧客からファイナンスを受領する企業に対する例外規定はない。

　したがって，A社は，一般的な分類要件を適用し，顧客からの預り金から生じる金利費用を財務区分に分類する必要がある（IFRS第18号第61項，第65項）。

---

## (5)　その他の区分

　IFRS第18号では，上述の営業区分，投資区分および財務区分のほかに，以下で説明する2つの区分，すなわち法人所得税区分および非継続事業区分が定められている。

## ① 法人所得税区分

IAS第12号「法人所得税」において取り扱われる法人所得税費用もしくは収益は，法人所得税区分に表示される（IFRS第18号第67項）。法人所得税区分には，法人所得税費用もしくは収益に関連する為替換算差額も併せて表示される（(7)「為替差額・正味貨幣持高・デリバティブ」（85頁）参照）。

## ② 非継続事業区分

非継続事業から生じた損益については，損益計算書の5つの区分の中の非継続事業区分に表示する（IFRS第18号第68項）。具体的には，次のⅰおよびⅱの合計額からなる単一の金額を財務業績の計算書上で表示しなければならない。

ⅰ　非継続事業の税引後損益

ⅱ　非継続事業を構成する資産または処分グループを売却コスト控除後の公正価値で測定したことまたは処分したことにより認識した税引後の利得または損失

この際，IFRS第5号「売却目的で保有する非流動資産及び非継続事業」に従い，親会社の所有者に帰属する継続事業および非継続事業から生じた利益を財務業績の計算書に表示するか，または注記として開示するか，いずれかにより開示する必要がある（IFRS第5号第33項）。財務業績の計算書において親会社の所有者に帰属する継続事業および非継続事業から生じた損益を表示することが有用な体系化された要約をもたらす場合には，財務業績の計算書において表示し，そうではなくかつ重要性がある場合には，注記として開示することになる。

また，この単一の金額については，以下の項目に区分した内訳を開示することが求められるが，財務業績の計算書に表示するかまたは注記で開示することができる（IFRS第5号第33項）。

- ●収益
- ●費用
- ●税引前利益
- ●法人所得税費用
- ●非継続事業を構成する資産または処分グループを売却コスト控除後公正価

第1章　財務業績の計算書　　*79*

値で測定したこと，または処分したことにより認識した利得または損失

財務業績の計算書で表示する場合には，非継続事業に関するものとして識別可能な区分で（すなわち，継続事業とは区別して）表示しなければならない（IFRS第5号第33項(b)）。

なお，報告期間の末日までに非継続となったすべての事業について，比較期間について再表示する（IFRS第5号第34項）。

ケーススタディⅡ－1－6では，非継続事業から生じる収益と費用を損益計算書上において税引後利益のみを表示し，内訳を注記として開示する場合を示している。

---

**ケーススタディⅡ－1－6 ▶ 損益計算書において1項目で表示し，注記として開示する場合**

前提

D社は，20X3年に子会社Xを売却し，非継続事業として関連する財務情報を記載する。D社は，当該非継続事業に関する財務情報を財務業績の計算書に表示するか，または注記として開示するか。

ポイント

非継続事業から生じた利益を財務業績の計算書に表示するか，または注記として開示するか，いずれかにより開示する必要がある。

考え方

D社は，以下のとおり連結損益計算書において税引後利益のみを表示し，内訳を注記として開示した。

連結損益計算書における非継続事業の表示

| | 20X3年<br>（百万円）<br>⋮ | 20X2年<br>（百万円）<br>⋮ |
|---|---|---|
| 税引前利益 | 51,086 | 39,617 |
| 法人所得税費用 | (16,182) | (11,575) |
| 継続事業からの純利益 | 34,904 | 28,042 |
| 非継続事業からの純利益 | 727 | 399 |
| 　当期純利益 | 35,631 | 28,441 |

*80*　第Ⅱ部　財務諸表の各構成要素の表示および開示

非継続事業の注記

| | 20X3年<br>(百万円) | 20X2年<br>(百万円) |
|---|---:|---:|
| 収益 | 4,200 | 26,460 |
| その他の利得(損失) | 90 | - |
| 費用 | (3,939) | (25,890) |
| 税引前利益 | 351 | 570 |
| 法人所得税費用 | (105) | (171) |
| 非継続事業からの税引後利益 | 246 | 399 |
| 税引後の子会社売却益 | 481 | - |
| 非継続事業からの純利益 | 727 | 399 |
| 非継続事業の換算から生じる為替差額 | 170 | 58 |
| 非継続事業からのその他の包括利益(OCI) | 170 | 58 |

## (6) 認識の中止および分類の変更

### ① 資産の認識の中止および分類の変更

資産の認識の中止により生じた損益は,資産の認識中止の直前に当該資産から生じる損益を分類していた区分と同一の区分に分類する(IFRS第18号B60項)。同様に,売却目的保有への変更から生じた損益(売却目的保有への変更後の事後測定に伴う損益を含む)および資産の用途変更(例えばIAS第16号「有形固定資産」が適用される不動産からIAS第40号「投資不動産」が適用される不動産(投資不動産)への変更など)を伴う取引・事象から生じた損益も,これらの変更の直前に当該資産から生じる損益を分類していた区分と同一の区分に分類する(IFRS第18号B60項,B62項)。

### ② 資産のグループ(または資産および負債のグループ)の処分

企業が複数の資産のグループ(または資産または負債からなるグループ)を単一の取引で処分(または保有目的変更および用途変更)する場合に生じる損益は次のように取り扱う(IFRS第18号B63項,B64項)。

ⅰ　法人所得税資産を除く資産グループの中のすべての資産が，処分または分類変更等の直前に投資区分に分類される損益を生じる資産であった場合：投資区分

ⅱ　上記以外の場合：営業区分

この結果，例えば，次の各損益は**図表Ⅱ－1－16**で示したように分類される。

(図表Ⅱ－1－16) 資産グループ（および関連する負債）の認識中止および分類の変更に伴う損益の分類の例

| 取引・事象 | 損益の分類 | 理由 |
|---|---|---|
| 有形固定資産の処分損益 | 営業 | ●単一の資産の処分に関するもの<br>●有形固定資産の損益は，処分の直前には営業区分に分類されていた。 |
| 投資不動産（主要な事業活動として保有していないもの）の処分損益 | 投資 | ●単一の資産の処分に関するもの<br>●投資不動産の損益は，処分の直前には投資区分に分類されていた。 |
| 関連会社から子会社への段階取得に伴い認識する既存の持分法適用関連会社持分の再測定による損益 | 投資 | ●単一の資産の処分に関するもの<br>●持分法による投資損益は，追加取得の直前には投資区分に分類されていた。 |
| 製造業を営む子会社の連結財務諸表上の処分（当該子会社は非継続事業ではない） | 営業 | ●資産グループ（および関連する負債）の処分に関するもの<br>●資産グループには，処分直前に投資区分以外に分類される損益を生じる資産が含まれていた。 |
| 投資不動産のみを資産として保有する子会社の連結財務諸表上の処分（当該事業は非継続事業ではない。また，投資不動産は主要な事業活動として保有されているものではない） | 投資 | ●資産グループ（および関連する負債）の処分に関するもの<br>●子会社の資産が投資不動産のみであり，主要な事業活動のための保有ではないため，処分直前のすべての資産から生じる損益が投資区分に分類されていた。 |

| 営業区分に分類される損益を生じる資産を含む資産グループを売却目的保有に分類したことにより生じた減損損失およびその後の売却損益 | 営業 | ● 資産グループの売却目的保有への分類に関するもの<br>● 資産グループには，分類変更の直前に投資区分以外に分類される損益を生じる資産が含まれていた。 |
|---|---|---|

### ③ 負債の認識の中止

　負債の認識の中止から生じる損益は本章1.(3)「財務区分」(53頁)において示した原則に従って分類する（IFRS 第18号 B61項）。すなわち，資金調達のみを伴う取引から生じる負債の認識の中止により生じる損益は，認識の中止の直前に当該負債から生じた損益を分類していた区分と同一の区分に分類する。また，その他の負債の認識の中止から生じる損益は営業区分に分類する。

　この結果，例えば，図表Ⅱ－1－17に示したように，各損益が分類される。

　これらの取扱いを図示すると図表Ⅱ－1－18のとおりとなる。

(図表Ⅱ－1－18) 資産または負債の認識の中止および分類の変更を伴う他の取引・

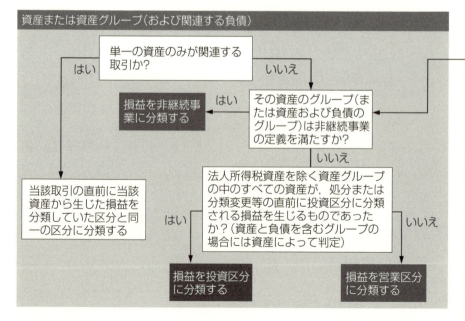

(図表Ⅱ－1－17）負債の認識中止に伴う損益の分類の例

| 取引・事象 | 損益の分類 | 理由 |
|---|---|---|
| 資金調達のみを伴う負債の認識の中止に伴う損益（企業は主要な事業活動として顧客にファイナンスの提供を行っていない） | 財務 | ● 資金調達のみを伴う負債（「その他の負債」ではない）の処理に関するもの。<br>● 企業は主要な事業活動として顧客にファイナンスの提供を行っていない。 |
| サプライヤー・ファイナンス契約に基づく供給業者に対する負債の認識中止とファイナンス提供者に対する新たな負債の認識に伴う損益 | 営業 | ●「その他の負債」の認識の中止に関する事項 |

**事象から生じる損益の認識区分**

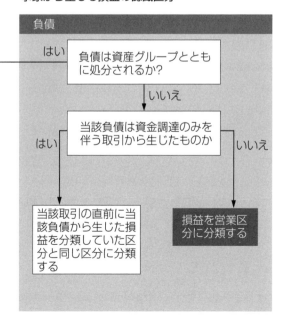

*84*　第Ⅱ部　財務諸表の各構成要素の表示および開示

---

### ケーススタディⅡ－1－7 ▶ 子会社の処分損益の連結財務諸表上の表示

#### 前　提

　A社は子会社であったB社を当期中に売却した。B社は鉱山を所有・操業しており，その操業のために多くの資産を有している。

　A社の連結財務諸表上，子会社Bの売却損益をどのように表示すべきか。

#### ポイント

　子会社B社の事業が非継続事業に分類されるかによって異なる。

#### 考え方

① 　B社の事業が継続事業に該当する（非継続事業に該当しない）場合

　ⅰ　損益計算書上の表示区分の決定

　A社はまず，当該売却損益の損益計算書上の区分を決定する。子会社の処分損益は，処分直前の資産・負債グループから生じた損益の区分に基づいて分類される。B社は鉱山を操業するために資産を使用しているため，これらの資産から生じる損益は営業区分に分類されていた。資産（および負債）グループの処分であり，その中には投資区分以外に分類される損益を生じる資産も含まれていたため，連結財務諸表上，売却損益はすべて営業区分に分類される。これには，その他の包括利益で認識されていた在外営業活動体に関する為替差額の累計額を資本から純損益に振り替えることによる損益も含まれる。

　ⅱ　単独の損益項目として区分表示するかの判断

　次にA社は，当該売却損益を損益計算書上の損益項目として区分表示するかどうかを判断する。

　売却損益を区分表示することで有用な体系化された要約の提供を達成する場合には，損益計算書上の単独の損益科目として区分表示する。一方，区分表示することで有用な体系化された要約の提供を達成しない場合には，損益計算書上類似の性質を有する項目と集約して表示する。

② 　B社の事業が非継続事業に該当する場合

　非継続事業に該当する子会社の処分損益は，(i)非継続事業から生じた税引後損益と(ii)非継続事業を構成する資産または処分グループの売却費用控除後の公正価値への測定または処分に関して認識された税引後損益の合計からなる単一の金額に含めて表示する。

　さらにA社は有用な体系化された要約を示すために，上述の単一の金額の内訳を下記のいずれかの方法で示すことが必要かどうかを検討する。

ⅰ　損益計算書において分解して示すこと

ⅱ　重要性がある場合に注記において分解を示すこと

　ここで，上述ⅰの方法により損益計算書上で分解を示す場合には，継続事業とは別の非継続事業の表示区分において示す必要がある。例えば，継続事業からの収益と非継続事業からの収益を合算して収益合計を表示することは認められない。その他の包括利益として認識された在外営業活動に関する為替差額の累積額を資本から純損益へ振り替えることによる損益も，非継続事業の区分に表示される。

　損益計算書上で非継続事業の損益の分解を示す場合の表示例は次のとおりとなる。

|  | 20X1 | 20X0 |
|---|---|---|
| 継続事業： | … | … |
| 　税引前利益 | XXX | XXX |
| 　法人所得税 | (XXX) | (XXX) |
| 　継続事業からの利益 | XXX | XXX |
| 非継続事業： | | |
| 　収益 | XXX | XXX |
| 　費用 | (XXX) | (XXX) |
| 　税引前利益 | XXX | XXX |
| 　法人所得税 | (XXX) | (XXX) |
| 　非継続事業処分益 | XXX | XXX |
| 　非継続事業からの利益 | XXX | XXX |
| 当期利益 | XXX | XXX |

## (7)　為替差額・正味貨幣持高・デリバティブ

### ①　為替差額

#### ⅰ．原則的な取扱い

　損益計算書に含める為替差額は，IAS第21号「外国為替レート変動の影響」を適用して算定される。当該為替差額について，損益計算書ではそれを生じさせた項目から生じる収益および費用と同じ区分に分類する必要がある（IFRS第18号 B65項）。例えば，顧客への財またはサービスの販売により生じる収益は営業区分に分類されるため，これにより外貨建ての営業債権が生じる場合，当該債権から生じる為替差額は，営業区分に分類されることになる。また，資

*86*　第Ⅱ部　財務諸表の各構成要素の表示および開示

金調達のみを伴う取引から生じる負債である外貨建ての借入金により生じる費用は財務区分に分類されるため，当該借入金を期末日に期末日レートで換算した際の為替差額は，財務区分に分類されることになる（ただし，主要な事業活動として顧客にファイナンスを提供しており，当該負債から生じた収益および費用を営業区分に分類する場合は,営業区分に分類する）（IFRS 第18号 B66項）。

　このように，為替差額をそれを生じさせた項目から生じる収益および費用と同じ区分に分類することは，企業の事業活動の忠実な表現に寄与すると考えられ，仮にそのような分類をしない場合，その事業活動の業績についての不完全な情報を提供することになる（IFRS 第18号 BC209項）。

ⅱ. 例外的な取扱い（過大なコストや労力を要する場合）

　損益計算書に含める為替差額の区分に関する原則的な取扱いを行うには過大なコストまたは労力を伴う場合，影響を受ける為替差額を営業区分に分類する。分類が過大なコストまたは労力を伴うかどうかの評価は，為替差額の原因となる各項目について行う必要があり，各項目が関連する事実や状況に即して行われる。ただし，同一の事実や状況が複数の項目に関連する場合には，当該複数の項目をまとめて評価することが認められている（IFRS 第18号 B68項）。

　この免除規定は，過大なコストや労力をかけずに適切な区分に配分することができないと評価された為替差額についてのみ適用される。このような取扱いは，企業によっては，為替差額を総額で単一の金額として捕捉している場合があり，為替差額を生じさせる項目からの収益および費用と同じ区分に分類するにはコストがかかり過ぎるといった懸念が寄せられたことを踏まえたものである。

---

### *Point Of View*　過大なコストまたは労力

　為替差額については，次の分類を行う際に「過大なコストまたは労力（undue cost or effort）」を要する場合，代わりに，損益計算書の営業区分に分類することが認められている（IFRS 第18号 B65項，B67項，B68項）。

● 為替差額を生じさせた項目から生じる収益および費用と同じ区分への分類

● 資金の調達のみを伴うものではない取引から生じた収益および費用が分類
された複数の区分のうち為替差額が関連するいずれかの区分への分類

どのような場合に「過大なコストまたは労力」を要するといえるかについては，IFRS第18号では定義を設けておらず，評価方法の具体的な定めもない。為替差額を生じさせた項目に関連した企業に固有の事実と状況に基づき評価する必要があるが，IFRS第18号の結論の根拠や「過大なコストまたは労力」が用いられている他のIFRS会計基準書における取扱いを参考に，次のような事項を考慮して検討することが考えられる。

● コストと便益の比較考量

「過大なコストまたは労力」の免除規定は，要求事項のとおりに会計処理したり情報を開示したりするコストと，その会計処理または開示から財務諸表利用者が得る便益とのバランスを図る実務上の便法である。適用にあたっては，当該免除規定の適用による財務諸表利用者への影響と要求事項の遵守にかかるコストや労力とを慎重に比較検討する必要がある。

● 「実務上不可能」の考え方との関係

IFRS会計基準では，入手困難な情報を利用しようとする場合に関する救済措置を設ける際に，「過大なコストまたは労力」のほかに「実務上不可能」という用語が使われる場合もある。「実務上不可能」とは，ある要求事項を適用するために企業があらゆる合理的な努力（every reasonable effort）を払った後にも適用できない場合をいう（IAS第8号「財務諸表の作成基礎」第5項）。「実務上不可能」である場合には，コストがかかるとしても，可能である限りは情報を入手し要求事項の適用が求められるのに対し，「過大なコストまたは労力」を要する場合には，ある情報を入手しようとする際にかかるコストの考慮が許容される点で異なる。

● 企業の状況に基づく評価

企業によって対応する能力や準備状況はさまざまであり，例えば，次のような要因を考慮して，為替差額を生じさせた項目ごとに適切な区分に分類するための情報の入手にかかるコストや労力が過大となるかを評価することが考えられる。

　○ 企業の規模（コストや労力が企業の規模に鑑みて過大といえるか）
　○ システム変更の容易さ（他のシステムにも影響が波及し，変更の範囲が

88　第Ⅱ部　財務諸表の各構成要素の表示および開示

　　大規模になるかどうかなど）
　　　○ 情報収集の困難さ（システムで対応できず必要となる手作業が膨大とな
　　　　るかどうかなど）

　●合理的に利用可能なすべての情報の考慮
　財務諸表の作成にあたって「過大なコストまたは労力」をかけずに企業が利
用可能なすべての情報を考慮する必要がある。「過大なコストまたは労力」を要
するような情報の網羅的な探索の実施までは求められないが，企業として既知
の情報を無視することはできない。

　●毎期の状況に応じた評価
　「過大なコストまたは労力」を伴うかどうかについては，毎期それぞれの状況
に応じて評価する必要がある。そのため，前期は「過大なコストまたは労力」
を伴うとして為替差額を営業区分に分類していたとしても，当期も「過大なコ
ストまたは労力」を伴うとは限らず，為替差額を，それを生じさせた項目から
生じる収益および費用と同じ区分に分類する必要が生じる場合がある。

### ⅲ. 為替差額の分類の例

　**ケーススタディⅡ－1－8，Ⅱ－1－9**では，為替差額の分類について，具
体的な例を示している。

---

**ケーススタディⅡ－1－8 ▶ IAS 第12号の適用範囲内の資産・負債から生じる為替
差額の分類**

前提

　A社は，IAS 第12号の適用範囲内にある外貨建当期税金負債と外貨建繰延税金
負債（いずれもA社の機能通貨と異なる外国通貨建て）を有している。
　これらの当期税金負債および繰延税金負債から生じる為替差額は，損益計算書
上どのように分類すべきか。

ポイント

　当該為替差額を生じさせた項目から生じる収益および費用がどの区分に分類さ
れるかにより判断する。

第1章 財務業績の計算書　*89*

考え方

　IAS 第12号の適用範囲内の資産および負債から生じる為替差額は，法人所得税区分に分類する（ただし，過大なコストや労力を要するとされた場合には営業区分に分類される）。

ケーススタディⅡ－1－9 ▶ 連結会社間取引から生じる為替差額の連結財務諸表における分類

前 提

　B 社は，外貨建てのグループ会社間借入契約を締結し，グループ内で親会社から借入（資金調達のみを伴う取引）を行っている。当該借入金は連結上，相殺消去されるが，B 社の個別損益計算書で計上された為替差額は，連結上，引き続き認識される。

　なお，当該借入金は，貸手である親会社の機能通貨建て（B 社の機能通貨と異なる）であり，また，返済日は 2 年後である（したがって，貸手にとって当該契約による貸付金は純投資の一部ではない）。

　連結損益計算書上，当該借入金から生じる為替差額はどの区分に分類すべきか。

ポイント

　個別損益計算書から連結損益計算書に引き継がれる為替差額は，個別損益計算書上で分類されていた区分を引き継ぐことができると考えられるが，連結の観点を重視した場合，他の方法も考えられる。

考え方

　上記の貸付取引は資金調達のみを伴う取引であるため，借手である B 社の個別損益計算書上，親会社からの借入から生じる収益および費用は，財務区分に分類される。為替差額は，その発生原因となった項目の収益および費用と同じ区分に分類される（過大なコストや労力を要する場合を除く）ため，B 社の個別損益計算書で報告される為替差額は，財務区分に分類されることになる。

　ただし，親会社の連結財政状態計算書においては，当該取引に関連するグループ会社間の債権債務残高は相殺消去される。この場合の連結損益計算書上の取扱いについて，IFRS 第18号では明確なガイダンスはないが，次のいずれかのような方法によって分類することが考えられる。

- B 社の個別損益計算書上で分類された区分を引き継ぎ，財務区分に分類する（IFRS 第18号 B65項）

*90* 第Ⅱ部 財務諸表の各構成要素の表示および開示

- 連結上は相殺消去により関連する負債が存在しない状態となるため,「残余」である営業区分に分類する（IFRS 第18号第52項）
- 連結上は親会社から子会社への現金の移動により為替差額が生じていると考え,投資区分に分類する（IFRS 第18号第53項）

なお,借入金や現金などデリバティブ以外の金融商品であって,ヘッジ手段に指定されていない場合の為替差額については,**ケーススタディⅡ－1－11**「**ヘッジ手段ではないデリバティブ以外の金融商品の為替差額の区分**」（94頁）を参照されたい。

### iv. 資金調達のみを伴う取引から生じる負債ではない負債（「その他の負債」）に係る為替差額

その他の負債に係る為替差額は,判断に基づき単一の区分に分類する必要がある。そのため,複数の区分に配分すべきではない。ただし,その他の負債の中でも類似の負債に係る為替差額は同じ区分に分類する必要があるが,その他の負債に係る為替差額をすべて同じ区分に分類する必要はない（IFRS 第18号B67項後段）。

その他の負債から生じる収益および費用は,複数の区分に分類される可能性がある。例えば,与信期間の延長について交渉された外貨建ての取引によるサービスの購入には,営業区分に分類されるサービスの購入にかかる費用と,財務区分に分類される金利費用を生じさせる可能性がある。この場合,企業は,これらの費用に係る為替差額が営業区分に分類される金額と財務区分に分類される金額のどちらに関連するかについて判断する必要がある。すなわち,費用については複数の区分に分類するものの,これらに係る為替差額については単一の区分に分類することになる（IFRS 第18号 B67項）。

**ケーススタディⅡ－1－10**では,その他の負債に係る為替差額を分類する際の判断の適用について説明する。

第1章　財務業績の計算書　　*91*

---

**ケーススタディⅡ－1－10 ▶ その他の負債に係る為替差額の分類**

| 前 提 |

　A社はアフリカに拠点を置く航空会社である。A社は米ドル建てで航空機を
リースしており，外貨建リース負債を認識している。また，A社は米ドル建ての
長期信用取引で消耗品を購入し，外貨建ての買掛金を認識している。なお，A社
の機能通貨は米ドルではない。このリース負債と買掛金は，その他の負債である。

　上記のリース負債と買掛金から生じる為替差額は，どの区分に分類すべきか。

| ポイント |

　損益計算書上，その他の負債から生じる収益・費用のうち，金利収益・費用と
金利変動の影響のみが財務区分に分類され，それ以外は営業区分に分類される。

　為替差額が営業区分に分類される金額と財務区分に分類される金額のどちらに
関連するかについて判断する際，事業の性質と負債の性質を考慮する。

| 考え方 |

　A社は，為替差額が財務区分に分類される金額と営業区分に分類される金額の
どちらに関連するかを，判断する必要がある。その際，事業の性質と，その他の
負債の性質を考慮する必要がある。

　例えば，航空機をリースするという意思決定が財務上の意思決定であったと考
える場合，リース負債に係るすべての為替差額を財務区分に分類する。消耗品を
購入するという意思決定が営業上の意思決定であったと考える場合，買掛金
に係る為替差額のすべてを営業区分に分類する。

　なお，リース負債または買掛金から生じる為替差額を，営業区分と財務区分に
配分することは認められない（IFRS 第18号 B67項）。

---

## ②　正味貨幣持高

　企業は，IAS 第29号「超インフレ経済下における財務報告」を適用する際に，
正味貨幣持高に係る利得または損失を正味貨幣持高に関連する他の収益および
費用項目（金利収益および費用，為替換算差額など）とともに表示する選択を
有する（IAS 第29号第28項）。企業が正味貨幣持高に係る利得または損失を関
連する収益および費用とは別に表示することを選択した場合には，当該利得ま
たは損失を営業区分に分類しなければならない（IFRS 第18号 B69項）。

92　第Ⅱ部　財務諸表の各構成要素の表示および開示

### ③　デリバティブ

　企業は，デリバティブを含む金融商品を，特定のリスクを管理する目的のみならず，トレーディングやその他の目的で契約する場合もある。IFRS 第18号は，これらの金融商品に係る利得または損失をどの区分に分類すべきかを決定するための具体的なガイダンスを提供している。その区分は，当該金融商品を識別したリスクを管理する目的で保有しているかどうかによる。デリバティブに関する定めは，主契約の負債から分離された組込デリバティブにも適用する（IFRS 第18号 B56項，B70項，B73項）。

　なお，ヘッジ会計に関する IFRS 会計基準書には，IFRS 第 9 号のほか，IAS 第39号「金融商品：認識及び測定」がある。IFRS 第 9 号が適用されている現在においては，IAS 第39号の適用は限定的であるため，IAS 第39号については，特段の言及がある場合を除き，本書では取り扱っていない。

### ⅰ．識別したリスクを管理する目的で用いられる金融商品

　企業は，通常，識別したリスクを管理する目的で，デリバティブや指定したヘッジ手段を保有する。これらの金融商品に係る利得または損失は，**図表Ⅱ－1－19**に示すとおり，その金融商品を用いて管理するリスクによって影響を受ける収益および費用と同一の区分に分類する必要がある（IFRS 第18号 B70項，B72項，B74項，BC229項）。

（図表Ⅱ－1－19）識別されたリスクを管理する目的で用いられる金融商品に係る利得または損失の区分

| IFRS第 9 号に従ってヘッジ手段として指定しているかどうか | 次の金融商品から生じる利得または損失の区分 | |
| --- | --- | --- |
| | デリバティブ | デリバティブ以外 |
| 指定したヘッジ手段 | 利得または損失について，金融商品を用いて管理するリスクによって影響を受ける収益および費用と同一の区分に分類する。<br>ただし，利得または損失を複数の区分にグロスアップすることが必要となる場合には，営業区分に分類する。 | |

| ヘッジ手段ではない | 利得または損失について，金融商品を用いて管理するリスクによって影響を受ける収益および費用と同一の区分に分類する。ただし，利得または損失を複数の区分にグロスアップすることが必要となる場合，あるいは過大なコストや労力がかかる場合には，営業区分に分類する。 | 一般的な分類の定めを適用し，それぞれの資産または負債から生じる収益および費用を分類する。 |
|---|---|---|

---

### *Point Of View* デリバティブに係る利得または損失を営業区分に分類する場合

　IFRS 第18号では，識別したリスクを管理する目的で用いるデリバティブや指定したヘッジ手段に係る利得または損失を，複数の区分にグロスアップすることなく，営業区分に分類することが求められる場合がある。

　利得と損失のグロスアップは，リスク・ポジションが相殺し合う複数項目のグループの正味のリスクを管理する目的でそのような金融商品が用いられ，管理対象のリスクが損益計算書の２つ以上の区分の科目に影響を与える状況で生じる可能性がある。例えば，収益（営業区分）と金利費用（財務区分）の正味の為替リスクを管理する目的でデリバティブが用いられる場合がある。このような場合，収益に係る為替差額と金利費用に係る為替差額から生じる正味のエクスポージャーは，当該デリバティブの利得または損失によって相殺される。

　しかし，収益に係る為替差額は，金利費用に係る為替差額と異なる区分に分類される。デリバティブに係る利得または損失をそれぞれの区分に表示するためには，デリバティブから生じるよりも多額の利得または損失をそれぞれの区分にグロスアップして表示する必要がある。これは，IFRS 第18号で禁止されているデリバティブに係る利得または損失のグロスアップを意味する。

　このような状況において，IFRS 第18号は，デリバティブに係る利得または損失を営業区分に分類することを求めている。

　なお，IFRS 第９号に従って純額ポジションをヘッジする場合（IFRS 第９号 B6.6.15項，B6.6.16項），純損益に振り替えるヘッジ手段の利得または

損失は，ヘッジ対象の利得または損失とは別個の科目に表示することが求められる。この別個の科目も，上記の IFRS 第18号の定めに従い，営業区分に分類する。

　なお，IFRS 第 9 号に従って，先渡契約をキャッシュ・フロー・ヘッジのヘッジ手段として指定する場合，ヘッジ手段から先渡要素を除外し，先渡要素の価値の変動を純損益として認識することができる。このようなヘッジ手段から除外した構成要素に係る利得または損失は，ヘッジ手段として指定した構成要素に係る利得または損失と同一の区分に分類する（IFRS 第18号 B71項）。この定めは，先渡要素を除外し，先渡要素の価値の変動を純損益で認識するか，またはヘッジコストとして繰り延べるアプローチを適用するかにかかわらず適用される。

　また，IFRS 第 9 号に従って，ヘッジ関係の非有効部分は純損益に認識する必要がある。非有効部分は，ヘッジ手段の有効部分（ヘッジ対象が純損益に影響を与える時にキャッシュ・フロー・ヘッジ剰余金から純損益に振り替えられる部分）と同一の区分に分類する（IFRS 第18号 B71項）。

　これらのデリバティブや指定したヘッジ手段に係る利得または損失を損益計算書の区分に分類するための定めは，収益および費用を表示する科目を規定するものではない（IFRS 第18号 B76項）。

　ケーススタディⅡ－1－11では，借入金や現金などデリバティブ以外の金融商品であって，ヘッジ手段に指定されていない場合の為替換算差額について説明している。

---

### ケーススタディⅡ－1－11 ▶ ヘッジ手段ではないデリバティブ以外の金融商品の為替差額の区分

| 前　提 |

　A社は，製造業者であり，外貨建借入金に関連する為替リスクをヘッジする目的で用いる外貨建現金を保有している。

　外貨建借入金は資金調達のみを伴う取引から生じ，IFRS 第18号 B65項に従って，外貨建借入金の換算差額は財務区分に分類する。外貨建現金は借入金に係る為替

差損益を経済的にヘッジしているため，A社は，外貨建現金の為替差額を借入金の為替差額と同一の区分，すなわち，財務区分に含めたいと考えている。

① A社が外貨建現金の換算差額を財務区分に分類することは認められるか。

② 仮にA社が外貨建現金を経済的にヘッジする目的で外貨建借入金を用いるとする場合，外貨建借入金の換算差額は，外貨建現金の換算差額の区分に合わせて，営業区分または投資区分に分類することが認められるか。

[ポイント]

IFRS第18号の一般的な分類の定めとは異なる定めがあるか検討する。

[考え方]

① A社は，IFRS第18号の一般的な分類の定めを適用し，デリバティブ以外の金融商品に係る収益および費用を営業区分，投資区分，財務区分のいずれかに分類する。したがって，事実と状況に応じて，外貨建現金の換算差額は，投資区分または営業区分に表示する。

　ヘッジ手段として指定するデリバティブ以外の金融商品に係る利得または損失は，当該金融商品を用いて管理するリスクの影響を受ける収益および費用と同一の区分に分類する必要がある。しかし，識別したリスクを管理する目的で用いているが，ヘッジ手段として指定していないデリバティブ以外の金融商品については，この定めは適用されない。

　IASBは，そのような金融商品に係る利得または損失を，当該金融商品を用いて管理するリスクの影響を受ける収益および費用と同一の区分に分類することを求めることは，企業にとって適用コストが高いと判断している。デリバティブ以外の金融商品は，複数の目的で保有する可能性があり，特定のリスクに対するエクスポージャーを管理するためにのみ保有することが多いデリバティブとは異なるためである。

② ①に示したとおり，ヘッジ手段として指定していないデリバティブ以外の金融商品に係る収益および費用は，IFRS第18号の一般的な分類の定めの適用により，営業区分，投資区分，財務区分のいずれかに分類する。[ 前 提 ]で述べたように，資金調達のみを伴う取引から生じる外貨建借入金の換算差額は，財務区分に分類するため，営業区分または投資区分に分類することは認められない。

## ⅱ．識別したリスクを管理する目的では用いられないデリバティブ

　企業は，識別したリスクを管理する目的以外で，デリバティブを契約する場

合もある。例えば，企業がデリバティブのトレーダーである場合や，企業自身の資本性金融商品に対するオプションを保有する場合などがこれに該当する。このようなデリバティブに係る利得または損失の分類に関する定めは複雑であり，次の事項によって異なる。

- デリバティブが資金調達のみを伴う取引に関連しているかどうか
- 企業が顧客にファイナンスを提供する主要な事業活動を有しているかどうか

これらのデリバティブに関連する検討事項は**図表Ⅱ－1－20**に示すとおりである（IFRS 第18号 B59項，B73項）。

（図表Ⅱ－1－20）識別したリスクを管理する目的では用いられないデリバティブに係る利得または損失の区分

| 資金調達または事業活動との関連性 | | | デリバティブに係る利得または損失の区分 |
|---|---|---|---|
| 資金調達のみを伴う取引に関連するデリバティブ | 顧客へのファイナンスの提供が主要な事業活動ではない場合 | | 財務区分 |
| | 顧客へのファイナンスの提供が主要な事業活動である場合 | 顧客へのファイナンスの提供に関連するデリバティブ | 営業区分 |
| | | 顧客へのファイナンスの提供に関連しないデリバティブ | ● 資金調達のみを伴うが顧客へのファイナンスの提供に関連しない取引から生じる負債からの収益および費用を営業区分に分類する会計方針を採用している場合：営業区分<br>● 上記以外の場合：財務区分 |
| 資金調達のみを伴う取引に関連しないデリバティブ | | | 営業区分 |

*Short Break*　資金調達のみを伴う取引に関連するデリバティブの例

　識別したリスクを管理する目的では用いられず，資金調達のみを伴う取引に関連するデリバティブに係る利得または損失は，財務区分に分類することが求めら

れている（IFRS 第18号 B73項）。このようなデリバティブの例は次のとおりである。

- 固定額の外貨を固定数の自己株式と交換することを保有者に認める売建コール・オプション

  固定額の外貨と交換に固定数の企業自身の資本性金融商品を引き渡すことで決済される契約は，IAS 第32号「金融商品：表示」における「固定対固定」の要件を満たさないため，当該売建コール・オプションはデリバティブ負債に分類される。

- 外貨建転換社債に組み込まれた転換オプション

  主契約から分離される組込デリバティブは，固定額の外貨建社債元本を固定数の企業自身の資本性金融商品に転換する売建コール・オプションに相当する。

- 単独のデリバティブとしての外貨の売建コール・オプション

  この売建コール・オプションは，固定額の外貨を固定数の企業自身の資本性金融商品と交換することを保有者に認めるものである。

  上記の取引から生じる利得または損失は，現金と交換に企業自身の資本性金融商品を発行するため，資金調達のみを伴う取引に関連している。多くの場合，これらのデリバティブは費用対効果の高い方法で資金調達する一環として取引されるため，IASB は，財務区分に分類することが企業の活動に対する影響をより適切に表すと判断した。

　なお，識別したリスクを管理する目的では用いられないデリバティブに係る利得および損失を損益計算書の区分に分類するための定めは，収益および費用を表示する科目を規定するものではない（IFRS 第18号 B76項）。

　次のケーススタディ II － 1 －12は，デリバティブとして会計処理するコモディティ契約の公正価値変動と販売収入の表示について，引渡し前と引渡日における仕訳を用いた会計処理とともに説明している。

98 第Ⅱ部 財務諸表の各構成要素の表示および開示

---

### ケーススタディⅡ－1－12 ▶ デリバティブとして会計処理するコモディティ契約の公正価値変動と販売収入の表示

#### 前 提

現金または他の金融資産で純額決済できる非金融資産の販売契約は，企業の予想される販売の必要に従った引渡しの目的で締結され，引き続き保有されている場合（「自己使用の例外」）を除き，IFRS第9号におけるデリバティブであるかのように会計処理する。このケーススタディでは，次のような取引を前提とする。

- 20X0年2月1日に，A社は，20X0年5月1日に1トン当たり300千円で100トンの穀物Bを現物受渡しにより販売する契約を顧客と締結した。
- A社は，この契約をIFRS第9号第2.4項に従ってデリバティブとして会計処理すると判断した。したがって，当該契約は純損益を通じて公正価値で会計処理する。しかし，A社は，この契約を売買目的では保有しておらず，総額での現物決済（すなわち，現金と交換に穀物Bを引き渡すこと）により決済する予定である。
- A社の報告期間は20X0年3月31日に終了する。
- 20X0年5月1日に，A社が現金30,000千円と交換に穀物Bを引き渡すことにより，この契約は決済された。
- 穀物Bの先渡価格と契約の公正価値は次のとおりである（なお，簡略化のため割引の影響は考慮しない）。

| 日　付 | 先渡価格<br>（千円） | 公正価値<br>（千円） |
|---|---|---|
| 20X0年2月1日（契約日） | 300 | － |
| 20X0年3月31日（報告期間末日） | 310 | △1,000 |
| 20X0年5月1日（引渡日） | 325 | △2,500 |

それぞれの時点における会計処理はどのようになるか。

#### ポイント

IFRS第15号における「顧客との契約から生じる収益」との関係を踏まえて，引渡し前と引渡日における会計処理を検討する。

#### 考え方

a．契約期間中（引渡し前）の会計処理

契約期間中のデリバティブの公正価値の変動は，IFRS第15号における「顧客との契約から生じる収益」の定義を満たさない。デリバティブに係る利得または損失は営業区分に分類する。

第1章 財務業績の計算書　　*99*

20X0年3月31日

(単位：千円)

| (借) その他の営業費用 | 1,000 | (貸) デリバティブ負債 | 1,000 |

20X0年5月1日

(単位：千円)

| (借) その他の営業費用 | 1,500 | (貸) デリバティブ負債 | 1,500 |

### b．引渡日の会計処理

引渡日の会計処理としては，次の2つのアプローチが考えられる。

### アプローチ1：デリバティブとして会計処理

1つのアプローチは，IFRS第9号の適用範囲内のデリバティブとして会計処理し続けるが，IFRS第15号の適用範囲ではないため，「顧客との契約から生じる収益」や関連する売上原価は生じないというものである。会計処理は次のとおりである。

20X0年5月1日

(単位：千円)

| (借) デリバティブ負債 | 2,500 | (貸) 棚卸資産 <sup>(注)</sup> | 32,500 |
| 　　 現金 | 30,000 | | |

(注)　簡略化のため，棚卸資産が公正価値で測定されていると仮定している。棚卸資産が原価で測定されている場合，棚卸資産の認識の中止から生じる利得または損失が発生する可能性が高い。

### アプローチ2：収益取引として会計処理

この契約について，デリバティブとして会計処理するものの，企業の通常の活動のアウトプットである現物のコモディティを販売する顧客との契約であると主張することもできる。IFRS第15号付録Aによると，「顧客」は「企業の通常の活動のアウトプットである財またはサービスを対価と交換に獲得するために企業と契約した当事者」と定義されている。このアプローチでは，契約から生じる総収入は，「顧客との契約から生じる収益」という項目で表示するIFRS第15号に従った収益となる。

これは，引渡日時点の公正価値が2,500千円のデリバティブの決済と，コモディティの引渡し（販売価格と帳簿価額は32,500千円）という2つの取引が発生して

いるという考え方である。すなわち，総額で決済されるデリバティブは，原資産を引き渡す義務とデリバティブの両方を含む契約であるという見解を前提としている。固定価格の契約がコモディティの販売契約であっても，一定の要件を満たす場合，当該契約を，コモディティの販売時に受け取る対価の変動性に対するキャッシュ・フロー・ヘッジとして指定することが認められる。この考え方による会計処理は，次のとおりである。

20X0年5月1日

（単位：千円）

| （借）デリバティブ負債 | 2,500 | （貸）収益 | 32,500 |
| 現金 | 30,000 | | |
| （借）売上原価 | 32,500 | （貸）棚卸資産 <sup>(注)</sup> | 32,500 |

(注) 簡略化のため，棚卸資産が公正価値で測定されていると仮定している。棚卸資産が原価で測定されている場合，棚卸資産の認識の中止から生じる利得または損失が発生する可能性が高い。

2019年3月に，IFRS解釈指針委員会（IFRS-IC）はアジェンダ決定「非金融商品項目の購入又は売却契約の現物決済」を公表した。このアジェンダ決定で示されている会計処理は，アプローチ2の会計処理と整合している。

IFRS-ICは，IFRS第9号における「自己使用の例外」の要件に該当せず，純損益を通じて公正価値で測定されるデリバティブに係る公正価値利得または損失の累計額を戻し入れる仕訳が認められないことに留意した。また，IFRS-ICは，決済により生じたデリバティブに係る利得または損失がないことにも留意した。さらに，IFRS-ICは，IAS第1号がデリバティブの再測定に関連する金額の表示についての定めを規定していないことを確認し，またIFRS第7号「金融商品：開示」第20項(a)(i)により，IFRS第9号に従って強制的に純損益を通じて公正価値で測定される金融資産または金融負債に係る正味利得または正味損失の開示が求められていることも確認した。

PwCの見解では，上記のいずれのアプローチも受入可能であり，引渡日に収益と売上原価を認識するかどうかについて，企業は会計方針を選択することができると考えている。選択した会計方針は首尾一貫して適用する必要があり，さらに，いずれのアプローチを適用したかを注記で開示すべきである。

なお，このアジェンダ決定は，企業がコモディティを購入し，非金融商品である棚卸資産を認識する場合にも対応している。同一の原則が適用され，IFRS第9号における「自己使用の例外」の要件に該当せず，純損益を通じて公正価値で測定されるデリバティブに係る公正価値利得または損失の累計額を戻し入れる仕訳

は認められない。

## 2．損益計算書において表示する合計および小計

　企業は損益計算書において，次の３つの合計または小計を表示しなければらない（IFRS 第18号第69項）。

---

①　営業損益
②　財務及び法人所得税前純損益
③　純損益

---

　このうち，「営業損益」には，営業区分に分類したすべての収益および費用が含まれる（IFRS 第18号第70項）。「財務及び法人所得税前純損益」には営業損益に加えて投資区分に分類したすべての収益および費用が含まれる（IFRS 第18号第71項）。また，「純損益」には，損益計算書の５つの区分のすべての収益および費用が含まれる（IFRS 第18号第72項）。

　なお，主要な事業活動として顧客にファイナンスを提供する企業が，顧客へのファイナンスに関連しない負債から生じる収益および費用を営業区分に分類する選択を行った場合（本章１.(4)②「財務区分」(73頁) 参照）には，「財務及び法人所得税前純損益」の表示を行わない。このような企業においては，「財務前」という小計の名称は実態を示さなくなるため，収益および費用の有用な体系化された要約を示すために，営業損益の後かつ財務区分の前に小計を表示することが適切かどうかを判断し，小計を表示する場合には当該小計に含まれた範囲を忠実に示すような名称を付さなければならない（IFRS 第18号第73項，第74項）。

## 3. 損益計算書に表示するか，または注記に開示すべき項目

### (1) 区分表示すべき項目

損益計算書においては，図表Ⅱ－1－21の項目を区分表示しなければならない（IFRS第18号第75項）。

**（図表Ⅱ－1－21）区分表示**

| IFRS第18号で要求されている金額 | ● 収益（下に示したIFRS第9号に基づく実効金利法を用いて計算した金利収益およびIFRS第17号に基づく保険収益は区分して表示）<br>● 営業費用（第78項および第82項(a)で要求される項目（(3)「営業区分に分類される費用の表示および開示」①（104頁）および④（107頁）参照）を区分して表示）<br>● 持分法を用いて会計処理される関連会社および共同支配企業の純損益に対する持分相当額<br>● 法人所得税費用（または法人所得税収益）<br>● 非継続事業の損益の合計額に関する単一の金額（IFRS第5号参照） |
|---|---|
| IFRS第9号で要求されている金額 | ● 実効金利法を用いて計算した金利収益<br>● IFRS第9号のセクション5.5に従って算定した減損損失（減損損失の戻入れまたは減損利得を含む）<br>● 償却原価で測定する金融資産の認識の中止により生じた利得および損失<br>● 償却原価測定から純損益を通じた公正価値測定への分類変更を行った金融資産に関する従前の償却原価と公正価値の差額から生じた利得または損失<br>● その他の包括利益を通じた公正価値測定から純損益を通じた公正価値測定への分類変更を行った金融商品に関する過去にその他の包括利益に認識した利得または損失の累計額のうち純損益に振り替えたもの |
| IFRS第17号で要求されている金額 | ● 保険収益<br>● IFRS第17号の範囲に含まれる発行した契約から生じた保険サービス費用 |

> - 保有している再保険契約から生じた収益または費用
> - IFRS第17号の範囲に含まれる発行した契約から生じた保険金融収益または費用
> - 保有している再保険契約から生じた金融収益または金融費用

　ただし，企業の収益および費用の有用な体系化された要約を提供するために必要でない場合には上記項目を区分表示する必要はなく，他の項目と集約して表示することができる。なお，区分表示しない場合であってもこれらの情報に重要性がある場合には注記において分解した情報を開示する（IFRS 第18号第23項，B8 項）。

　一方，上記以外の項目であっても，企業の収益および費用の有用な体系化された要約を提供するために必要な場合には，損益計算書において追加的に分解して表示する必要がある（IFRS 第18号第24項，B9 項）。追加的な分解表示を行うかどうかの判断を行うにあたっての考え方は，第Ⅰ部第3章1.「集約および分解の原則」（32頁）を参照されたい。

　なお，IFRS 第18号は，項目の特徴が他の項目と異なっていることにより，有用な体系化された要約を示すために損益計算書上の区分表示または重要性がある情報を提供するために注記で開示が必要となる可能性がある収益および費用の例として次の項目を挙げている（IFRS 第18号 B79項）。

- 棚卸資産の評価減および評価減の戻入れ
- 有形固定資産に係る減損損失および減損損失の戻入れ
- 企業の活動のリストラクチャリングから生じた収益および費用ならびにリストラクチャリングに係る引当金の戻入れ
- 有形固定資産項目の処分から生じた収益および費用
- 投資の処分から生じた収益および費用
- 訴訟の解決から生じた収益および費用
- 引当金の戻入れ
- 上記以外の経常的でない収益および費用

*104* 第Ⅱ部　財務諸表の各構成要素の表示および開示

## (2)　純損益の配分

　企業は，損益計算書の末尾において，報告期間の純損益を次の各持分に帰属する，配分した金額を表示しなければならない（IFRS 第18号第76項）。

- ●親会社の所有者
- ●非支配持分

## (3)　営業区分に分類される費用の表示および開示

### ①　性質別分類および機能別分類

　企業は，最も有用な体系化された要約を提供するために，次のいずれかの方法または両方の組み合わせにより，損益計算書の営業区分に分類される費用を分類して表示する必要がある（IFRS 第18号第78項）。

- ●費用の性質（性質別分類）
- ●企業内での当該費用の機能（機能別分類）

（図表Ⅱ－1－22）営業区分における分類

| 分類方法 | 着目する特徴 | 費目の例 |
|---|---|---|
| 性質別分類 | 企業の活動を達成するために費消された経済的資源の性質 | 原材料費，従業員給付，減価償却費および償却費 |
| 機能別分類 | 費消された資源が関連している活動 | 売上原価，販売費，研究開発費 |

　企業は，営業区分に分類される費用を性質別分類と機能別分類のいずれの方法により分類・表示することで最も有用な体系化された要約を示すことになるかを判断するにあたって，次の要因を考慮しなければならない（IFRS 第18号B80項）。

- ●どのような科目が企業の収益性の主要な構成要素または決定要因に関する最も有用な情報を提供するか。
- ●どのような科目が事業の管理方法および経営陣の内部報告方法を最もよく表すか。
- ●その業界における標準的な慣行はどのようなものか。同業他社が同じように分類している場合には，財務諸表利用者は，同じ業界の企業間で費

第1章　財務業績の計算書　　*105*

用をより容易に比較できるようになる。
●特定の費用を各機能に分類するために恣意的な配分がどの程度必要となるか。恣意的な配分により忠実な表現を達成できなくなる場合には，性質別分類が必要となる。

---

*Point Of View*　**性質別分類または機能別分類の選択を行うにあたっての考慮事項の例**

　営業区分の費用を性質別分類または機能別分類のいずれによって表示するかの選択は，フリーチョイスではない。企業は，最も有用な体系化された要約を提供する営業区分の項目の表示が，どのような特性によってもたらされるかを検討する必要がある。
　このような検討を行うにあたっては，例えば次のような点を考慮する。

ⅰ　企業の収益性の主要な構成要素または決定要因に関する情報
　小売業の場合，機能別に営業費用を表示することがより適切となる場合がある。売上原価項目は，商品の販売から生じた収益が主に直接原価をカバーしているかどうか，また，そのマージンはどの程度かについての関連性のある情報を提供する。
　一方，サービス業の場合，営業費用が収益性の主な決定要因であるため，営業費用の性質別内訳を表示することがより適切となる場合がある。このような企業にとっては，収益と費用の関連性が直接的ではない可能性があるため，売上原価の表示は収益性の重要な構成要素や決定要因に関する適切な情報を提供しないと考えられる。

ⅱ　事業の管理方法と経営上の内部報告の方法
　製造業の場合，主要な機能別に営業費用を表示することは，内部報告目的のための事業管理の方法に近い場合がある。
　一方，顧客にファイナンスを提供する企業は，ほぼ単一の機能によって収益が獲得されるため，性質別に営業費用を表示することが内部報告目的のために最も有用な情報を提供する場合がある。

*106* 第Ⅱ部 財務諸表の各構成要素の表示および開示

| ケーススタディⅡ－1－13 ▶ 製造業を営む企業の営業費用の表示の例 | |
|---|---|
| **ケース1：性質別分類の例** | **ケース2：機能別分類の例** |
| Ａ社は収益性の主要な決定要因は原材料費と人件費であり，損益計算書の営業区分の費用を性質別に表示することが最も有用な体系化された要約を提供すると判断した。 | Ｂ社は収益性の主要な構成要素または決定要因は売上原価であると判断したため，損益計算書の営業区分の費用を機能別に表示することが最も有用な体系化された要約を提供すると判断した。 |

| 収益 | X | 商品販売収入 | X |
|---|---|---|---|
| 完成品および仕掛品の在庫変動 | X | 売上原価 | X |
| 原材料の購入 | X | **売上総利益** | **X** |
| 従業員給付 | X | 研究開発費 | X |
| 減価償却 | X | 一般管理費 | X |
| 償却 | X | **営業利益** | **X** |
| 有形固定資産の減損損失 | X | | |
| 売上債権の減損損失 | X | この場合，Ｂ社は，売上原価，研究開発費および一般管理費に含まれる項目の定性的な説明を開示することになる（後述④「機能別分類に基づく場合の追加開示」（107頁）参照）。 |
| 固定資産税 | X | |
| 訴訟費用 | X | |
| デリバティブ損益 | X | |
| その他の営業費用 | X | |
| **営業利益** | **X** | |

### ② 性質別分類および機能別分類の組み合わせによる表示

　営業区分に分類される費用の分類および表示にあたっては，必ずしも単一の方法によりすべての費用を分類・表示する必要はなく，場合によっては，例えばいくつかの費目を機能別分類により表示し，他の費目については性質別分類により表示すること（混合表示）も認められる（IFRS第18号第79項）。

　性質別分類と機能別分類の混合表示を行う場合には，各科目にどのような費用が含まれているかが明確になるような科目名を付す必要がある（IFRS第18号B82項）。例えば，従業員給付の一部を機能別の売上原価に含めて表示し，残余を性質別の科目として表示する場合には，例えば，性質別の表示科目名を「売上原価に含めたもの以外の従業員給付」として，性質別の科目がすべての従業員給付を含んでいるわけでないことを明確化することなどが考えられる。

第1章　財務業績の計算書　*107*

> *Point Of View*　**性質別分類または機能別分類の混合表示が適切な状況の例**
>
> 　営業区分に含まれる費用の表示にあたって，機能別分類と性質別分類の表示を混在させることは禁止されていない。しかし，これはフリーチョイスではなく，混合表示が財務諸表利用者にとって最も有用な体系化された要約を提供する場合にのみ，このような選択が正当化される。したがって，機能別分類と性質別分類の混合表示を検討する場合，混合表示により損益計算書が最も有用な体系化された要約を提供することになるかどうかを検討する必要がある。
> 　混合表示が適切な場合の例としては，以下のような場合が挙げられる。
> 　i　企業が，異なる複数の主要な事業活動を有しており，混合表示により収益性の主要な決定要因に関する情報が得られると判断する場合
> 　ii　製造業に属する企業が有形固定資産の減損損失を認識した場合で，当該減損損失を区分表示することが有用と判断した場合
> 　iii　機能別に費用を分類・表示している企業が，認識したのれんの減損損失を恣意的な配分なしには各機能へ配分できない場合
> 　なお，混合表示を使用している企業は，注記において，特定の費用の性質別の内訳を開示しなければならない（後述④参照）。

### ③　営業費用の分類および表示の変更

　費用の分類および表示の方法は，各報告期間にわたり継続的に適用しなければならない（IFRS 第18号 B83項）。損益計算書の費用の分類および表示の変更は，IAS 第8号に従って会計方針の変更とみなされる。このため，費用の分類および表示の変更を行う場合には，比較情報の費用の分類および表示も遡及的に修正することが求められる。

### ④　機能別分類に基づく場合の追加開示

　1つ以上の費用項目を機能別分類により表示する場合には，売上原価の性質を有する費用を売上原価として独立した項目で表示する。当該科目には棚卸資産の費用化額のほか，棚卸資産原価に配賦されなかった製造間接費および異常原価が含まれる（IFRS 第18号第82項(a)）。

*108* 第Ⅱ部 財務諸表の各構成要素の表示および開示

また，1つ以上の費用項目を機能別分類により表示する企業は，次の追加的な開示を行わなければならない（IFRS第18号第82項(b)，第83項）。

| i | 機能別の各科目に含まれる費用の性質の定性的な説明 |
| --- | --- |

ii　次の性質別の各費目の合計額および営業区分の各科目（売上原価など）に関連する金額

| 科目 | 範囲 |
| --- | --- |
| 減価償却費 | IAS第16号，IAS第40号およびIFRS第16号で開示が要求される金額<br>（IAS第16号第73項(e)(ⅶ)，IAS第40号第79項(d)(ⅳ)およびIFRS第16号第53項(a)） |
| 償却費 | IAS第38号「無形資産」で開示が要求される金額<br>（IAS第38号第118項(e)(ⅵ)） |
| 従業員給付 | IAS第19号を適用して認識した従業員給付に係る金額およびIFRS第2号を適用して認識した従業員から受け取ったサービスに係る金額 |
| 減損損失および減損損失の戻入れ | IAS第36号「資産の減損」で開示が要求されている金額<br>（IAS第36号第126項(a)，第126項(b)） |
| 棚卸資産の評価減および評価減の戻入れ | IAS第2号「棚卸資産」で開示が要求されている金額（IAS第2号第36項(e)，第36項(f)） |

iii　上記ⅱの合計額が営業区分以外の費用の金額を含む場合には当該金額を含む科目の一覧

　上記ⅱの金額の開示は，当該期間に費用として認識した金額を開示する方法のほか，他の資産（棚卸資産等）の帳簿価額に計上された金額を含めていわゆる発生ベースで開示する方法も認められる。後者の方法を選択した場合には，開示金額は当期に費用として認識した金額とは異なる旨および関連する資産科目を開示する（IFRS第18号 B84項）。

第1章　財務業績の計算書　　*109*

---

### ケーススタディⅡ－1－14 ▶ 機能別分類を採用する場合の追加注記

| 前　提 |
| --- |

　製造業のA社は，機能別に営業費用を表示することが最も有用な体系化された要約を提供すると判断した。当期において，A社の減価償却費，償却費，減損損失および従業員給付費用の発生状況は次のとおりであった。なお，A社は期中に棚卸資産の評価減や評価減の戻入れを行わなかった。

有形固定資産

| | | |
| --- | --- | --- |
| 20X7年1月1日の帳簿価額 | 1,000 | |
| 減損損失 | (60) | A |
| 減価償却費 | (175) | B |
| 20X7年12月31日の帳簿価額 | 765 | |

無形資産

| | | |
| --- | --- | --- |
| 20X7年1月1日の帳簿価額 | 900 | |
| 減損損失 | (20) | A |
| 償却費 | (100) | C |
| 20X7年12月31日の帳簿価額 | 780 | |

確定給付債務

| | | |
| --- | --- | --- |
| 20X7年1月1日の帳簿価額 | 500 | |
| 当期勤務費用 | 70 | D |
| 過去勤務費用 | 25 | D |
| 支払利息 | 10 | |
| 損益認識額の合計 | 105 | |
| 再測定（収益） | (15) | |
| その他の包括利益に認識された金額の合計 | (15) | |
| 20X7年12月31日の帳簿価額 | 590 | |

従業員給付費用

| | | |
| --- | --- | --- |
| 短期従業員給付 | 250 | |
| 退職後給付 | 95 | Dの合計 |
| 株式に基づく報酬 | 30 | |
| 従業員給付費用の合計 | 375 | E |

*110* 第Ⅱ部 財務諸表の各構成要素の表示および開示

---

考え方

この場合，性質別分類に基づく追加注記は次の２つの方法のうちいずれかとなる。

シナリオ１：当期に費用として認識された金額に基づく開示を行う場合

企業の会計システムが，性質別の各費用が損益計算書において費用認識されたかを追跡することができるため，この方法を採用する。この方法を採用する場合の注記金額には資産（棚卸資産など）の帳簿価額に含まれた金額が含まれないため，他の関連する注記で開示される費用の金額と整合しない。なお，簡略化のため比較報告期間の開示を省略している。

| 性質別営業費用 | 20X7 |
|---|---|
| **減価償却費** | **165** |
| 売上原価 | 90 |
| 一般管理費 | 25 |
| 研究開発費 | 50 |
| **償却費** | **100** |
| 研究開発費 | 100 |
| **従業員給付** | **335** |
| 売上原価 | 110 |
| 販売費 | 100 |
| 一般管理費 | 50 |
| 研究開発費 | 75 |
| **減損損失** | **80** |
| 研究開発費 | 80 |

シナリオ２：総費用（費用として認識された金額と資産に資産計上された金額の両方を含む）に基づく開示を行う場合

注記に開示された金額は，減価償却費，償却費，従業員給付，減損損失および棚卸資産評価損に関する他の関連する注記の金額と整合する。この開示は，必ずしも当期とは限らないが，性質別の各項目が特定の活動によって最終的にどれだけ消費されるかという情報を提供する。なお，簡略化のため比較報告期間の開示を省略している。

第1章　財務業績の計算書　*111*

| 性質別営業費用 | 20X7 | |
|---|---|---|
| **減価償却費** | 175 | B |
| 　売上原価／資産計上額 | 100 | |
| 　一般管理費 | 25 | |
| 　研究開発費 | 50 | |
| **償却費** | 100 | C |
| 　研究開発費 | 100 | |
| **従業員給付** | 375 | E |
| 　売上原価／資産計上額 | 150 | |
| 　販売費 | 100 | |
| 　一般管理費 | 50 | |
| 　研究開発費 | 75 | |
| **減損損失** | 80 | Aの合計 |
| 　研究開発費 | 80 | |

# 4．包括利益を表示する計算書

## ⑴　包括利益を表示する計算書の表示に関する最小限の要求

　IFRS第18号では，包括利益を表示する計算書の構造に関して最低限の要求が定められており，重要性がない情報のみを提供する場合を除き，当該要求に従う必要がある。具体的には，次のとおりである（IFRS第18号第21項～第22項，第86項～第88項）。

| 次の合計額を表示する。<br>●純損益<br>●その他の包括利益<br>●包括利益（純損益とその他の包括利益の合計額） |
|---|
| 収益と費用を次の2つの区分のいずれかに分類する。<br>●所定の条件が満たされた時に純損益に振り替えられる収益・費用<br>●純損益に振り替えられることのない収益・費用 |
| 非支配持分に帰属する包括利益の配分と，親会社の所有者に帰属する包括利益の配分を別に表示する |

112 第Ⅱ部 財務諸表の各構成要素の表示および開示

包括利益を表示する計算書の区分のそれぞれにおいて，次の科目を表示しなければならない（IFRS 第18号第89項）。

- 持分法を用いて会計処理される関連会社および共同支配企業のその他の包括利益に対する持分相当額
- その他の包括利益のその他の項目（図表Ⅱ－1－23参照）

## (2) その他の包括利益

### ① その他の包括利益項目

ある報告期間における収益および費用のすべての項目は，IFRS 会計基準書が別のことを要求または許容している場合を除き，損益計算書に含める必要がある（IFRS 第18号第46項）。他方，一部の IFRS 会計基準書では，特定の収益および費用（組替調整額を含む）について，「その他の包括利益」として純損益の外で認識することを要求または許容している（IFRS 第18号 B86項）。IFRS 第18号では，「その他の包括利益」を次のように定義している（IFRS 第18号付録A）。

> その他の包括利益とは，他の IFRS 会計基準書が要求または許容するところにより純損益の外で認識される収益および費用の項目（組替調整額を含む）をいう。

このうち一部の項目は所定の条件が満たされた時に純損益に振り替えられるが，他の項目は振り替えられることはない。**図表Ⅱ－1－23**では，その他の包括利益として表示される収益および費用の項目と，その後に純損益に振り替えられるかどうかを示している（IFRS 第18号付録A，B86項，B87項）。

### (図表Ⅱ－1－23) その他の包括利益の項目

| その他の包括利益の項目 | 所定の条件が満たされた時に純損益に振り替えられる項目 | 純損益に振り替えられることのない項目 |
|---|---|---|
| 有形固定資産の再評価剰余金の変動（IAS第16号） | | ○ |

| | | |
|---|---|---|
| 無形資産の再評価剰余金の変動（IAS第38号） | | ○ |
| 確定給付年金制度の再測定（IAS第19号） | | ○ |
| 在外営業活動体の財務諸表の換算から生じる為替差額（IAS第21号） | ○ | |
| 金融商品関係（IFRS第9号） | | |
| その他の包括利益を通じて公正価値で測定するものとして指定された資本性金融商品に対する投資から生じる利得・損失 | | ○ |
| その他の包括利益を通じて公正価値で測定する金融資産（負債性金融商品）の利得・損失 | ○ | |
| 予定取引のキャッシュフロー・ヘッジのうち，事後的に非金融商品項目の認識を生じる場合等におけるヘッジ手段に係る利得・損失の有効部分 | | ○ |
| 上記以外のキャッシュフロー・ヘッジにおけるヘッジ手段に係る利得・損失の有効部分 | ○ | |
| その他の包括利益を通じて公正価値で測定するものとして指定した資本性金融商品に対する投資の公正価値ヘッジにおけるヘッジ手段の公正価値の変動 | | ○ |
| 純損益を通じて公正価値で測定するものとして指定した特定の負債に係る当該負債の信用リスクの変動に起因する公正価値の変動額 | | ○ |
| オプションの時間的価値の価値変動（オプション契約の本源的価値と時間的価値を分離して本源的価値の変動のみをヘッジ手段として指定している場合） | ○ | |
| 先渡契約の先渡要素の価値変動（先渡契約の先渡要素と直物要素を分離して直物要素の変動のみをヘッジ手段として指定している場合） | ○ | |
| 金融商品の外貨ベーシス・スプレッドの価値変動（ヘッジ手段としての当該金融商品の指定から除外している場合） | ○ | |
| 保険契約関係（IFRS第17号） | | |
| IFRS第17号の範囲に含まれる発行した契約から生じた保険金融収益・費用のうち純損益から除外したもの（保険金融収益・費用の合計をIFRS第17号の規則的な配分（IFRS第17号第88項(b)）によって決定し | ○ | |

| | | |
|---|:---:|---|
| た金額を純損益に含めるために分配する場合） | | |
| 保有している再保険契約から生じた金融収益・費用のうち純損益から除外されたもの<br>（再保険金融収益・費用の合計をIFRS第17号の規則的な配分（IFRS第17号第88項(b)）によって決定した金額を純損益に含めるために分解する場合） | ○ | |

　図表Ⅱ－1－23の項目に加え，IFRS第5号では，売却目的保有として分類した非流動資産（または処分グループ）に関連してその他の包括利益で認識された収益または費用の累計額を区分して表示することを要求している（IFRS第5号第38項）。

② **組替調整額**

　IFRS会計基準書の中には，過去にその他の包括利益に含めた金額を純損益に組み替えることを要求するものがある。そのような組替えは「組替調整額（reclassification adjustments）」と呼ばれ，IFRS第18号では次のように定義されている（IFRS第18号付録A）。

> 組替調整額とは，当期または過去の期間においてその他の包括利益に含められ，当報告期間において純損益に組み替えられた金額をいう。

　組替調整は，「リサイクリング」とも呼ばれる。組替調整額が純損益に組み替えられる期間において，関連するその他の包括利益の内訳項目に含めることになる。その他の包括利益の内訳項目に係る組替調整額は，包括利益を表示する計算書に表示するか，注記で開示する必要がある（IFRS第18号第90項，第91項）。

　組替調整額を包括利益を表示する計算書で表示せず，注記で開示する場合，包括利益を表示する計算書では，関連する組替調整を行った後のその他の包括利益の項目を表示する（IFRS第18号第92項）。IFRS第18号の設例では，その他の包括利益の組替調整額に関する表示例を示している。**図表Ⅱ－1－24**は，当該設例も参考にした組替調整額の表示例を示している。

第1章　財務業績の計算書　　*115*

**（図表Ⅱ－1－24）包括利益を表示する計算書の表示**

| 20X8年3月31日終了事業年度 | 20X7年3月期 | 20X8年3月期 |
|---|---|---|
| 純利益 | 32,100 | 24,425 |
| 特定の条件が満たされた時に純損益に振り替えられる項目 | | |
| 　在外営業活動体に係る換算差額 | (5,600) | 10,000 |
| 　キャッシュ・フロー・ヘッジに係る損失 | (1,200) | (4,000) |
| 　これらの項目に関連する法人所得税 | 1,700 | (1,500) |
| 純損益に振り替えられることのない項目 | | |
| 　確定給付制度の再測定に係る利得（損失） | 6,700 | (4,600) |
| 　関連会社・共同支配企業のその他の包括利益に対する持分相当額 | (2,200) | 3,300 |
| 　これらの項目に関連する法人所得税 | (1,675) | 1,150 |
| その他の包括利益（税引後） | (2,275) | 4,350 |
| 包括利益合計額 | 29,825 | 28,775 |
| 包括利益合計額の帰属 | | |
| 　親会社の所有者 | 23,420 | 23,680 |
| 　非支配持分 | 6,405 | 5,095 |
| | 29,825 | 28,775 |

　有形固定資産や無形資産の再評価剰余金の変動や確定給付制度の再測定など特定の収益や費用項目については，組替調整額は生じない。これらの内訳項目は，その他の包括利益で認識されるが，その後の報告期間で純損益に組み替えられることはない。関連する資産や負債が認識中止された場合，その他の包括利益で認識した累積金額を利益剰余金に直接振り替えることができる（IFRS第18号 B89項）。このような振替は，持分変動計算書において表示される。

*116* 第Ⅱ部 財務諸表の各構成要素の表示および開示

> ### *Point Of View* 包括利益を表示する計算書における非継続事業の表示
>
> IFRS第5号は，企業がその他の包括利益項目を継続事業と非継続事業に区分する必要があるかどうかについて明示していない。しかしながら，非継続事業のその他の包括利益項目を区分して示すことは，継続事業による将来の業績を予測するための有用な基礎を提供し，IFRS第5号の原則と整合的であると考えられる。また，この点は，財務業績の計算書を単一の純損益およびその他の包括利益計算書として表示している場合だけでなく，損益計算書と包括利益を表示する計算書の2つの計算書を表示する場合にも当てはまる。
>
> 非継続事業に関連するその他の包括利益項目は，次のように表示することができると考えられる。
> - 損益計算書における非継続事業に係る取扱いと同様に，1行で表示する
> - 関連会社と共同支配企業のその他の包括利益の表示に用いられる方法と同様に，内訳項目ごとに表示する
>
> いずれの表示を選択した場合でも，その他の包括利益の各内訳項目を，IFRS第18号に従ってその性質により分類して表示する必要がある。

### ③ その他の包括利益に関する税金

IAS第12号は，当期税金および繰延税金やその他の包括利益で認識される項目または資本に直接計上される項目に関連する税金の表示について，**図表Ⅱ－1－25**のように定めている（IAS第12号第61A項）。

（図表Ⅱ－1－25）税金の表示方法

| 項目 | 税金の表示場所 |
| --- | --- |
| 当期税金および繰延税金 | 純損益 |
| その他の包括利益で認識される項目に関連する税金 | その他の包括利益 |
| 資本に直接計上される項目に関連する税金 | 資本 |

その他の包括利益の各項目（組替調整額を含む）に係る法人所得税額について，包括利益を表示する計算書に表示するか，注記で開示しなければならない（IFRS第18号第93項）。

その他の包括利益の項目については，次のいずれかで表示することができる（IFRS 第18号第94項）。

- 関連する税効果控除後の純額
- 関連する税効果控除前の総額（この場合，当該項目に係る法人所得税の総額を単一の金額で示す）

その他の包括利益の項目を関連する税効果の控除前で表示する企業は，関連する法人所得税を，特定の条件が満たされた時に純損益に振り替えられる項目と，純損益に振り替えられることのない項目に配分する必要がある（IFRS 第18号第95項）。

IFRS 第18号の設例では，その他の包括利益項目の税効果の表示に関するガイダンスを提供している。**図表Ⅱ－１－26**は，当該設例を参考にした開示例を示している。

**（図表Ⅱ－１－26）その他の包括利益の各内訳項目に係る税効果**

| | 20X7年3月期 | | | 20X8年3月期 | | |
|---|---|---|---|---|---|---|
| | 税引前 | 税金（費用）便益 | 税引後 | 税引前 | 税金（費用）便益 | 税引後 |
| 所定の条件が満たされた時に純損益に振り替えられる収益及び費用 | (6,800) | 1,700 | (5,100) | 6,000 | (1,500) | 4,500 |
| 　在外営業活動体の換算に係る為替差額 | (5,600) | 1,400 | (4,200) | 10,000 | (2,500) | 7,500 |
| 　キャッシュ・フロー・ヘッジに係る損失 | (1,200) | 300 | (900) | (4,000) | 1,000 | (3,000) |
| 純損益に振り替えられることのない収益・費用 | 4,500 | (1,675) | 2,825 | (1,300) | 1,150 | (150) |
| 　確定給付制度の再測定に係る利得（損失） | 6,700 | (1,675) | 5,025 | (4,600) | 1,150 | (3,450) |

118    第Ⅱ部　財務諸表の各構成要素の表示および開示

| | | | | | | |
|---|---|---|---|---|---|---|
| 関連会社・共同支配企業のその他の包括利益に対する持分相当額 | (2,200) | － | (2,200) | 3,300 | － | 3,300 |
| その他の包括利益 | (2,300) | 25 | (2,275) | 4,700 | (350) | 4,350 |

| 第2章 | |
|---|---|
| | **財政状態計算書** |

本章では，第Ⅰ部第2章1.「完全な1組の財務諸表」（17頁）において解説した IFRS 第18号に基づいて作成される基本財務諸表を構成する財政状態計算書について詳細に解説する。なお，財政状態計算書という名称のほか，貸借対照表等の名称を用いることは可能だが，この章では財政状態計算書の名称を用いる。

## 1. 最低限の表示の要求事項

財政状態計算書に関して，IFRS 第18号は最低限の準拠しなければならない体系についての要求事項を示している。ただし，これらの要求事項は重要性がない情報を提供する場合には適用されない（IFRS 第18号第21項）。

財政状態計算書の体系を決める特定の最低限の要求事項は以下のとおりである（IFRS 第18号第22項，第96項，第104項）。

- 流動資産と非流動資産，流動負債と非流動負債を別々の分類として表示する。ただし，流動性に基づく表示のほうが有用な体系化された要約を提供する場合を除く。
- 非支配持分と親会社の所有者に帰属する発行済資本金および剰余金

## 2. 財政状態計算書に表示するかまたはその注記に開示すべき項目

上述の最低限の表示の要求事項に加えて，IFRS 第18号は，財政状態計算書

*120* 第Ⅱ部 財務諸表の各構成要素の表示および開示

の本体において表示する科目を規定している。ただし，これらの表示する科目は遵守すべき最低限の要求事項ではなく，有用な体系化された要約を提供するために必要である場合に財政状態計算書の本体において表示される。IFRS 第18号では財政状態計算書の本体において表示する科目として，以下の**図表Ⅱ－2－1**の項目が示されている（IFRS 第18号第103項）。

**（図表Ⅱ－2－1）財政状態計算書の本体において表示する科目**

> ａ．有形固定資産
> ｂ．投資不動産
> ｃ．無形資産
> ｄ．のれん
> ｅ．金融資産（下のg，jおよびkを除く）
> ｆ．IFRS第17号の範囲で保有される契約ポートフォリオに関連する資産（IFRS 第17号第78項の要求事項に従って分解）
> ｇ．持分法で会計処理される投資
> ｈ．IAS第41号「農業」の範囲に含まれる生物資産
> ｉ．棚卸資産
> ｊ．売掛金およびその他の債権
> ｋ．現金および現金同等物
> ｌ．IFRS第5号に従って売却目的保有に分類される資産と，売却目的保有に分類される処分グループに含まれる資産との合計額
> ｍ．買掛金およびその他の未払金
> ｎ．引当金
> ｏ．金融負債（上のmおよびnを除く）
> ｐ．IFRS第17号の範囲で保有される契約ポートフォリオに関連する負債（IFRS 第17号第78項の要求事項に従って分解）
> ｑ．IAS第12号で定義される当期税金に係る負債および資産
> ｒ．IAS第12号で定義される繰延税金負債および繰延税金資産
> ｓ．IFRS第5号に従って売却目的保有に分類される処分グループに含まれる負債

　財政状態計算書が有用な体系化された要約を提供するために必要と考えられない場合には，上の科目以外の科目，あるいは他の IFRS 会計基準書によって要求される科目が表示されない可能性がある。なお，これらの科目は，当該情報に重要性がある場合には，別途注記において開示される（IFRS 第18号第

105項)。

　ある項目が有用な体系化された要約を提供するために必要な場合には，追加の科目あるいは分解された科目として財政状態計算書において表示される。追加の科目あるいは分解された科目が必要か否かを検討する際には，そうした科目の特性に基づいて判断を適用する必要がある（IFRS 第18号 B109項，B110項，B111項）。

　表示科目の表記およびその表示の順序は，有用な体系化された要約を提供するために企業の性質およびその取引に応じて変更される場合がある。例えば，金融機関は，金融機関の営業に関連性のある情報を提供するために，科目の表記を修正する場合がある（IFRS 第18号第106項）。

---

### *Short Break*　のれんの財政状態計算書の本体における表示

　IAS 第1号に基づいて作成された企業の財政状態計算書上には，のれんが独立した科目として表示されている多くの事例が存在する。しかしながら，IAS 第1号では，のれんは財政状態計算書上に表示しなければならない項目には含められていなかった。

　IFRS 第18号の検討過程において，当初 IASB は，財政状態計算書の本体において表示する項目の要求事項が基本財務諸表の役割においてどのように機能するかということを越えて，IAS 第1号が示した表示項目について検討することを想定していなかった。しかしながら，最終的に IASB は，のれんを無形資産とは別個の科目として表示する科目の1つとした。のれんは識別不能な資産であり，残余としてのみ測定され，直接測定することはできない。このような特徴を考慮して，明らかに無形資産とは十分に異質な特徴を有していると考えたためである。

---

## 3．資産と負債の流動と非流動の分類

　財政状態計算書の本体で，流動資産と非流動資産，流動負債と非流動負債を，別々の分類として表示する。ただし，流動と非流動の分類を設けずに流動性に基づく表示を行ったほうが有用な体系化された要約を提供する場合を除く。流動性に基づく表示を行う際には，すべての資産および負債をおおむね流動性の順序に従って表示しなければならない。金融機関などの一部の企業では，「流

122 第Ⅱ部 財務諸表の各構成要素の表示および開示

動性に基づく財政状態計算書」のほうがより有用な体系化された要約を提供する。これは，主に，明確に識別可能な営業循環期間の中で財またはサービスを提供していないことによる（IFRS第18号第96項，B91項）。

　明確に識別可能な営業循環期間の中で財またはサービスを提供している場合には，流動および非流動の資産および負債を別々に分類することは有用である。この分類によって，運転資本として絶えず循環している純資産が，長期的な営業活動に使用されている純資産から区別される。営業循環期間とは，「加工に向けて資産を取得し，それが現金または現金同等物として実現するまでの期間」をいう。なお，正常営業循環期間を識別できない場合には，その期間は12か月と想定することになる。企業が財政状態計算書を流動・非流動に分類して表示するかどうかは，その企業が属する業界に大きく依存する（IFRS第18号B90項，B95項）。

---

### ケーススタディⅡ−2−1 ▶ 最も関連性のある表示（流動・非流動表示あるいは流動性表示）の選択

#### 前　提

　有用な体系化された要約をもたらす表示は，流動・非流動に分類した財政状態計算書なのか，それとも流動性の順序に従ったものなのか。

#### ポイント

　財政状態計算書を流動・非流動に分類して表示するかどうかは，その企業が属する業界に大きく依存する。

#### 考え方

　工業および小売業を営むほとんどの企業は，企業の資産および負債のうち，かなりの金額が比較的短期間に実現するかまたは決済されるため，流動・非流動に分類された財政状態計算書を作成することが考えられる。

　不動産開発業者の場合には，明確に識別可能な営業循環期間が存在しない限り，流動・非流動に分類された財政状態計算書を使用する可能性は低いと考えられる（不動産開発業者の資産および負債は長期間，時には数年にわたって実現する，または決済される可能性があるため）。

　一般的な実務では，正常営業循環期間を1年と考えるが，報告期間の期末日から1年という期間は，資産および負債の流動・非流動の状況を判定するにあたっ

て，他の選択を認めないほどに厳格な期間帰属の区切りではない。1年を超える正常営業循環期間内に回収可能な資産は，依然として流動資産であり，1年を超える正常営業循環期間内に決済される予定の負債は流動負債である。

　営業上の資産および負債が非常に長い期間にわたって回収される，または決済される状況においては，流動性の順序に従った表示方法がより適切となる場合がある。例えば，不動産開発業者が明確で識別可能な営業循環期間を有している場合であっても，開発不動産が報告期間の末日から数年後にならないと実現しない見込みであれば，（棚卸資産として保有している）開発不動産および債権を流動資産とすることは場合によっては関連性のある表示とはならない。

　資産および負債が容易に実現する，または決済が可能な場合であっても，流動・非流動に分類された財政状態計算書が最も有用な表示方法ではない場合がある。例えば，一般的に投資会社はそのような資産および負債を有しており，それらが実現または決済される時期は，その流動性のみに依存するわけではなく，市場価格の変動予測といった投資マネージャーの判断にも依存する。このような場合には，流動および非流動の分類は特段の意味を持たない。

　なお，一部の資産および負債を流動・非流動の分類を用いて表示し，他の資産および負債を流動性の順序に従って表示することにより，より有用な体系化された要約を提供する場合がある。IFRS第18号はこの混合方式による表示は企業が多様な営業活動を行っている場合に生じる可能性があると述べているが，この混合方式での表示をどのように採用するかについての指針は提供されていない（IFRS第18号B92項）。

　また，報告期間後12か月以内に回収または決済が見込まれる金額と12か月より後に回収または決済が見込まれる金額が混在する資産および負債の科目のそれぞれについて，追加の開示が要求される。この要求事項は，流動性に基づく分類と流動・非流動の分類の両方に適用される。報告期間後12か月以内に回収または決済が見込まれる金額と12か月より後に回収または決済が見込まれる金額を開示する必要がある（IFRS第18号第97項）。

# 4．流動資産

　次のいずれかの場合，資産は流動資産に該当する。

124　第Ⅱ部　財務諸表の各構成要素の表示および開示

- 企業の正常営業循環期間において，当該資産を実現させることを見込んでいるか，または販売もしくは消費することを意図している場合
- 当該資産が主として売買目的で保有されている場合
- 報告期間後12か月以内に当該資産を実現させることを見込んでいる場合
- 当該資産が現金または現金同等物である場合（ただし，当該資産を交換すること，または負債の決済に使用することが報告期間後少なくとも12か月にわたり制限されている場合を除く）

他のすべての資産は非流動資産に該当する（IFRS第18号第99項，第100項）。

したがって，上記の流動資産に該当する資産を識別することにより，流動資産として識別された資産以外がすべて非流動資産になる。

---

### ケーススタディⅡ－2－2 ▶ 正常営業循環期間に基づく分類

前提

　X社は，航空機を製造している。最初に航空機を製造するための原材料を購入してから，製造を完了し，引渡しを行うまでの期間は，10か月である。X社は，航空機に対する支払を引渡しの6か月後に受領する。X社は，財政状態計算書において，棚卸資産および売掛金をどのように分類して表示すべきか。

ポイント

　正常営業循環期間において当該資産を実現させることを見込んでいるか，または販売もしくは消費することを意図している場合，資産は流動資産に分類される。

考え方

　最初に原材料を購入してからそれらが現金として実現するまでの期間は，16か月である（10か月＋6か月）。年度末にX社が保有している棚卸資産の年齢は，0か月から10か月の間になる。そして航空機が引き渡される時点で，支払を受領するまでにさらに6か月を要することになる。しかしながら，たとえ棚卸資産の一部が報告期間後12か月以内に現金として実現しないとしても，すべての棚卸資産を流動資産として分類しなければならない。なぜならば，棚卸資産は企業の正常営業循環期間内で実現するからである。ただし，棚卸資産の回収予定日等の開示を検討する必要がある。なお，売掛金は報告期間後12か月以内に現金として実現する予定であり，そのため流動資産に含まれる。

　仮に製造期間が14か月であり，引渡しから支払までの期間がさらに15か月かか

るとした場合，棚卸資産と売掛金は依然として流動資産として分類される。この場合，棚卸資産の平均年齢はより長くなるが，それでもＸ社の正常営業循環期間内に現金として実現する。同様に，売掛金は，たとえ報告期間後12か月以内に現金として実現しないとしても，営業循環期間内に現金として実現するので流動資産として分類される。

IFRS 第18号では，「流動」および「非流動」という用語が用いられるが，その意味するところが明確であれば代替的な表現を用いることは許容されている（IFRS 第18号 B94項）。

流動資産には，非流動資産の流動部分およびいくつかの主として売買目的で保有されている金融資産（例えば，IFRS 第9号における売買目的で保有されるという定義に当てはまるようなもの）が含まれる（IFRS 第18号 B95項）。

## ケーススタディⅡ－2－3 ▶ デリバティブ資産の流動もしくは非流動の分類

### 前　提

Ｙ社は，デリバティブ資産を保有している。当該デリバティブ資産を流動に分類すべきか非流動に分類すべきか。

### ポイント

流動資産には，非流動資産の流動部分および主として売買目的で保有されている金融資産が含まれる。

### 考え方

IFRS 第18号 B95項では，IFRS 第9号付録Ａの売買目的保有の定義を満たす金融資産は，全部ではなくその一部が流動資産であることを明確にしている。すなわち，主として売買目的で保有されていないデリバティブを IFRS 第9号の「売買目的保有」の定義に該当することのみをもって流動項目に分類する必要はない。むしろ，分類を決めるにあたって IFRS 第18号第99項の要求事項を適用する必要がある。主として売買目的で保有しているデリバティブ資産は，その全体を流動に分類する。

他方，主として売買目的で保有していないデリバティブ資産は，最終的な満期日が報告期間の末日後12か月以内である場合には流動に，12か月より後である場合（ただし，決済は12か月以内に生じない）には非流動に分類される。

なお，主として売買目的で保有していないデリバティブ資産のうち，最終的な

> 満期日が12か月より後であるものの，その一部の決済は12か月以内に生じる場合には，会計方針の選択として当該一部を流動に分類する，もしくはデリバティブ資産全体を非流動に分類するという2つの方法が許容されるものとPwCは考えている。

# 5．売却目的で保有する資産

　IFRS第5号は，売却目的で保有する非流動資産の会計処理，非継続事業の表示および開示を定めている（IFRS第5号第1項）。「売却目的保有」に分類される要件を満たす非流動資産は，帳簿価額または売却コスト控除後の公正価値のいずれか低いほうの金額で測定され，当該資産の減価償却を中止し，財政状態計算書において区分表示される。IFRS第5号は，非流動資産と「処分グループ」と呼ばれる非流動資産を含む資産グループを同様に扱っている。また，処分グループの中には，非継続事業を構成するのに十分なほどの重要性を有するものがあり，その場合には，異なる表示の要求事項が適用されることになる（IFRS第5号第2項）。非流動資産（転売のみを目的に取得した資産を含む）は，IFRS第5号における「売却目的保有」に分類される要件を満たす場合には，流動資産に分類変更する（IFRS第5号第3項）。

　非流動資産の帳簿価額が継続的使用ではなく主に売却により回収される場合には，当該非流動資産を売却目的保有に分類する。なお，売却取引が経済的実質を有する場合には，当該取引には非流動資産と他の非流動資産の交換が含まれる（IFRS第5号第6項）。売却目的保有への分類は，資産が現状のままでただちに売却可能であり，売却の可能性が非常に高い場合にのみ行われる。IFRS第5号は，「可能性が非常に高い（highly probable）」を「『可能性が高い』よりも著しく可能性が高いこと（significantly more likely than probable）」と定義している。

　図表Ⅱ－2－2は，売却が発生する可能性が高いとされるための要件を示している（IFRS第5号第6項，第7項，付録A）。

## (図表Ⅱ-2-2) 売却目的保有としての分類のフローチャート

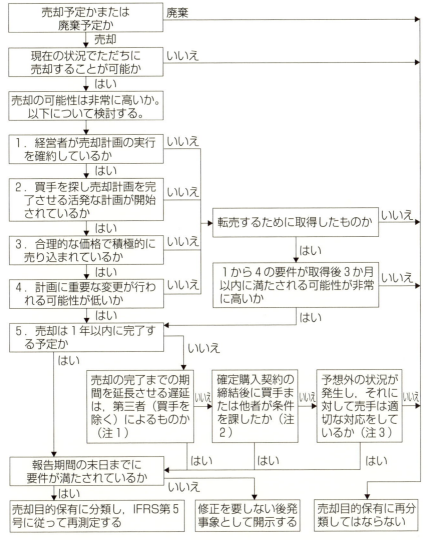

(注1) これらの条件に対応するために必要な行動を,確定購入契約が入手できてからでなければ開始することができず,かつ,確定購入契約が1年以内に締結される可能性が非常に高い場合にのみ,「はい」となる。

(注2) 企業が条件に対応するために必要な行動を適時に取っており,かつ,遅延の要因について有利な解決が予想されている場合にのみ,「はい」となる。

（注3）当初の1年間において，企業が状況の変化に対応するための行動を取っており，非流動資産または処分グループは，状況が変化したことを踏まえた合理的な価格で積極的に売り込まれており，かつ，ただちに売却することが可能で，その売却の可能性が非常に高い場合にのみ，「はい」となる。

　売却の可能性が非常に高い場合に該当するためには，次の要件をすべて満たさなければならない（IFRS第5号第8項）。

- 適切な地位の経営者が売却の実行を確約していなければならない。適切な地位の経営者とは，当該資産または処分グループを売却する権限を有する地位の経営者を意味する。
- 買手を探し売却計画を完了させる積極的な計画に着手していなければならない。これには，関心を持っている可能性がある相手に当該資産または処分グループが売出し中であることを知らせることが含まれる。
- 資産の積極的な売込みを，現在の公正価値との関係において合理的な価格で行っていなければならない。その際，現地の市場の状況を考慮する必要がある。
- 当該売却は，分類の日から1年以内に完了した売却として認識されることが見込まれていなければならない。
- 計画に重要な変更が行われたり計画が撤回されたりする可能性が低くなければならない。実務上，この点の立証が困難な可能性があり，多くの場合，判断が必要となる。

　対象となる法域で要求されている場合には，株主の承認の蓋然性についても考慮する必要がある（IFRS第5号第8項）。

　なお，「売却目的保有」の要件は，財政状態計算書日現在で満たされていなければならない。「売却目的保有」の要件が，財政状態計算書日と財務諸表の発行の承認日との間に満たされた場合には，特定の開示要求が存在する（IFRS第5号第12項）。また，売却目的保有に分類された非流動資産または処分グループは，次のいずれか低い金額で測定しなければならない。

- 帳簿価額
- 売却コスト（または分配コスト）控除後の公正価値

　売却目的に分類された処分グループが非継続事業の定義を満たす場合も，上

第2章 財政状態計算書　*129*

記の原則に従って測定される。また，非流動資産の売却が発生すると，さらなる利得または損失が発生する可能性がある（IFRS 第5号第15項，第15A 項，付録A）。

売却目的保有への分類は，次の表示に影響を及ぼす。

- 財政状態計算書において，売却目的保有の非流動資産または売却目的保有の処分グループに含まれる資産は，他の資産と区分して表示する。また，処分グループに含まれる負債は，他の負債から区分して表示する。処分グループに含まれる資産と負債を相殺してはならない（IFRS 第5号第38項）。
- 財政状態計算書の本体または注記において，「売却目的保有」の要件を満たす新規に取得した子会社に関連するものを除き，売却目的保有の資産および負債の主要な種類を区分して開示する（IFRS 第5号第39項）。

なお，上記の情報について，比較情報は修正再表示されない（IFRS 第5号第40項）。

---

### ケーススタディⅡ－2－4 ▶ 財政状態計算書における売却目的保有資産の表示

| 前　提 |

報告期間の末日現在で，A社はその資産（および直接関連する負債）の一部を処分することを決定した。当該処分は，売却目的保有への分類要件を満たしている。A社は財政状態計算書あるいはその注記において，売却目的保有資産をどのように表示するか。

| ポイント |

売却目的保有資産に関して，複数の表示方法が考えられる。

| 考え方 |

IFRS 第5号の設例では，売却目的保有の金額を除いて流動資産および流動負債の小計を算出し，他の流動資産および流動負債の下に売却目的保有の資産および売却目的保有の負債を区分して表示している。

別の認められる表示方法としては，売却目的保有の資産および売却目的保有の負債を，独立した表示科目として流動資産および流動負債に含めて表示する方法がある。

財政状態計算書の本体における資産および負債の区分表示に加えて，IFRS 第5号は，資産および負債の主要な種類を区分して開示することを要求している。こ

130 第Ⅱ部 財務諸表の各構成要素の表示および開示

の開示は，財政状態計算書の本体または注記において行うことができる。ただし，転売のみを目的に保有している子会社については，資産および負債の主要な種類を区分することは求められず，資産（のれんを含む）と負債を分けることのみが必要となる。

　比較対象期間に売却目的保有の非流動資産または処分グループが生じなかった場合，当該比較対象期間には売却目的保有の資産としての数値は不要である。売却目的保有の非流動資産または処分グループが生じた場合には，注記の比較情報に当該非流動資産または処分グループに関する詳細が含まれることになる。比較情報は，前期末時点で，売却目的で保有していた非流動資産または処分グループに関する情報のみとなる。

# 6．税金資産

　繰延税金資産は，それが回収されると予想される期間にかかわらず，流動項目に分類してはならない（IFRS 第18号第98項）。これに対して，当期未収還付税額は，報告期間後から12か月以内に実現することを見込んでいる場合には，流動資産に分類する必要がある。それ以外の場合には非流動資産として表示する必要がある（IFRS 第18号第99項）。

　当期税金に係る負債および資産は，財政状態計算書上で別個に表示する。同様に，繰延税金負債および繰延税金資産も，財政状態計算書上で別個に表示する必要がある。企業が財政状態計算書で流動・非流動の分類表示を適用する場合，繰延税金資産および負債は常に非流動項目として表示される。

*Point Of View* 　繰延税金資産と繰延税金負債の相殺

　財政状態計算書において繰延税金資産および繰延税金負債を表示する際には，以下の両方を満たす場合にのみ，繰延税金資産と繰延税金負債を相殺する必要がある（IAS 第12号第74項）。

- 当期税金資産と当期税金負債を相殺する法的強制力のある権利がある。
- 繰延税金資産と繰延税金負債が，同一の税務当局が次のいずれかに対して課している法人所得税に関するものである。

第2章　財政状態計算書　　*131*

> ○ 同一の納税主体
> ○ 別々の納税主体であるが，多額の繰延税金負債または繰延税金資産の決済または回収が見込まれている将来の各期間において，当期税金負債と当期税金資産を純額で決済するか，あるいは資産の実現と負債の決済を同時に行うことを意図している納税主体
>
> 　企業が例えばグループ通算制度を適用し，企業が通算グループの一部であるような場合を除き，連結企業グループ内において企業間で相殺が生じるような状況は，稀である。

# 7．流動負債

## (1)　全　般

　流動負債とは，次のものをいう。

- 企業が正常営業循環期間において当該負債を決済することを見込んでいる負債
- 主として売買目的で保有している負債
- 決済期限が報告期間後12か月以内に到来する負債
- 決済を報告期間後少なくとも12か月にわたり延期することのできる権利を企業が有していない負債

　他のすべての負債は，非流動負債に該当する（IFRS第18号第101項，第102項）。

　したがって，上記の流動負債に該当する負債を識別することにより，流動負債として識別された負債以外がすべて非流動負債になる。

　報告期間の末日において企業が有する強制可能な権利と義務に基づいて，負債は流動もしくは非流動に分類される。例えば，主として売買目的で保有する運転資金あるいは負債の一部を構成するような特定の負債は，当該企業の事業モデルに基づいて流動負債に分類されることがある。また，後述するようにロールオーバー融資枠や借入契約における制限条項に関しては，特別な要求事項が存在する。**図表Ⅱ－2－3**に，この分類のためのフローチャートを示した。

（図表Ⅱ－2－3）報告期間日の末日における流動負債と非流動負債の分類のための
フローチャート

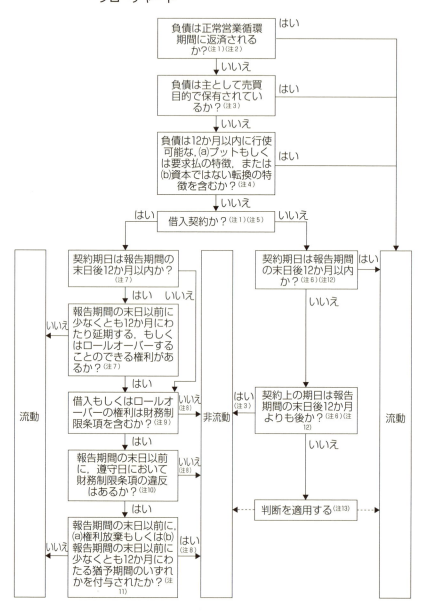

第2章　財政状態計算書　*133*

(注1)　場合によっては，負債が借入契約か，企業の運転資金の一部か，あるいは別の種類の負債かを決定するために判断を要する可能性がある（**ケーススタディⅡ－2－9**（140頁）参照）。

(注2)　営業負債や，従業員あるいは営業コストに対する未払債務のような流動負債は正常営業循環期間において用いられる企業の運転資金の一部である。これらの負債は，報告期間の末日後12か月を超えて決済される期日であっても流動に分類される。なお，同じ正常営業循環期間が企業の資産と負債に適用される。正常営業循環期間を明確に識別できない場合には，12か月と仮定する（IFRS 第18号第101項(a)，B96頁）。3.「資産と負債の流動と非流動の分類」（121頁），後述(2)「正常営業循環期間」（136頁）および**ケーススタディⅡ－2－2**（124頁）参照。

(注3)　IFRS 第18号第101項(b)，B97項参照。

(注4)　転換社債の分類については，**ケーススタディⅡ－2－7**（135頁）参照。プッタブル負債性金融商品の分類については，**ケーススタディⅡ－2－6**（134頁）参照。期日における負債の決済は，現金，その他の経済的資源，もしくは企業自身の資本性金融商品の移転による可能性がある。借手に契約上の期日より前に借入金を返済する裁量がある場合（例えば，借手のコール・オプション），権利が行使可能である時点あるいは借手の行使する意図に関係なく，これらの特徴は分類には影響を与えない。後述(4)「決済を少なくとも12か月延長できる権利」（137頁）参照。

(注5)　IFRS 第18号 B100項の範囲の借入契約と想定される典型的な負債の例は，以下のとおりである。
●借入金
●ロールオーバー融資枠付き借入金
●社債

(注6)　場合によっては，負債のどの契約に基づき報告期間の末日後12か月以内の期日あるいは12か月より後に期日となるのかを評価するためには判断が必要になる可能性がある。例として，**ケーススタディⅡ－2－10**（142頁）参照。

(注7)　**ケーススタディⅡ－2－15**（147頁）参照。

(注8)　期日を延期できる企業の権利が実質を伴わない場合には，負債を非流動に分類することはできない。ただし，実質を伴わないような状況は稀と考えられる。

(注9)　条項が財務制限条項に当たるかを決定する際に判断が必要となる場合がある。**ケーススタディⅡ－2－10**（142頁）参照。

(注10)　8.(1)「報告期間の末日における権利を検討する必要性」（143頁）参照。

(注11)　8.(3)「報告期間の末日前に救済措置が提供された報告期間の末日前の財務制限条項違反」（148頁）および8.(4)「報告期間の末日後に救済措置が提供された場合の報告期間の末日前の財務制限条項違反」（151頁）参照。

(注12)　IFRS 第18号第101項(a)，B97項参照。

(注13)　IFRS 第18号には，明確な契約上の支払期日のない負債の分類に関して具体的な規定はない（例えば，金融保証義務あるいは従業員給付債務のいくつかのアレンジメント）。契約上の期日あるいは報告期間の末日後少なくとも12か月にわたり返済を延期する権利が貸手から明示的に与えられていない場合には，こうした負債あるいはその

134　第Ⅱ部　財務諸表の各構成要素の表示および開示

一部を流動もしくは非流動として表示するにあたり判断を適用することが必要となる場合がある。

---

## ケーススタディⅡ－2－5 ▶ デリバティブ負債の流動もしくは非流動の分類

**前　提**

　Y社は，デリバティブ負債を保有している。当該デリバティブ負債を流動に分類すべきか非流動に分類すべきか。

**ポイント**

　流動負債に該当する負債を識別することにより，流動負債として識別された負債以外がすべて非流動負債になる。

**考え方**

　主として売買目的で保有しているデリバティブ負債は，その全体を流動に分類する。

　他方，主として売買目的で保有していないデリバティブ負債は，最終的な満期日が報告期間の末日後12か月以内である場合には流動に，12か月より後である場合（ただし，決済は12か月以内に生じない）には非流動に分類される。

　なお，主として売買目的で保有していないデリバティブ負債のうち，最終的な満期日が12か月より後であるものの，その一部の決済は12か月以内に生じる場合には，会計方針の選択として当該一部を流動に分類する，もしくはデリバティブ負債全体を非流動に分類するという2つの方法が許容されるものとPwCは考えている。

---

## ケーススタディⅡ－2－6 ▶ 保有者が今後12か月の間プット・オプションを有するプッタブル負債性金融商品の流動もしくは非流動の分類

**前　提**

　Z社はプッタブル負債性金融商品を発行しており，この金融商品の保有者は今後12か月の間プット・オプションを有するが，当該オプションが行使されない場合には12か月より後にならないと償還されない。Z社は，このプッタブル負債性金融商品を流動に分類すべきか非流動に分類すべきか。

**ポイント**

　流動もしくは非流動の分類をプッタブル負債性金融商品全体として検討する必

要がある。

考え方

　Z社は，このプッタブル負債性金融商品の全体を流動項目に分類する必要がある。ただし，この分類自体は，IFRS第9号がプット・オプションを組込デリバティブとして別個に会計処理することを求めているかどうかには関係しない。また，区分処理が求められる場合に，主契約である負債契約が財政状態計算書において組込デリバティブとは独立の表示項目として報告されるかどうかにも関係しない。すなわち，プット・オプションが存在することにより，金融商品全体に対してIAS第32号が適用されることで負債とみなされるような方法で決済される可能性があることを反映している。

　負債を流動もしくは非流動に分類する目的において，相手方に経済的資源を移転することにより負債が消滅することとなる場合には，負債の決済とみなされる。こうした移転の対象は，現金，その他の経済的資源（例えば，財またはサービス）あるいは企業自身の資本性金融商品を含む（IFRS第18号 B107項）。

## ケーススタディⅡ－2－7 ▶ 株式転換オプションの流動もしくは非流動の分類への影響

前　提

　C社は，転換可能金融商品を発行した。この金融商品の保有者は今後12か月以内にいつでも当該金融商品を株式に転換可能であるが，12か月より後にならないと現金で償還されない。IAS第32号に従って転換条項が資本に分類された場合，この株式転換オプションは，負債部分の分類に影響を及ぼすか。

ポイント

　負債部分の流動もしくは非流動の分類は，負債部分の義務に基づいて検討する。

考え方

　この転換可能金融商品には，資本部分（満期日までの間いつでも金融商品を発行者の固定数の資本性金融商品に転換する保有者の権利）と負債部分（報告期間の末日後12か月より後の満期日に保有者に現金を引き渡すというC社の義務）が存在する。

　保有者が裁量権を有する転換条項は，資本に分類されるための固定対固定の条件を満たす限り，転換可能金融商品の負債部分の分類に影響を与えない（IFRS第

18号 B108項)。転換条項が固定対固定の条件を満たす場合には，負債部分を非流動に分類する必要がある。当該金融商品のうち負債に分類される部分は12か月より後に償還され，資本に分類される部分を無視するためである。

資本部分は，あたかも別個の金融商品が発行されたように会計処理される。したがって，別個の金融商品として発行された場合と同様の表示にしなければならない。

他方，IAS第32号に従って転換条項が資本に分類されなかった場合には，株式転換オプションは負債部分の分類に影響を及ぼす。転換条項が固定対固定の条件を満たさない場合には，発行者であるC社は当該転換条項を資本に分類することはできない。負債はC社自身の資本性金融商品により決済される条件であるものの，転換条項は負債に分類され会計処理される。この転換可能金融商品は，保有者によって今後12か月以内にいつでも転換可能であり，このため流動に分類されることになる。

## (2) 正常営業循環期間

流動負債は，必ずしも報告期間後12か月以内の決済を見込んでいるものであるとは限らない。正常営業循環期間内に決済される予定である負債は，たとえ報告期間の末日において12か月を超えて支払を延期する権利を有していたとしても流動負債に分類される。例えば，買掛金や人件費その他の営業費用の未払額などは，事業の正常営業循環期間において発生する営業負債であるため，正常営業循環期間が12か月よりも長期にわたる場合でも，流動負債に分類される。

その他の負債の決済期限が報告期間後12か月以内に到来する場合には，報告期間の期末日現在において流動負債として表示する（IFRS第18号 B96項）。

正常営業循環期間に基づいた流動負債と非流動負債の分類の例として，以下の2つの引当金について取扱いを示す。

### ① 製品保証引当金

製品保証引当金の分類の場合には，引当金の前提となる保証期間に左右されることになる。12か月間にわたって製品の性能を担保するような保証は，流動負債として分類される。これに対して，より長い期間を対象としている保証の引当金については，正常営業循環期間の長さを考慮に入れて，流動および非流

動の要素に区分する必要がある。


② **環境引当金**

　環境引当金のような引当金が単一の営業循環期間に属することは稀である。環境引当金は，環境債務の履行のための支出が発生する可能性が高い時期に応じて，流動および非流動の要素に区分しなければならない。


## (3)　決済期限が期末日後12か月以内

　決済期限が期末日後12か月以内に到来する場合には，金融負債を流動に分類する。この条件は，長期の借換契約または決済期限変更契約の締結完了が期末日後で財務諸表の発行の承認前である場合であったとしても該当する。特にIFRS 第18号は，たとえ以下のような場合であったとしても，決済期限が報告期間の末日後12か月以内に到来する場合には，金融負債を流動に分類することを求めている（IFRS 第18号 B97項，B98項）。

　　①　当初の契約期限が12か月超であった場合
　　②　期末日後で財務諸表の発行の承認前に長期の借換契約または決済期限変更契約の合意を完了した場合


## (4)　決済を少なくとも12か月延期できる権利

　決済を少なくとも報告期間の末日後12か月延期することのできる権利を有していない場合には，負債を流動負債に分類する。報告期間の末日後12か月以内の返済は予定されていないが，理由なくいつでも貸手が返済を要求できる負債は，流動負債に分類される（IFRS 第18号第99項）。

　決済を少なくとも報告期間の末日後12か月延期することのできる権利を有している場合とは，その権利が以下のような場合である（IFRS 第18号 B99項）。

　　●実質的な権利である。
　　●報告期間の末日に存在する。

　なお，実質がない契約条件は無視されることになる。契約の経済実態に対して識別しうる影響がない場合には，契約条件に実質がないものとして取り扱う。通常，契約条件は正当な理由のために含められることが期待され，契約条件に

実質がないと考えられるような状況は非常に限定的である。例えば，権利を有する者が実際にはどのような状況においてもその権利を行使できないような条件には実質がない。契約条件に実質があるかどうかは，契約条件の変更がない限り，契約の最初においてのみ評価される（概念フレームワーク第4.61項）。

　貸手の裁量により発生する期末日後の債務の返済期限の変更または借換えは修正を要しない後発事象であり，報告期間の末日における債務の流動もしくは非流動の分類に影響を与えない。返済期限変更または借換えが貸手との有効な契約に起因した借手の完全な裁量に基づくものであり，借手が少なくとも翌1年間にわたる債務のロールオーバーを選択する権利を有する場合がある。当該債務は通常，非流動に分類される。借手は債務をロールオーバーする完全な裁量を有していなければならず，借換えを実施する可能性のみでは債務を非流動に分類する理由として不十分である（IFRS第18号B101項）。

---

### ケーススタディⅡ－2－8 ▶ 銀行借入の分類

#### 前提

　D社は，銀行借入残高を有している。この借入は，報告期間の末日後6か月で返済期限を迎える。報告期間の末日までに，D社と銀行は3年後に満期を迎える新たな融資枠に合意しており，D社はその融資枠により既存の借入をロールオーバーすることができる。D社の財政状態計算書において，この借入をどのように表示すべきか。

#### ポイント

　決済を少なくとも報告期間の末日後12か月延期することのできる権利を有している場合には，負債を非流動に分類する。

#### 考え方

　当該銀行借入は非流動に分類される。借入の返済期限は報告期間の末日後6か月以内ではあるものの，D社はこの債務を新たな融資にロールオーバーする権利を有している。この負債は新たに締結される3年間の融資が満期を迎えるまで決済を要求されない。

　なお，既存の借入と新たな融資が異なる銀行によるものである場合には，流動もしくは非流動の分類の結論は異なったものになる。この状況における借換えは，新たな借入と同時に既存の借入の決済が（実質的にも事実上も）要求されると考

えられる。このため，新たな借入を既存の借入の期間延長であると考えることはできない。企業の財政状態計算書において，当該借入を流動に分類するとともに，同時にこの新たな融資枠の状況および利用可能性について開示する必要がある。

同様に，コマーシャルペーパーにより借入（典型的には90日から180日で満期となる）を行っていた場合，当該借入は流動に分類される。これは，新たな資金調達は異なる銀行から供給されると考えられるためである。


借手が負債の決済を延期できる権利を行使する見込みあるいは意図は，その負債の流動もしくは非流動の分類に影響を与えない。報告期間の末日後，決済を少なくとも12か月延期できる権利を有している場合，負債の流動もしくは非流動を分類する際に以下の事項は関係しない。

① 早期に当該負債を決済する見込みあるいは意図
② 期末日後で財務諸表の発行の承認前に実際に当該負債を決済すること

しかしながら，こうした状況下では，財務諸表の注記において負債の決済時期に関する情報の開示を検討する必要がある。報告期間の末日後，12か月以内に決済されると見込まれる負債金額と12か月超の期間に決済されると見込まれる負債金額を開示する必要性を検討する（IFRS第18号B104項）。

# 8．借入金と財務制限条項の遵守

金融機関の借入契約の中に財務制限条項を含める事例が一般的によく見られる。財務制限条項のある借入は，そうした条項が存在しなければ長期性の性質を有するものの，借手の財政状態や経営成績に関連する一定の事項が達成されない場合には，即時に返済を要求される。これらの事項は，財務諸表から算出される比率に基づく流動性や支払能力の指標であることが多い。IFRS第18号では，財務制限条項を付帯する借入契約に関連した特定の検討事項を取り扱っている。これらのIFRS第18号の要求事項は財務制限条項を含む借入契約にのみ適用され，金融保証や不確実な税務に関連する負債などのその他の負債には適用されないことに注意する必要がある（IFRS第18号B100項）。

140　第Ⅱ部　財務諸表の各構成要素の表示および開示

### ケーススタディⅡ－2－9 ▶ 借入契約に該当するか否かの検討の事例

借入契約という用語が IFRS 会計基準の中で定義されていないため，借入契約に関する要求事項を検討対象となる負債に対して適用する必要があるのか決定しなければならないことがある。IFRS 第18号の要求事項は，財務制限条項を含む借入契約にのみ適用される。このため，こうした検討結果は，対象となる債務の流動もしくは非流動を分類するにあたって非常に重要なものとなる。

以下の2つのシナリオでは，ある契約が借入契約に該当するか否かについて決定する際に適用しうる判断を解説する。

なお，いずれのシナリオにおいても，現金を受領しても IFRS 第9号に基づいて関連した債権の認識の中止とはならないことを前提としている。

　前　提

シナリオ1：

- A社は，適格債務者に対する債権を売却するために，各期に債権を売却することのできる5年間のファクタリング（債権買取）融資枠契約を締結した。債務者の与信期間は30日である。
- 適格債務者とは，支払が90日を超えて遅延していない，法的に有効な債務者である。
- 債務者からの回収額は，回収時に債権を買い取ったファクタリング会社（現金を早期に受領することと引換えに債権から将来回収される現金に対する権利を譲渡された第三者）にパス・スルーしなければならない。これらの債務者からの回収額は，新たな債権の売却時にファクタリングによる融資と相殺することができる。その結果，各期間におけるキャッシュ・インフローとキャッシュ・アウトフローの純額が少額になる。
- 支払期日から90日以内に支払を行わない債務者の債権は，ファクタリング会社からA社に「売り」戻される。

シナリオ2：

- B社は，借入元本が適格債務者に対する債権額を超過しない範囲内で融資を引き出すことができる5年間の借入枠に関する契約を締結した。
- B社は，財務制限条項に違反した場合（すなわち，適格債務者に対する債権額が借入元本を下回る場合）には，不足額の返済を要求される。

これらの2つのシナリオにおける契約は，IFRS 第18号における流動・非流動の分類を考える際の借入契約として取り扱われるか。

第2章　財政状態計算書　*141*

ポイント

　借入契約として取り扱われるかどうかは状況による。シナリオ1における契約
は，法的にはファクタリング契約として組成されている。他方，シナリオ2にお
ける契約は，法的には借入契約として組成されている。それぞれのシナリオの契
約形態のみに焦点を当てて検討した場合，シナリオ2の契約は借入契約とされる
ものの，シナリオ1の契約は借入契約としては取り扱われない可能性がある。

考え方

　両方のシナリオにおいて，以下の点が挙げられる。
- ●関連する債権は，IFRS第9号に基づいて認識の中止として取り扱われない。
- ●関連する債権は，同額もしくはそれ以上の新たな債権との入替えによるか，
　あるいは現金による支払によって，90日以内に支払われる。
- ●全期間において，負債の残高とキャッシュ・フローは一致する。

　それぞれのシナリオにおける契約について，以下のいずれかの結論に至る可能
性がある。
- ●借入契約：
　　　5年間の長期財源を確保するための契約を締結した。関連する特定の付帯
　　条件を満たさないということがなければ，借入期間にわたって返済を求めら
　　れることはない。当該借入金の流動あるいは非流動の分類は，IFRS第18号
　　B100項の要求事項を参照して決定される。
- ●運転資金の借入枠：
　　　当該契約は借入契約には該当しない。どちらかといえば，企業の運転資金
　　管理の一部として流動性を享受することを意図した契約である。当該契約は，
　　企業の正常営業循環期間の一部として決済されることになる。したがって，
　　当該負債の流動あるいは非流動の分類は，IFRS第18号第101項(a)の要求事項
　　を参照して決定される。

　これらの2つのシナリオは同じ契約上の権利義務関係を関係者が有するような，
比較的単純な事実に基づいている。しかしながら，借入契約に該当するか否かを
適切に判断するにあたっては，すべての事実関係，契約関係，そして関連する権
利と義務を理解することが重要である。

142　第Ⅱ部　財務諸表の各構成要素の表示および開示

## ケーススタディⅡ－2－10 ▶ 借入金の返済に関連するすべての特約条件を財務制限条項として取り扱う必要性

### 前　提

　融資契約には，借入金の即時返済が要求されるようなさまざまな種類の特約条件が織り込まれている可能性がある。IFRS 第18号 B100項のガイダンスに従って流動・非流動の分類を検討する際に，借入金の返済に関連するすべての条件を財務制限条項として取り扱わなければならないか。

### ポイント

　すべての特約条件を財務制限条項として取り扱う必要はない。すなわち，特定の場合には，判断を求められることがある。財務制限条項は，一般的には，借手が特定の条件を満たさない状況に陥った場合に，返済を契約上の期日より早期に借手に対して求めることにより貸手を守ることを意図して設定される。こうした条件は通常借手の財政状態あるいは業績に関連しており，条件に関して悪化が認められた場合に早期返済が求められる。

### 考え方

シナリオ 1 ：

　B社は，銀行から長期の借入を行っている。借入条件において，各四半期末における売上の割合に基づいて借入金の返済が要求されている。条件には各四半期の最低返済金額の規定はないが，5 年後には全額の返済が求められる。

　このような変動する返済は借入金の返済スケジュールを決める仕組みではあるものの，貸手を保護する仕組みではない。売上高の増加に応じて借入金の返済額が増加するという変動支払の背後にあるビジネス上の理由は，借手のキャッシュ・フローの状況に応じて借入金を返済することが許されることにある。

　したがって，当該借入金が IFRS 第18号 B100項の財務制限条項に関するガイダンスに従って流動もしくは非流動に分類されることはない。ここでは，一般的なガイダンスである IFRS 第18号第101項(d)が適用される。許容される方法の 1 つとして，報告期間の末日後12か月以内に返済されると予想される借入金を流動に分類することが考えられる。IFRS 第18号B104項では，たとえ経営者が報告期間の末日後12か月以内に決済することを意図していたり，見込んでいる場合にも当該負債は非流動に分類されるとしているが，この取扱いは任意で返済する場合を取り扱っている。このため，当該例で説明において取り扱っている強制的な契約に基づく変動支払のスケジュールと IFRS 第18号 B104項の示す取扱いは異なる。

シナリオ 2 :

　C社は，銀行から 5 年後に全額返済が求められる長期の借入を行っており，借入期間中において返済は求められない。しかしながら，各四半期末において特定の売上目標を達成できなかった場合には，即時に借入金の全額返済が求められる。

　この融資条件は，財務制限条項に該当する。借入金の返済に関連する当該条件は，貸手を保護する目的で設定されている。この変動支払の背後にあるビジネス上の理由は，借手の財務業績が借入を交渉した際に前提とした最低限の水準を達成していない場合に貸手が貸付金を早期に回収することを許容することにある。報告期間の末日において売上目標を達成しなかった場合には，IFRS 第18号 B100項に従って借入金は流動に分類される。

　以下において，財務制限条項違反の場合の取扱いをケーススタディを交えて解説する。

## (1)　報告期間の末日における権利を検討する必要性

　借入金のロールオーバーの義務を含むいくつかの借入契約では，特定の財務制限条項を借手である企業が遵守している場合には，その決済を少なくとも報告期間の末日後12か月延期することのできる権利を企業が有しているものがある。報告期間の末日後12か月延期することのできる権利を評価する際に検討しなければならない事項は，報告期間の末日もしくはその前において企業が遵守すべき財務制限条項のみである。

　また，これらの遵守すべき財務制限条項には，報告期間の末日において遵守していることが求められるものの末日後にのみ報告される事項（例えば， 3 月31日現在で財務制限条項に遵守していることについて， 6 月30日までに報告することが求められる場合）が含まれる。

　報告期間の末日より後に遵守することが要求される財務制限条項については，報告期間の末日後12か月延期することのできる権利を企業が有していることを決定する際に考慮する必要はない（IFRS 第18号 B100項(b)）。

144　第Ⅱ部　財務諸表の各構成要素の表示および開示

## ケーススタディⅡ－2－11 ▶ 支配に関する条項の変更

### 前　提

　借入契約の中には，企業に対する支配を変更させる事象があった場合に，借入を返済しなければならないという支配の変更に関する条項を含むものがある。12か月以内に支配の変更が起こることが予想されない場合でも，企業は，支配株主による保有株の第三者への譲渡を阻止することはできない。

　財政状態計算書において，支配に関する条項の対象となる借入をどのように分類するか。

### ポイント

　IFRS第18号は，実際に支配を変更させる事象があった場合に当該事象に基づいて流動もしくは非流動の分類を要求している。

### 考え方

　報告期間の末日に支配を変更させる事象がなかった場合，支配の変更に関する条項があることによって借入が流動負債に分類されることにはならない。この点で，支配の変更に関する条項は実質的に財務制限条項と類似している。IFRS第18号は，報告期間の末日において実際に違反があった場合に流動負債への分類を要求しているのであって，単に違反の可能性がある場合ではない。報告期間の末日時点で貸手がその後12か月以内に返済を要求する権利を有しない場合には，借入は非流動負債に分類される。

## ケーススタディⅡ－2－12 ▶ 重大な悪影響を及ぼす変更に関する条項および主観的 早期弁済条項

### 前　提

　E社は，20X4年に5年後に全額を返済する借入契約を締結した。当該契約には，「重大な悪影響を及ぼす変更に関する条項」（MAC）および貸手の主観的基準に基づいて借入金の返済を要求することができる「主観的早期弁済条項」（SAC）が含まれている。貸手は，借入期間中いつでもMACあるいはSACに基づいて返済を要求することの可否を評価する権利を有している。E社は，20X5年の報告期間の末日において，当該流動もしくは非流動のいずれに分類する必要があるか。

### ポイント

　報告期間の末日において，E社は決済を少なくとも12か月延期できる権利を有しているか。

第2章　財政状態計算書　　*145*

#### 考え方

　E社は，貸手が借入金の返済を要求する権利を有しているかどうかを評価するために，それぞれの条項を報告期間の末日現在で個別に分析する必要がある。この評価では，報告期間の末日において存在する状況に対してMACあるいはSACの適用を検討する必要がある。

　報告期間の末日において存在する状況に基づいて，報告期間の末日においてMACあるいはSACを適用した結果として違反の状況が存在しないとE社が結論付ける場合，当該借入金は非流動負債に分類される。

　しかしながら，報告期間の末日において存在する状況に基づいて，報告期間の末日においてMACまたはSACによる即時返済を要求する権利を貸手が有しているとE社が結論付けた場合には，当該借入金を流動負債に分類する必要がある。すなわち，貸手がE社の報告期間の末日においてそうした権利を有している場合には，E社は報告期間の末日から返済を少なくとも12か月延期できる権利を有していない。

　MACおよびSACは一般的に主観的な基準に基づくため，MACおよびSACを発動させるか否かを評価する際に貸手に裁量を与えており，借手は判断を求められる可能性がある。この判断を行う際に，E社はMACあるいはSACにより貸手に与えられる法的な権利を注意深く検討する必要がある。

---

#### ケーススタディⅡ－2－13 ▶ 財務制限条項違反が報告期間終了後に報告される場合

#### 前　提

　F社は，銀行から長期の借入を受けている。借入条件において，財務制限条項に関する特定の比率を四半期ごとにテストすることが要求されている。銀行側は，F社に対して財務制限条項の測定日から60日以内に当該財務制限条項への遵守証明書を提出することを要請している。F社の年度末は20X5年12月31日である。

　F社の財務制限条項に関する特定の比率は，第3四半期，すなわち20X5年9月30日における比率の計算に基づくと，許容できる設定値内に収まっている。第4四半期の財務制限条項のテスト日は20X5年12月31日である。決算の結果は，20X6年1月に確定する。決算の結果に基づくと，F社は20X5年12月31日時点で財務制限条項に違反していた。

　F社は，財務制限条項への遵守証明書を20X6年3月2日までに提出しなければならず，その証明書には違反が表明されることになる。F社は証明書の提出日ま

で財務制限条項違反は発生していないと考えている。なぜなら当該提出日が，何の救済措置もなければ銀行が借入の返済を求めてくる日だからである。この借入金残高は年度末においてどのように分類すべきか。

ポイント

報告期間の末日後にのみ報告される事項であっても，報告期間の末日に遵守すべき財務制限条項を検討する必要がある。

考え方

報告期間の末日後まで違反の報告は要求されないが，F社は実際には20X5年12月31日時点で財務制限条項に違反している。この事実は，たとえ報告される財務数値が１月まで確定されなかったとしても同様である。F社は借入金の決済を報告期間の末日後少なくとも12か月にわたり延期することのできる権利を有していない。そのため，当該借入金を流動に分類する必要がある。

## ケーススタディⅡ－２－14 ▶ 猶予期間が含まれる借入契約

前提

ある借入契約において，G社（借手）はその事業における海外支店を20X5年12月31日までに売却しなければならないという条項が含まれている。同時にその契約では，20X5年12月31日までに当該支店を売却できない場合には，売却を完了するために２か月の猶予期間をG社に認めることが定められている。G社は20X5年12月31日までに買手を見つけることができなかった。20X5年12月31日現在，借入契約の返済期限までは３年の期間が存在する。20X5年12月31日を報告期間の末日とする財務諸表において，この借入金はどのように分類されることになるか。

ポイント

報告期間の末日から12か月延期することのできる権利を評価する際に検討すべき事項は，報告期間の末日もしくはその前において遵守すべき財務制限条項のみである。

考え方

G社は，引き続き借入金を非流動に分類する必要がある。借入契約の条項では，G社は，20X6年２月28日までに売却を完了することのみを求めている。したがって，G社は報告期間の末日より後に条件を遵守することのみを要求され，報告期間の末日において売却を完了していない状況は報告期間の末日現在におけるG社の借入の返済を延期する権利に影響を与えない。

ただし，G社は，潜在的な違反の影響を検討し，報告期間後12か月以内に返済しなければならなくなるリスクを財務諸表の利用者が理解できるように，財務諸表において関連する開示を含めることが適切か否かを検討する必要がある。

## ケーススタディⅡ－2－15 ▶ 財務制限条項付ロールオーバー融資枠の分類

### 前 提

　20X4年7月1日に，B社は銀行から20X5年6月30日までの12か月間の融資枠の供与を取得した。B社には，財務制限条項を遵守していることを条件に融資枠を満期日から追加で12か月延長する権利が与えられている。当該財務制限条項は，当初の融資枠の満期日（20X5年6月30日）における自己資本比率に基づいている。報告期間の末日（20X4年12月31日）において，B社は実行した融資枠に係る借入金を流動に分類すべきか，非流動に分類すべきか。

### ポイント

　報告期間の末日後12か月延期することのできる権利を評価する際に検討すべき事項は，報告期間の末日もしくはその前において遵守すべき財務制限条項のみである。

### 考え方

以下の事項を考慮して，借入金を非流動に分類する必要がある。

- 借入金の返済期限は12か月よりも短い。
- しかしながら，B社は20X4年12月31日の報告日において，報告期間の末日後12か月より長い期間にわたり融資枠を延長（あるいはロールオーバー）する権利を有する。
- 報告期間の末日後12か月を超える期間にわたり（ロールオーバーという形で）延期することのできる権利を有しているので，B社は当該権利に関する財務制限条項の有無を検討する必要がある。しかしながら，B社は報告期間の末日よりも後の時点において財務制限条項を遵守することを求められるのみである。したがって，財務制限条項による要求事項は，報告期間末日において存在する延長の権利には影響を与えない。
- したがって，B社は，報告期間の末日から12か月を超える期間にわたり返済を延期することのできる権利を有している。

148 第Ⅱ部 財務諸表の各構成要素の表示および開示

## (2) 救済措置が提供されていない場合の財務制限条項違反

　長期の借入契約に係る財務制限条項違反の状況が存在する場合には，当該違反が関連する負債の流動もしくは非流動の分類に与える影響を注意深く検討する必要がある。この場合に，貸手が財務制限条項について救済措置を提供しているのであれば，当該事項を含めて検討する必要がある。財務制限条項違反が報告期間の末日前に発生していて，貸手が借入金の即時返済を要求できる状況（要求払いの状況）にあり，そして何らの救済措置が提供されていない場合には，その借入を流動負債として分類する必要がある（IFRS 第18号 B102項）。

　一部の借入契約には，その借入の条件の評価において，他の借入の財務制限条項の遵守状況を評価するクロス・デフォルト条項が含まれている場合がある。関連する財務制限条項に違反すると，クロス・デフォルト条項が付された借入および類似の関連する借入は即時に返済を要求されるため，流動負債として分類されることになる。

## (3) 報告期間の末日前に救済措置が提供された場合の報告期間の末日前の財務制限条項違反

　貸手に対して即時に返済を要求する権利を与える財務制限条項違反が報告期間の末日以前に発生した場合には，十分な救済措置が報告期間の末日以前に付与されない限り，借入金を流動負債として分類する必要がある。ただし，救済措置の性質によって会計処理は異なったものとなる。このため，貸手が提供した救済措置の性質を理解する必要がある。主な救済措置として，以下の2つを解説する。

### ① 猶予期間（Grace period）

　貸手が，借手の財務制限条項違反の結果として即時返済を規定した期間（猶予期間）において要求できないことを契約として同意する。貸手は，その猶予期間中，返済の要求をしないことに合意するが，猶予期間終了までの間に借手が財務制限条項に対する違反を是正したか否かにかかわらず，猶予期間終了後に返済を要求する権利を保持している。すなわち，猶予期間終了後に返済を要求する貸手の権利は貸手の裁量に委ねられている。報告期間の末日前に貸手が

猶予期間に合意し，その猶予期間の末日が少なくとも報告期間の末日後12か月を超える場合には，その負債を非流動として表示する。猶予期間が報告期間の末日後12か月以内である場合には，その負債を流動として表示する必要がある。

## ② 権利放棄（Waiver）

特定の財務制限条項の違反によってもたらされた貸付金の返済を要求する貸手の強制力のある権利を永久に権利放棄する。報告期間の末日前に権利放棄が借手に対して付与された場合には，権利放棄により借入契約の変更となる。この結果，報告期間の末日において変更された借入契約によって借手は財務制限条項には違反していないことになる。すなわち，報告期間の末日において，あたかも財務制限条項違反は発生していなかったことになる。この結果，借手の会計処理はIFRS第18号B103項の適用範囲ではなくなる（IFRS第18号B102項，B103項）。

---

### ケーススタディⅡ－2－16 ▶ 特定の報告期間の末日前に猶予期間を提供された場合の借入金の表示

| 前 提 |

- H社は，20X8年12月末に満期となる5年間の借入契約を有している。
- 当該借入に係る財務制限条項は9月末および3月末にテストされる。H社が財務制限条項に違反した場合，借入の即時返済が要求される。
- H社の報告期間の末日は20X4年12月31日である。

H社は，20X4年9月末時点で財務制限条項違反の状態にあった。H社は銀行と交渉した結果，銀行は20X4年10月に貸付金の即時返済を要求しないことを契約として合意した。銀行は，特定の期間（猶予期間）終了時にH社が財務制限条項違反を是正するか否かにかかわらず，猶予期間終了後に貸付金の即時返済を求める権利を維持している。H社は，銀行が猶予期間を提供した場合に，当該借入金をどのように分類する必要があるか。

| ポイント |

報告期間の末日前に貸手が猶予期間に合意し，その猶予期間の末日が少なくとも報告期間の末日後12か月を超える場合，借入を非流動として表示する。猶予期間が報告期間の末日後12か月以内である場合，借入を流動として表示する。

150    第Ⅱ部　財務諸表の各構成要素の表示および開示

考え方

　借入金の分類は，銀行が付与した猶予期間の長さによる。

　猶予期間が付与されたとしても，財務制限条項の違反は報告されている。貸手は引き続き借入契約に基づいて猶予期間終了後に貸付金の即時返済を求める権利を行使可能である。借入金を非流動に分類するためには，報告期間の末日後12か月以上の猶予期間が必要である。ここでは，以下の２つの場合を取り扱う。

- シナリオ１－銀行が20X5年10月までの12か月間に返済を要求しないことを合意した。

　　借入金は流動に分類される。銀行は20X5年10月に返済を要求する権利を有することになるが，その場合，猶予期間が終了する時点は報告期間の末日後12か月よりも短い。

- シナリオ２－銀行が20X6年２月までの16か月間に返済を要求しないことを合意した。

　　借入金は非流動に分類される。銀行は報告期間の末日後12か月よりも長い猶予期間をH社に対して付与している。20X5年中にH社が遵守することを要求される財務制限条項については，20X4年現在における流動・非流動分類の決定においては考慮する必要はない。

---

### ケーススタディⅡ－２－17 ▶ 特定の報告期間の末日前に貸手が権利放棄した場合の借入金の表示

前　提

- G社は，20X8年12月末に返済期限が到来する５年間の借入契約を有している。
- 当該借入に係る財務制限条項は９月末および３月末にテストされる。G社が財務制限条項に違反した場合，借入の即時返済が要求される。
- G社の報告期間の末日は20X4年12月31日である。

　G社は，20X4年９月末時点で財務制限条項違反の状態にあった。G社は銀行と交渉した結果，銀行は20X4年10月に貸付金の即時返済を要求する権利を放棄した。銀行は，財務制限条項違反の一環として生じた貸付金の即時返済を求めるすべての権利も法的に放棄することを確認した。権利放棄の条件により，当該借入金の返済期限は引き続き20X8年12月末となり，また，引き続き同様の財務制限条項が９月末および３月にテストされることになった。G社は，20X4年12月31日に終了する報告期間の財務諸表において，当該借入金をどのように分類する必要があるか。

第2章　財政状態計算書　*151*

> ┃ ポイント
> ┃ 　報告期間の末日前に権利放棄が借手に対して付与された場合，権利放棄が借入
> ┃ 契約の変更となり制限条項には違反していないことになる。

> ┃ 考え方
> ┃ 　借入金は，非流動に分類される。銀行はG社の報告期間の末日より前に財務制
> ┃ 限条項違反に係る権利放棄を行った。変更された合意による条件に基づいた場合，
> ┃ G社は報告期間の末日において財務制限条項違反の状態にはない。このため，銀
> ┃ 行は12月末時点において翌12か月以内に借入金の返済を要求する強制可能な権利
> ┃ を有していない。3月末のテストの結果生じうる潜在的な新たな財務制限条項違
> ┃ 反は，12月末現在におけるG社と銀行の契約上の権利を変えることはない。
> ┃ 　なお，借入契約に係る不履行あるいは違反について，IFRS第7号が開示要求事
> ┃ 項を定めている。また，G社は，財務諸表の利用者が報告期間の末日後12か月以
> ┃ 内に返済しなければならなくなるリスクを理解できるように，財務諸表において
> ┃ 関連する開示を含めることが適切か否かを検討する必要がある。

## (4)　報告期間の末日後に救済措置が提供された場合の報告期間の末日前の財務制限条項違反

　貸手が報告期間の末日後から財務諸表の承認日前までの間に貸付金の即時返済を要求しないことに合意する場合がある。この場合の貸手の合意事項は，一般的に修正を要しない後発事象として取り扱われる。報告期間の末日においては，貸手の合意を得ておらず，その時点での借入条件に基づき即時返済が要求されるためである（IFRS第18号 B102項）。

## (5)　報告期間の末日後の財務制限条項違反

　財務制限条項違反が報告期間の末日後に発生した場合には，その負債は非流動に表示される（当該負債が報告期間の末日後少なくとも12か月で決済期日を迎える場合）。借入金の表示は報告期間の末日における借入金の状況により決定される。報告期間の末日後の事象がその状況の証左となる場合はあるが，その事象により表示が変更されることはない。

152　第Ⅱ部　財務諸表の各構成要素の表示および開示

　上述の財務制限条項違反がそれぞれどのように借入金の流動もしくは非流動に分類されるかに与える影響を**図表Ⅱ－2－4**にまとめた。なお，図表の上で当節における記載個所と関連するケーススタディについても参照を付した。

（図表Ⅱ－2－4）財務制限条項の違反パターンと流動・非流動の分類

| No | 財務制限条項の違反パターン | 報告期間末の表示 | 記載箇所 | ケーススタディ |
|---|---|---|---|---|
| 1 | 報告日以前に財務制限条項に違反したが，救済措置なし | 流動 | (2)　救済措置が提供されていない場合の財務制限条項違反 | |
| 2 | 報告日以前に財務制限条項に違反したが，報告日以前に猶予期間付与： | | (3)　報告期間前に救済措置が提供された場合の報告期間前の財務制限条項違反<br>①　猶予期間 | Ⅱ－2－16 |
| | ●猶予期間終了が報告期間の末日後12か月より後 | 非流動 | | シナリオ2 |
| | ●猶予期間終了が報告期間の末日後12か月以内 | 流動 | | シナリオ1 |
| 3 | 報告日以前に財務制限条項に違反したが，報告日以前に権利放棄付与 | 非流動 | (3)　報告期間前に救済措置が提供された場合の報告期間前の財務制限条項違反<br>②　権利放棄 | Ⅱ－2－17 |
| 4 | 報告日以前に財務制限条項に違反したが，報告日後に救済措置あり | 流動 | (4)　報告期間後に救済措置が提供された場合の報告期間前の財務制限条項違反 | |
| 5 | 報告日後に財務制限条項に違反 | 分類で考慮不要，開示の要否検討 | (5)　報告期間の末日後の財務制限条項違反 | |

# 9．開示および継続企業の前提に関する検討

　報告期間の末日より前に借入契約に関して債務不履行あるいは契約違反の状態に陥った場合，IFRS第7号に従って当該債務不履行あるいは契約違反に関する情報を開示する必要がある。こうした開示により，企業の信用度および将来の借入の見通しに関連性のある情報が提供されることになる。

　報告期間の末日の前後いずれかにおける重要性のある契約違反は，継続企業の前提に関する評価に影響を与える可能性がある。

　報告期間の末日後に財務制限条項を遵守していることをテストすることが要求される場合がある。将来生じうる財務制限条項の違反により報告期間の末日後12か月以内に借入金を返済しなければならなくなる場合には，当該情報を開示する必要がある。こうした注記情報の開示には以下の各項目が含まれる。

- ●財務制限条項の内容に関する情報
- ●財務制限条項を遵守することを要求される時点
- ●関連する負債の帳簿価額
- ●財務制限条項を遵守することに困難を伴うような状況であればその事実関係（仮に財務制限条項の遵守に関するテストを報告期間の末日より前にテストしていたとしたら，報告期間の末日において財務制限条項に違反していたことになるのであれば，こうした情報は有用である）

　上記の開示要求に従い財務制限条項に関連する重要性がある開示を提供するためには，判断を適用しなければならない局面もありうる。適切な提供すべき詳細の開示を決定するためには，財務制限条項の遵守を評価するためにどの程度内部において分析を行ったかを考慮する（IFRS第18号B106項）。

　後発事象によって負債の分類に変更が生じることはないが，修正を要しない後発事象として開示が要求される場合がある。報告期間の末日と財務諸表の承認日との間に以下の事象が発生している場合には，IAS第10号「後発事象」に従って修正を要しない後発事象として開示する必要がある（IFRS第18号B105項）。

- ●流動に分類されていた負債の長期での借換え

154 第Ⅱ部 財務諸表の各構成要素の表示および開示

- 流動に分類されていた負債の長期借入契約の財務制限条項違反の是正
- 流動に分類されていた負債に係る長期借入契約の財務制限条項違反を是正するための猶予期間あるいは権利放棄を貸手から与えられていて，当該猶予期間が報告期間後少なくとも12か月である場合
- 非流動に分類された負債の決済

IFRS 第18号の特定の開示要求に加えて，非流動に分類された借入契約に関して修正を要しない後発事象の開示について次の事項を開示する必要がある（IAS 第10号第21項）。

- 当該事象の内容
- 財務上の影響の見積り，またはそのような見積りが不可能である旨の記述

## 10. 税金負債

繰延税金負債は，一時差異の解消が予想される期間にかかわらず，非流動に分類される（IFRS 第18号第98項）。他方，その他の税金負債は，報告期間の末日後12か月以内に決済期限が到来する場合には，流動に分類される。そうでない場合は，非流動負債として表示される（IFRS 第18号第101項）。

---

**ケーススタディⅡ－2－18 ▶ 不確実な税務上のポジションに関する負債の表示**

前提

不確実な税務処理についての解釈指針である IFRIC 第23号「法人所得税の税務処理に関する不確実性」および IAS 第12号の範囲に含まれる不確実な税務上のポジションに関する負債を「引当金」に含めて表示することができるか。

ポイント

IFRS 第18号は，当期税金負債および当期税金資産ならびに繰延税金負債および繰延税金資産の表示を要求している。また，IFRS 第18号は，異質な項目を集約しないことを要求している。

考え方

IFRIC 第23号は，企業に対し，IAS 第12号の要求事項を適用して，当期税金資産・負債および繰延税金資産・負債の認識および測定において法人所得税の税務

第 2 章　財政状態計算書　　*155*

処理に関する不確実性を反映することを要求している。当期税金負債および繰延税金負債・資産は引当金と区分して表示する必要がある。

　IFRS-IC は，2019年のアジェンダ決定において不確実な税務処理に関する負債を当期税金負債または繰延税金負債として表示し，不確実な税務処理に関する資産を当期税金資産または繰延税金資産として表示することが要求されると結論付けた。この結論を受けて，IFRIC 第23号および IAS 第12号の範囲に含まれる当期および繰延法人所得税負債を他の表示科目（例えば，「引当金」または「その他の負債」）に表示してはならない。

# 11.　資本および剰余金

　IFRS 会計基準には，関連するガイダンスがほとんどない領域が存在するが，資本，剰余金および自己株式はその１つである。その代わりに，地域によっては，現地の法的要求により，会計および開示の要求事項が定められている場合がある。資産，負債および資本は，財政状態を測定するために使用される３つの要素である。「資本」は，企業の負債を控除した後の資産に対する残余持分であり，純資産に等しい（IAS 第32号第11項）。IAS 第32号には，資本の当初認識および測定に関する要求事項はない。多くの場合，資本は，発行による入金額から取引コストを控除した金額で計上され，その後の再測定は行われない。

　1.「最低限の表示の要求事項」（119頁）で述べたとおり，IFRS 第18号は，最低限，親会社の所有者および非支配持分に帰属する発行済資本金および剰余金について，財政状態計算書に表示することを求めている（IFRS 第18号第22項，第96項，第104項）。

## (1)　資　本

　IFRS 第18号は，株式資本に関して詳細な開示要求事項を規定している。また，財務諸表における株式資本についての開示は，現地の法令，規制当局または株式が取引されている市場の規則によって要求される場合もある（IFRS 第18号第130項，第131項）。具体的には，IFRS 第18号では株主資本に関して以下の事項を財政状態計算書または持分変動計算書もしくは注記のいずれかにお

いて開示することを要求している。

---

① 株式資本のクラスごとに，
　ⅰ　授権株式数
　ⅱ　全額払込済みの発行済株式数および未払込額のある発行済株式数
　ⅲ　1株当たりの額面金額または無額面である旨
　ⅳ　発行済株式総数の期首と期末の調整表
　ⅴ　そのクラスの株式に付随している権利，優先権および制限（配当支払および資本の払戻しに関する制限を含む）
　ⅵ　企業自身および企業の子会社または関連会社が保有する企業の株式
　ⅶ　オプション契約による発行および株式の売渡契約のために留保している株式（契約条件および金額を含む）
② 資本に含まれている剰余金のそれぞれの内容および目的

---

なお，株式資本のクラスには，普通株式，優先株式，無議決権株式，償還株式といった多くの種類がある。

また，株式資本がない企業（パートナーシップや信託など）は，資本持分のそれぞれの区分について，IFRS第18号第130項(a)で要求している情報（上の①ⅰからⅶの事項）に相当する情報を開示する。

---

### *Point Of View*　開示要求は資本として会計処理される株式資本のみに適用されるか

IFRS第18号は，株式資本に対して詳細な開示要求事項を規定している。しかし，IFRS第18号第130項は，この開示要求が資本として会計処理される株式資本のみに適用されるのか，あるいは金融負債として認識される株式資本にも適用されるかについては触れていない。PwCは，これらの開示事項は，資本に分類される株式のみに関係すると考えている。財政状態計算書で表示される科目として，「親会社の所有者に帰属する発行済資本金および剰余金」および「金融負債」が含まれているためである。金融負債の開示については，IFRS第7号で取り扱われている。

さらに，株式資本のない企業にも同様の開示を適用しているIFRS第18号第131項は，そのような企業に対して「資本持分のそれぞれの区分」の

情報を開示することを求めている。しかしながら，経営者は，金融負債に分類されている株式を企業の自己資本の一部とみなしている場合がある。IFRS 第18号は，自己資本に関する追加的な開示を要求しており，バランスのよい全体像を示すためにも，資本に分類されない株式資本についても，詳細な情報を同様に開示することが適切である場合がある。

## (2) 自己株式

保有している自己株式の「金額」については，財政状態計算書または注記において区分して開示する。この開示要求は，個別財務諸表上，子会社（従業員給付信託や従業員持株制度を含む）や関連会社が保有する株式をその適用対象に含めており，たとえそのような株式が親会社の個別財政状態計算書で資本から控除されていない場合でも，開示要求は同様であることに留意する。同様に，関連会社は連結グループを構成しないため，関連会社が保有する株式は，連結財務諸表上資本から控除されない（これらの株式は自己株式でもない）が，IFRS 第18号の開示要求に含まれる（IAS 第32号第34項）（IFRS 第18号第130項(a)(vi)）。

なお，企業が関連当事者から自身の資本性金融商品を買い戻した場合には，IAS 第24号「関連当事者についての開示」が適用される（IAS 第24号第15項）。

また，株式を上場している場合，自己株式の保有や消却を目的とした株式購入に関する取引所や関係当局の規制を遵守する必要がある。このようなルールによって，連結財務諸表上，特定の開示を行うよう定められている場合がある（IAS 第32号第34項）。

---

*Point Of View*　保有している自己株式の「金額（amount）」

保有している自己株式の「金額（amount）」については，財政状態計算書または注記において区分して開示することが求められる。PwC は，IAS 第32号における「保有している金額（amount held）」とは，保有する株式の数および種類を意味すると考えている。

---

## (3) 剰余金

IFRS 会計基準において，剰余金は定義されていない。剰余金を構成する項目には会計上の要求事項に基づくものと，地域によって現地の法的要求により会計および開示の要求事項が定められている，そうした要求事項に基づくものがある。

IFRS 第18号では，持分変動計算書において，期首と期末の帳簿残高の調整表（資本の各内訳項目の変動を区別して開示）の表示が要求されている（IFRS 第18号第107項）。持分変動計算書における表示および開示については，第3章「持分変動計算書」（161頁）において取り扱う。

また，IFRS 会計基準は，剰余金が実現したものであるか，または未実現であるかについて開示することを要求していない。ただし，留保利益の残高と法律上分配可能な金額とに重要性のある差異がある場合，分配可能利益と分配可能ではない利益の金額について，それぞれ財務諸表で開示することが適切である場合がある。

## (4) 自己資本についての開示

財務諸表利用者が，自己資本の管理に関する企業の目的，方針および手続を評価できるようにする情報を注記として開示することが要求されている（IFRS 第18号第126項）。詳細な開示要求は，経営幹部に対して内部的に提供される情報に基づくものでなければならない（IFRS 第18号第128項）。

企業が，多くの方法で自己資本を管理し，多くの異なる自己資本規制の対象となっている場合がある。例えば，企業グループが保険事業や銀行事業を行っている企業を含んでいる場合や，非金融サービス企業グループが金融サービス子会社を有している場合がある。このような状況において，自己資本規制についての集約した開示が有用な情報を提供しなかったり，企業の自己資本の源泉についての財務諸表利用者の理解を歪めたりする場合には，当該企業が対象となっている自己資本規制のそれぞれについて別個の情報を開示しなければならない（IFRS 第18号第129項）。

なお，IFRS 会計基準では，「自己資本」は定義されていない。上述のとおり，企業は，経営幹部に対して内部的に提供される情報に基づき，企業が何を自己

資本として管理しているかについて記載することが求められている。この開示の目的との整合性を考えれば多くの場合，自己資本は会計上の資本と同一であるが，一部の金融負債が自己資本に含まれたり，資本の内訳項目の一部が除かれたりする場合がありうる。例えば，IFRS 第18号第127項(b)は，一定の形式の劣後債務を自己資本の一部とみなす企業もあれば，キャッシュ・フロー・ヘッジ剰余金を除いたものを自己資本とみなす企業もあると述べている（繰り延べられている金額は，永久に資本に維持されるわけでないことが理由である可能性がある。純投資のヘッジや FVOCI（公正価値の事後的な変動をその他の包括利益に表示）金融資産の評価差額金に関連する金額は，認識済の資産および負債に関するものであり，自己資本とみなされることが多い）。実務では，有利子負債を自己資本の一部とみなしている企業も存在する。

　また，IFRS 第18号の結論の根拠において，自己資本についての開示は，外部規制の対象になる企業だけでなく，すべての企業に適用すべきであることが明確にされている（IFRS 第18号 BCZ393項）。当該記載は，「企業が外部から課せられた自己資本規制」が意味する範囲は広く，保険や銀行の規制当局が設定したソルベンシー比率に限らず，他の機関，または特定の契約関係を通じて定められた自己資本に関する規制や制限も含むことを意味している。例としては，一定の条件（財務制限条項）に違反したときに当該借入金の繰上返済が行われるという契約条項は，借入金が企業の自己資本の定義に含まれている場合，企業が外部から課せられた自己資本規制に該当する。これが自己資本規制に該当するのは，その要件（一定の負債資本比率の維持など）に自己資本の構成部分が含まれるからではなく，企業の自己資本の定義に含まれる借入金に当該要件が適用されるためである。したがって，違反の有無の判定が（負債資本比率などの）「資本比率」を参照して計算されていたとしても，当該財務制限条項に関連する借入金が企業の自己資本の一部でない限り，当該契約条項がそれ自体で，企業が外部から課せられた自己資本規制に該当することはない。企業の自己資本に含まれない借入金に係る財務制限条項に関する開示要求事項は，IFRS 第7号に定められている。

## 12. 非支配持分

　非支配持分は，子会社に対する持分のうち，親会社に直接または間接に帰属しないものと定義されている。したがって，例えば，親会社が子会社の70%の持分を所有している場合は，子会社の業績および純資産の全額を連結し，残りの30%は非支配持分として表示しなければならない（IFRS 第10号付録A）。

　非支配持分は，連結した企業集団の資本の一部として報告され，親会社の持分と区別して計上される。また，他の資本項目と区別するために，明確に識別および分類される（例えば，子会社に対する非支配持分）。非支配持分は連結した企業グループの資本として分類されるため，純利益および包括利益には，親会社に帰属する損益と非支配持分に帰属する損益が含まれることになる。複数の子会社に対する非支配持分を有する場合，連結財務諸表上，複数の非支配持分を合算することができる（IFRS 第10号第22項）（IFRS 第18号第104項）。

161

# 第3章　持分変動計算書

## 1. 持分変動計算書において表示すべき事項

　持分変動計算書には，すべての資本の変動を記載する必要がある。資本の変動には，業績に関連する変動と所有者との取引（すなわち，資本を増加または減少させるが，業績には関連しない取引および事象）による資本の変動の両方を表示する。したがって，持分変動計算書には次の情報が含まれる（IFRS第18号第107項）。

- 当期の包括利益合計（親会社の所有者と非支配持分に帰属する合計額を区別して表示する）
- 資本の各内訳項目について，IAS第8号に従って認識した遡及適用または遡及的修正再表示の影響額
- 資本の各内訳項目について，期首と期末の帳簿価額の調整表（最低限，次による変動を区分して開示）
  - 純損益
  - その他の包括利益
  - 所有者としての立場での所有者との取引（所有者による拠出と所有者への分配，および支配の喪失とならない子会社に対する所有持分の変動を区別して示す）

162　第Ⅱ部　財務諸表の各構成要素の表示および開示

# 2．持分変動計算書における表示および開示項目

　会計期間中の純資産の増減は，持分変動計算書において当該期間中の資本の変動によって表わされる。持分変動計算書において，期首と期末の帳簿残高の調整表（資本の各内訳項目の変動を区別して開示）の表示が要求されている（IFRS 第18号第107項）。資本全体の変動は，すべての収益および費用（純損益またはその他の包括利益のいずれかに認識される項目）と，株式発行および配当金の支払といった所有者との取引との合計額である（IFRS 第18号第112項）。なお，その他の包括利益の項目別については，持分変動計算書または注記のいずれかにおいて，分析を表示することができる（IFRS 第18号第109項）。

　図表Ⅱ－3－1に，持分変動計算書の記載例を示す。

　通常，所有者への分配は，連結グループの分配可能利益からではなく個別企業の分配可能利益から行われる。ただしその場合にも，財務諸表利用者が，連結財務諸表上の留保利益の金額から何らかの推測を行う可能性がある。また，現金配当または融資もしくは貸付の返済の形で，子会社が親会社に資金を送金する能力に対する重大な制限（例えば，借入の財務制限条項や規制上の要求など）が存在する場合には，IFRS 第12号「他の企業への関与の開示」に従い，制限の内容および程度を開示する（IFRS 第12号第13項）。

　なお，資本の各内訳項目（例えば利益剰余金，すなわち累積された純損益）については，各種の変動が個別に開示される。また，持分変動計算書では，資本の内訳項目間の振替が表示される。例えば，持分変動計算書上，償却または売却を通じて当期中に実現した有形固定資産の再評価剰余金について，再評価剰余金と利益剰余金との間の振替が示される。

---

持分変動計算書において表示されるべき所有者との取引

　以下の項目は，所有者との取引として持分変動計算書に開示されることになる。

- ●株式発行および償還
- ●自己株式の取得および売却
- ●発行した転換社債の資本部分

(図表Ⅱ−3−1) 持分変動計算書の記載例

親会社の所有者に帰属する持分 — その他の資本の構成要素

| | 資本金 | 資本剰余金 | 利益剰余金 | 自己株式 | 在外営業活動体の換算差額 | その他の包括利益を通じて公正価値で測定する金融資産 | キャッシュ・フロー・ヘッジ | 確定給付制度の再測定 | その他の資本の構成要素合計 | 親会社の所有者に帰属する持分合計 | 非支配持分 | 資本合計 |
|---|---|---|---|---|---|---|---|---|---|---|---|---|
| 20X3年4月1日残高 | XXX | XXX | XXX | XXX | XXX | XXX | XXX | XXX | XXX | XXX | XXX | XXX |
| 当期純利益 | | | XXX | | | | | | | XXX | XXX | XXX |
| その他の包括利益 | | | | | XXX | XXX | XXX | XXX | XXX | XXX | XXX | XXX |
| 当期包括利益 | | | XXX | | | | | | XXX | XXX | XXX | XXX |
| 配当金 | | | XXX | | | | | | | XXX | | XXX |
| 非支配株主に対する配当金 | | | | | | | | | | | XXX | XXX |
| 株式報酬取引 | | XXX | | | | | | | | XXX | XXX | XXX |
| 所有者との取引額合計 | | XXX | XXX | | | | | | | XXX | XXX | XXX |
| その他の資本の構成要素から利益剰余金への振替 | | | XXX | | | | | XXX | XXX | | | |
| 20X4年3月31日残高 | XXX | XXX | XXX | XXX | XXX | XXX | XXX | XXX | XXX | XXX | XXX | XXX |
| 当期純利益 | | | XXX | | | | | | | XXX | XXX | XXX |
| その他の包括利益 | | | | | XXX | XXX | XXX | XXX | XXX | XXX | XXX | XXX |
| 当期包括利益 | | | XXX | | | | | | XXX | XXX | XXX | XXX |
| 配当金 | | | XXX | | | | | | | XXX | | XXX |
| 非支配株主に対する配当金 | | | | | | | | | | | XXX | XXX |
| 株式報酬取引 | | XXX | | | | | | | | XXX | XXX | XXX |
| 所有者との取引額合計 | | XXX | XXX | | | | | | | XXX | XXX | XXX |
| その他の資本の構成要素から利益剰余金への振替 | | | XXX | | | | | XXX | XXX | | | |
| 20X5年3月31日残高 | XXX | XXX | XXX | XXX | XXX | XXX | XXX | XXX | XXX | XXX | XXX | XXX |

- 資本として分類された金融商品に対する配当
- 持分決済型の株式に基づく報酬契約に関する資本性金融商品の発行を反映する貸方への計上
- 支配の喪失とはならない非支配持分との取引

---

### Point Of View　個々の剰余金をまとめて表示することはできるか

資本の内訳項目には，クラス別の拠出持分，その他の包括利益のクラス別の累計額および利益剰余金が含まれる。PwC は，個々の剰余金の性質が類似しており，資本を構成する要素の1つとみなすことができる場合には，その剰余金を持分変動計算書の「その他の剰余金」という1つの列にまとめて表示することができると考えている。持分変動計算書にグループ化された剰余金は，すべて IFRS 会計基準の特定の要求事項の結果として生じた会計上の剰余金である。これらは，裁量的な資本内の振替の結果である他の剰余金と区別される。持分変動計算書上で表示せずに，注記において個々の剰余金を開示することにより，情報の混乱を減らし持分変動計算書をより読みやすくすることができる。

# 3．配　当

持分変動計算書本体または注記のいずれかにおいて，所有者への分配として認識した配当額および関連する1株当たりの配当金額を開示する必要がある。なお，純損益およびその他の包括利益の計算書において配当を表示すべきではない。なぜなら，純損益およびその他の包括利益の計算書は，業績に関する項目を表示するものであり，所有者との取引による資本の変動である配当を表示するものではないからである（IFRS 第18号第110項）。

報告期間終了後に提案または宣言された配当，および関連する1株当たりの金額を注記において開示する必要がある。また，認識していない累積型優先配当の金額についても開示する必要がある（IFRS 第18号第132項）。

## 4．遡及修正および誤謬の訂正

　すべての会計方針の変更および誤謬の訂正については，実務的に可能な範囲で，遡及的に修正する（ただし，影響に重要性がある場合に限る）。表示される最も古い比較年度における純資産の期首残高に影響を与える遡及修正は，代替的な処理が別の基準によって要求または容認されない限り，利益剰余金の残高に対して行われる。持分変動計算書では，会計方針の変更および誤謬の訂正から資本の各内訳項目について生じた修正額を個別に開示する。当該修正額は，過去の各期間および当期首について開示する（IFRS 第18号第108項）。会計方針の遡及適用および誤謬の訂正については第Ⅲ部第2章「会計方針」（238頁）以降で取り扱う。

　図表Ⅱ－3－2では，会計方針の変更に伴う遡及的な修正の場合の持分変動計算書の表示を示している。

（図表Ⅱ－3－2）遡及修正の場合の持分変動計算書の表示

| | 親会社の所有者に帰属する持分 | | | | | | | | | | 非支配持分 | 資本合計 |
|---|---|---|---|---|---|---|---|---|---|---|---|---|
| | | | | | その他の資本の構成要素 | | | | | 親会社の所有者に帰属する持分合計 | | |
| | 資本金 | 資本剰余金 | 利益剰余金 | 自己株式 | 在外営業活動体の換算差額 | その他の包括利益を通じて公正価値で測定する金融資産 | キャッシュ・フロー・ヘッジ | 確定給付制度の再測定 | その他の資本の構成要素合計 | | | |
| 20X3年4月1日残高 | XXX | XXX | XXX | XXX | XXX | XXX | XXX | | XXX | XXX | XXX | XXX |
| 会計方針の変更 | | | XXX | | | | | | | XXX | XXX | XXX |
| 修正再表示後の金額 | XXX | XXX | XXX | XXX | XXX | XXX | XXX | | XXX | XXX | XXX | XXX |
| 当期純利益 | | | XXX | | | | | | | XXX | XXX | XXX |
| その他の包括利益 | | | | | XXX | XXX | XXX | XXX | XXX | XXX | XXX | XXX |
| 当期包括利益 | | | XXX | XXX | | | | | XXX | XXX | XXX | XXX |
| 配当金 | | | XXX | | | | | | | XXX | | XXX |
| 非支配持分株主に対する配当金 | | | | | | | | | | | XXX | XXX |
| 株式報酬取引 | | XXX | | | | | | | | XXX | | XXX |
| 所有者との取引額合計 | | XXX | XXX | | | | | | | XXX | XXX | XXX |
| その他の資本の構成要素から利益剰余金への振替 | | | XXX | | | | | XXX | XXX | | | |
| 20X4年3月31日残高 | XXX | XXX | XXX | XXX | XXX | XXX | XXX | | XXX | XXX | XXX | XXX |
| 当期純利益 | | | XXX | | | | | | | XXX | XXX | XXX |
| その他の包括利益 | | | | | XXX | XXX | XXX | XXX | XXX | XXX | XXX | XXX |
| 当期包括利益 | | | XXX | XXX | | | | | XXX | XXX | XXX | XXX |
| 配当金 | | | XXX | | | | | | | XXX | | XXX |
| 非支配持分株主に対する配当金 | | | | | | | | | | | XXX | XXX |
| 株式報酬取引 | | XXX | | | | | | | | XXX | | XXX |
| 所有者との取引額合計 | | XXX | XXX | | | | | | | XXX | XXX | XXX |
| その他の資本の構成要素から利益剰余金への振替 | | | XXX | | | | | XXX | XXX | | | |
| 20X5年3月31日残高 | XXX | XXX | XXX | XXX | XXX | XXX | XXX | | XXX | XXX | XXX | XXX |

# 第4章

## キャッシュ・フロー計算書

キャッシュ・フロー計算書は，基本財務諸表（基本財務諸表については，第Ⅰ部第2章「財務諸表の全般的要求事項」（17頁）を参照）の1つであり，損益計算書と同じ表示期間について作成される。キャッシュ・フロー計算書を作成するための具体的な要求事項は，IAS第7号において個別に定められている。

IAS第7号では，キャッシュ・フローを「現金及び現金同等物の流入と流出」と定義し（IAS第7号第6項），期中のキャッシュ・フローを以下の3つの区分に分類して報告することを求めている（IAS第7号第10項）。

- 営業活動
- 投資活動
- 財務活動

なお，キャッシュ・フロー計算書を作成するにあたり，企業はIAS第7号を適用するとともに，IFRS第18号における全般的な要求事項も適用することが求められている（IAS第7号第10項）。例えば，キャッシュ・フロー計算書および注記で報告されるすべての項目について，比較情報の表示が必要となる（IFRS第18号第31項，第32項）。財務諸表に関する全般的要求事項の詳細については，第Ⅰ部第2章「財務諸表の全般的要求事項」（17頁）を参照されたい。

## 1．目的および範囲

### (1) 目 的

IAS第7号の目的は，期中の企業の現金および現金同等物の変動を営業活動，投資活動および財務活動から生じたキャッシュ・フローに分類し，報告するこ

とである。

キャッシュ・フロー計算書によりもたらされる情報は，財務諸表の利用者に対し，当該企業が現金および現金同等物を生成する能力と，当該キャッシュ・フローを企業が利用する必要性を評価するための基礎を提供するものである。利用者が経済的意思決定を行うには，企業が現金および現金同等物を生成する能力，またその生成の時期と確実性を評価する必要がある（IAS 第 7 号目的）。

キャッシュ・フロー情報は，企業が現金および現金同等物を生成する能力を評価するうえで有用であり（IAS 第 7 号第 4 項），また，将来キャッシュ・フローに係る過去の評価の正確性を確認し，収益性と正味キャッシュ・フローとの関係および価格変動の影響を検証するうえでも有用である（IAS 第 7 号第 5 項）。

## (2) 範 囲

IAS 第 7 号は，キャッシュ・フロー計算書を表示する各期間において，財務諸表の不可欠な一部を構成するものとして作成することを要求している（IAS 第 7 号第 1 項）。財務諸表の利用者は，企業がいかに現金および現金同等物を生成し利用しているのかに関心を持っており，これは企業の活動の性質を問わず当てはまる。企業の主たる収益獲得活動が異なっていても，事業の遂行や債務の返済，投資者への利益分配には現金が必要となる。したがって，IAS 第 7 号はすべての企業にキャッシュ・フロー計算書の表示を要求している（IAS 第 7 号第 3 項）。

# 2．現金および現金同等物

## (1) 現金および現金同等物の定義

キャッシュ・フロー計算書の作成において，「現金」および「現金同等物」の定義が重要となる。それぞれの定義は次のとおりである（IAS 第 7 号第 6 項）。

- 現金は，手許現金と要求払預金からなる。
- 現金同等物とは，短期の流動性の高い投資のうち，容易に一定の金額に換

金可能であり，かつ，価値の変動について僅少なリスクしか負わないものをいう。

以下では，現金および現金同等物の定義について，より具体的に解説する。

### ① 現 金

「現金」の定義には，手許現金と要求払預金が含まれる。IFRS会計基準では，「要求払預金」の定義に関するガイダンスは示されていない。要求払預金とは，違約金なしで要求に応じて払戻し可能で，24時間以内または1営業日以内に利用できる金融機関に対する預金と一般的に考えられている。したがって，要求払預金には，例えば，銀行に対する当座預金のように，いつでも追加資金を預け入れることができ，事前に通知しなくてもいつでも資金の引出しができる預金口座が含まれる。

　銀行借入は，一般的に財務活動と考えられる。しかし，国によっては要求払債務である当座借越は，企業の資金管理に不可分となっている。こうした状況では，キャッシュ・フロー計算書上，当座借越を現金および現金同等物の構成要素として含めることができる（IAS第7号第8項）。

---

***Point Of View*** 　当座借越の財政状態計算書上での表示

　当座借越が要求払債務であり，企業の資金管理に不可分となっている場合，キャッシュ・フロー計算書では現金および現金同等物の構成要素として含めることができるが，財政状態計算書では，当座借越は現金および現金同等物ではなく，金融負債に含まれる。ただし，金融資産と金融負債の相殺条件である，認識している金額を相殺する法的に強制可能な権利を有しており，かつ純額で決済するか，または資産の実現と負債の決済を同時に実行する意図を有している場合を除く（IAS第32号第42項）。

　キャッシュ・フロー計算書において当座借越が「現金および現金同等物」に分類される場合であっても，その分類が財政状態計算書において当座借越を負債から除外し，資産である現金残高と相殺すべきということを意味するわけではない。

170　第Ⅱ部　財務諸表の各構成要素の表示および開示

　なお，企業は，当座借越残高の解消を目的として要求払預金残高から資金を移動する場合がある。

　当座借越が現金および現金同等物の一部を構成する場合，現金および現金同等物の要件を満たす預金や投資の間での資金移動となる。当該資金移動は，キャッシュ・インフローやキャッシュ・アウトフローをもたらさず，単に現金および現金同等物の残高全体の中での変動にすぎないため，キャッシュ・フローには反映されない（IAS第7号第9項）。

## ②　現金同等物

　IAS第7号では，現金同等物は，投資またはその他の目的ではなく，短期の現金支払債務に充当するために保有されると規定している（IAS第7号第7項）。投資が現金同等物に該当するためには，以下のすべてに該当している必要がある（IAS第7号第6項，第7項）。

- 満期までの期間が短期である
- 流動性が高い
- 容易に一定の金額に換金可能
- 価値の変動について僅少なリスクしか負わない

### ⅰ．短期投資

　現金同等物は，投資やその他の目的ではなく，短期の現金支払債務に充当するために保有される。「現金同等物」の定義を満たすためには，投資は通常，「短期」でなければならない。期間が短期であるとは，投資の取得日から3か月以内の期間と考えられる（IAS第7号第7項）。

---

**ケーススタディⅡ－4－1 ▶ 満期はどの時点から考慮すべきか**

　前　提

- A社は，20X6年10月1日に債券を購入した。
- 当該債券の満期日は，20X7年2月28日であり，A社の年度末（報告期間の末日）は12月31日である。
- 当該債券を早期償還することはできない。

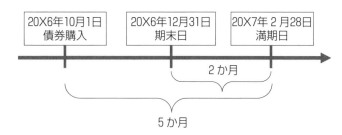

20X6年12月31日に終了する事業年度において，当該債券を現金同等物に分類すべきか。

> ポイント

投資が現金同等物に該当するためには，満期までの期間が投資の取得日から3か月以内の期間と考えられる。

> 考え方

現金同等物に分類すべきではない。

債券の取得日時点において，当該債券の満期日までの期間は5か月である。これは，取得日から満期日までの期間が3か月以内という短期の要件を満たさない。満期日までの期間は，報告期間の末日からではなく，取得日から算定される。そのため，当該債券の満期日までの残存期間が，報告期間の末日から算定して3か月未満になっていたとしても，報告期間の末日時点で当該債券を現金同等物として分類することにはならない。

現金同等物の定義を満たす可能性のある投資には以下のものがあり，銀行のような金融機関を通じた投資に限定されない。
- 短期国債
- 譲渡性預金
- 特定の短期金融市場における金融商品で現金同等物の定義を満たす場合
- 外貨建金融商品

満期が取得日から3か月以内の投資の場合，一般的に，その投資が資金管理目的で用いられる場合には，現金同等物の定義を満たすと考えられる。

有価証券を現金同等物として扱うためには，有価証券が容易に換金可能で，短期であり，保有する企業が当該有価証券を現金同等物とみなしている必要がある。すなわち，当該有価証券は，負債の決済手段であり，投資またはその他

172　第Ⅱ部　財務諸表の各構成要素の表示および開示

の目的のために保有されるものではない（IAS 第 7 号第 7 項）。

　例えば，国債や譲渡性預金で，購入した投資の満期までの期間が 3 か月を超え，早期解約オプションが付いていないものについては，満期までの期間が IAS 第 7 号が規定する「短期」を上回るため，現金同等物には該当しない。

　IAS 第 7 号は，普通株式への投資などの持分投資については，現金同等物から除外することを明確にしている。これは，持分投資のような金融商品は，市場性が高く，容易に換金可能であるが，資本価値の変動リスクがより高いためである。ただし，持分投資が実質的に現金同等物である場合には，現金同等物として分類される。例えば，所定の償還日がある優先株式について，償還日までの期間が短期となっている状態で取得した場合，現金同等物として分類される場合がある（IAS 第 7 号第 7 項）。

---

### *Point Of View*　クレジットカードや他の電子決済による受取金額の財政状態計算書上での分類

　顧客は，電子決済を通じて店舗やオンラインで購入した商品の支払を行うことが多い。このような支払には，例えば，タッチ決済（非接触型決済），クレジットカード決済，デビットカード決済などがある。テクノロジーの進化やオンラインショッピングの浸透により，このような種類の決済が増加している。

　対面またはオンラインで受け付けた電子決済は，通常，取引発生後に企業に現金として支払われる。この時間差は，相手方によって異なる。例えば，2 〜 3 日で決済されることもあれば，カードの加盟店契約会社によっては，企業への現金送金までにより時間がかかることもある。

　こうした決済環境において，クレジットカードなどが決済処理中の場合，財政状態計算書上でどのように分類すべきかが論点となるが，電子決済による支払の受取りを財政状態計算書において現金および現金同等物または金融資産として認識することが適切かどうかの決定には判断が必要となる。

　電子決済による支払は，手許現金と要求払預金に該当する場合のみ現金に分類される。現金に分類されない場合，現金同等物に分類される可能性がある。IAS 第 7 号では，現金同等物を，短期の流動性の高い投資のうち，容易に一定の金額に換金可能であり，かつ，価値の変動について僅少なリスクしか負わないものと定義している。現金同等物の定義において，何が

投資を構成するのかについては示されていないため，判断が必要となる。

この判断にあたって，経営者は，最終的な決済までの遅延の長さ，支払の遅延が事務的な決済手続によるものか，支払の完了に必要な最終顧客の信用照会が存在するかなどの関連する信用リスクを考慮する必要がある。電子決済による支払が IAS 第 7 号の現金および現金同等物の定義を満たしていないと結論付けた場合，その金額を現金および現金同等物に分類してはならない。

さまざまな電子決済の使用や個々の取引の内容により，財政状態計算書上での分類については結論が異なる可能性がある。企業は，すべての場面において電子決済に重要性がある場合，その会計方針と判断が適用された現金同等物の金額を開示する必要がある。

ⅱ．マネー・マーケット・ファンド

企業は，短期金融市場商品への個別投資に代えて，マネー・マーケット・ファンド（MMF）などに投資する場合がある。MMF とは，短期国債，譲渡性預金，債券，政府債およびコマーシャル・ペーパーなどの（通常，１日から１年満期の）短期負債性金融商品に投資するオープンエンド型投資信託である（図表Ⅱ－４－１参照）。

この投資の主な目的は，元本の保全，高い流動性および短期金利またはベンチマーク金利をわずかに上回る増分リターンを獲得することである。したがって，ユニット当たりの MMF の純資産価値は比較的安定している。

(図表Ⅱ－4－1) マネー・マーケット・ファンド (MMF) のイメージ図

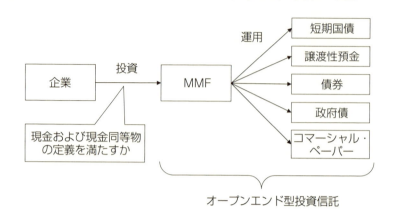

　MMF は，その特性に応じて，負債性金融商品または資本性金融商品に分類され得る。この分類は，IFRS 第 9 号のガイダンスを適用して行う。企業は，MMF が「現金および現金同等物」の定義を満たすかどうかを評価する必要がある。これは IFRS 第 9 号において要求される分類とは別個の評価である。IFRS-IC は，2009 年 7 月のアジェンダ決定において，MMF に関して，短期の現金支払債務に充てることを目的としており，一定の金額に換金可能であり，かつ，価値の変動について僅少なリスクしか負わないものについては，実質的に現金同等物の定義を満たす可能性があると述べている。つまり，償還時の現金受領額は，当初の投資時点に既知でなければならないことを意味する。その金融商品が容易に換金可能であり，また当該金融商品の市場価格が容易に算定可能であるだけでは十分ではない。むしろ，これは，企業が当初の投資時点で，価値の変動リスクが僅少であること，したがって償還時の現金受領額について確信していることを意味する。

　MMF が「現金および現金同等物」の定義を満たすかどうかを評価する際には判断が必要となる。


ⅲ．3 か月超の定期預金

　預入期間が 3 か月を超える預金を現金および現金同等物に分類できる状況は限定的と考えられる。3 か月超の定期預金のうち，受取利息を放棄することを

条件として換金可能な定期預金は，当該定期預金が短期的な資金需要を満たすという目的で保有されており，かつ，期限前解約の結果，価値の変動について僅少なリスクしか存在しない場合には，現金同等物に分類される場合がある。価値の変動について僅少とはいえないリスクがあるかどうかを判定する際には，預金の期間を慎重に検討しなければならない。預入期間が長くなるにつれて，その金融商品が短期的な資金需要を満たすという目的で保有されており，かつ，価値の変動について僅少なリスクしか負わないという可能性は低くなる。適切な分類を決定するためには判断を必要とする。

　預入期間の定めはないが，事前の通知によってのみ払戻可能な銀行預金については，「現金」および「現金同等物」の定義を満たすかどうかを慎重に評価する必要がある。考慮すべき要素には，次のものが含まれるがすべてではない。

- 事前の通知期間とは何か
- 当該期間中における重要な価値変動のリスクがあるか
- 短期の現金支払債務に充てるためにこの預金を使用する意図が企業にあるか

　早期解約オプションの付いていない満期の短い預金の場合，他の条件を満たす場合には「容易に換金可能」であるとみなすことが可能であり，現金および現金同等物に含めることができる。ほとんどの場合，負の金利が付される預金についても，「容易に換金可能」であるとみなされる場合には，現金および現金同等物の定義を満たすことになる。キャッシュ・フロー計算書における預金の分類を決定する際には，経営者が預金を使用する意図など，それぞれの状況における事実関係を考慮する必要がある。

### ③　現金および現金同等物の内訳

　IAS第7号では，企業がどのようなものを現金同等物に含めるかについての詳細な規定を提供していない。そのため，IAS第7号は，現金同等物の内訳を決定する際に採用している方針を開示することを要求している（IAS第7号第46項）。

　当該方針の変更は，会計方針の変更とみなされ，IAS第8号に従うことになる（IAS第7号第47項）。現金同等物の定義は複雑であり，実務上，その当て

176　第Ⅱ部　財務諸表の各構成要素の表示および開示

はめには困難を伴う可能性がある。このため，定義に用いられているさまざまな用語について慎重に検討する必要がある。

　また，企業はキャッシュ・フロー計算書上の現金および現金同等物の期首および期末残高の合計額の内訳を開示し，現金および現金同等物と財政状態計算書上の相当する項目とを調整する必要がある（IAS 第 7 号第45項）。

# 3．キャッシュ・フロー計算書の様式

　キャッシュ・フロー計算書は，キャッシュ・フローを発生させた活動に応じて以下の 3 つの活動に区分して報告することを要求している（IAS 第 7 号第10項）。

- ●営業活動
- ●投資活動
- ●財務活動

キャッシュ・フローを活動別に分類することにより，財務諸表の利用者が，これらの活動が企業の財政状態ならびに現金および現金同等物の金額に与える影響を把握し，評価することができる（IAS 第 7 号第11項）。

　企業は，諸活動からの収入および支出の各要素を上記の 3 つの区分のいずれかの区分に分類し，各見出しの下に一覧表示する。各区分をすべて合計すると，当期中の現金および現金同等物の変動となる。通常，この正味の変動額を期首の現金および現金同等物の繰越残高に加算して，期末残高を表示する。

　なお，外貨で保有または決済される現金および現金同等物に対する為替レートの変動による損益は，期首と期末の現金および現金同等物の調整として，キャッシュ・フロー計算書に表示される（IAS 第 7 号第28項）。

　図表Ⅱ－ 4 － 2 は，キャッシュ・フロー計算書の構造を示している。

(図表Ⅱ-4-2) キャッシュ・フロー計算書の構造

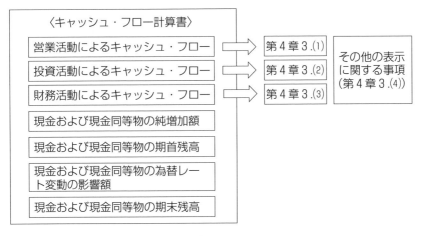

　IAS第7号は，営業活動，投資活動および財務活動の3つの活動にキャッシュ・フローを分類する方法を規定している。また，3つの活動の定義を示し，各活動に分類されるキャッシュ・フローを例示し，企業が分類を判断できるようにしている（各活動に分類されるキャッシュ・フローの例示については，下記(1), (2), (3)参照）。企業は，その事業にとって最も適当な方法でキャッシュ・フローを表示する必要がある（IAS第7号第11項）。

## (1) 営業活動によるキャッシュ・フロー
### ① 定義と範囲
　IAS第7号では，営業活動を次のとおり定義している（IAS第7号第6項）。

> 営業活動とは，企業の主たる収益獲得活動及びその他の活動のうち，投資活動でも財務活動でもないものをいう。

　営業活動によるキャッシュ・フローは，企業の主たる収益獲得活動に関する取引およびその他の事象が現金に与える影響を表すことになる。例えば，企業が有価証券を売買目的で保有する場合，それらは小売企業が保有する棚卸資産に相当し，この活動は営業活動として取り扱われることになる。同様に，金融機関は，顧客に対する貸出に関連するキャッシュ・フローを営業活動に分類す

ることになる（IAS 第 7 号第15項）。

　一般的には，営業活動によるキャッシュ・フローは純損益を算定する際に財務業績の計算書に表示される営業活動の結果として生じる現金および現金同等物の変動を表すことになる。純損益に含まれる利得または損失を生じさせる取引には，営業キャッシュ・フローに分類されないものがある。例えば，長期性資産の処分に関連するものである。これとは対照的に，資産の処分が企業の主たる収益獲得活動に関連するものである場合，通常，関連するキャッシュ・フローは営業キャッシュ・フローに分類されることになる（IAS 第 7 号第14項）。

　営業活動によるキャッシュ・フローを区別して開示することにより，財務諸表利用者は，営業活動が企業の事業規模を維持するために，キャッシュ・フローをどの程度生成し，投資活動および財務活動に関するキャッシュ・フローを賄っているかを判定することができる（IAS 第 7 号第13項）。

　図表Ⅱ－ 4 － 3 では，営業活動に分類されるキャッシュ・フローの例を示している（IAS 第 7 号第14項）。

**（図表Ⅱ－ 4 － 3 ）営業活動によるキャッシュ・フローの例**

- 物品の販売およびサービスの提供による収入
- ロイヤルティ，報酬，手数料およびその他の収益による収入
- 財およびサービスの仕入先に対する支出
- 従業員に対する支出または従業員のための支出
- 法人所得税の支払または還付（財務活動または投資活動に明確に関連付けできる場合を除く）
- 売買目的で保有する契約からの収入および支出
- 主要な事業活動として資産に投資している，または顧客にファイナンスを提供している企業で，配当による収益，利息による収益および費用を損益計算書の営業区分に分類している場合の配当金の収入ならびに利息の収入および支出

## ②　直接法および間接法

　企業は営業活動によるキャッシュ・フローを次のいずれかの方法を用いて報告することができる。IAS 第 7 号では，企業が直接法を用いて営業活動によるキャッシュ・フローを報告することを推奨しているが，要求はしていない（IAS 第 7 号第18項，第19項）。直接法は，実務上の負担が大きく，一般的に間

接法が用いられる。

| 直接法 | 主要な種類ごとの収入総額（例えば，顧客からの現金回収額）と支出総額（例えば，仕入先や従業員に対する現金支払額）を開示する方法 |
|---|---|
| 間接法 | 営業利益を以下について調整する方法<br>● 非資金的性質の取引項目の影響<br>● 将来または過去の営業活動からの収入または支出の繰延べまたは見越し<br>● 損益計算書の営業区分に分類される収益または費用のうち，関連するキャッシュ・フローが投資活動または財務活動からのキャッシュ・フローに分類されるもの<br>● 営業活動によるキャッシュ・フローのうち，関連する収益または費用が損益計算書の営業区分に分類されていないもの |

### i. 直接法

直接法では，営業活動によるキャッシュ・フロー総額を合算すると，企業の正味の営業活動によるキャッシュ・フローとなる。この表示方法は，投資および財務活動によるキャッシュ・フローの表示方法と首尾一貫している。

直接法には，営業活動による収入総額と支出総額の算出方法として次の2つの方法がある（IAS第7号第19項）。

● すべての取引における支出額または収入額を記録した，発生ベースの会計システムとは別の現金ベースの会計システムから直接把握する方法

● 損益計算書上の項目を非資金項目，運転資本の変動額（棚卸資産および営業債権・債務の期中変動額），投資または財務キャッシュ・フローに関連するその他の項目で調整する方法（代替的な方法）

*Short Break* **営業活動に関連する為替差額の直接法による表示**

直接法によって営業活動によるキャッシュ・フローを表示する場合，収入および支出そのものが表示されるため，既決済および未決済の取引に関連する為替差額は，キャッシュ・フロー計算書には表示されない。

図表II－4－4は，直接法を用いた営業活動によるキャッシュ・フローの例

180　第Ⅱ部　財務諸表の各構成要素の表示および開示

を示している。

**（図表Ⅱ－4－4）直接法を用いた営業活動によるキャッシュ・フロー**

| | 20X7<br>（単位：百万円） |
|---|---|
| 営業活動によるキャッシュ・フロー | |
| 　顧客からの収入 | 30,150 |
| 　仕入先および従業員への支出 | (27,700) |
| 　法人所得税前の営業活動から生じる現金 | 2,550 |
| 　法人所得税支払額 | (900) |
| 営業活動からの現金純額 | 1,650 |

ⅱ．間接法

　間接法では，最終的には，直接法の場合と同額の営業活動によるキャッシュ・フロー合計額が報告される。ただし，この金額は，次の項目の影響を営業利益に対して調整することにより算出される。

- 運転資本の変動額（棚卸資産，未収・未払金，前払金および債権・債務の期中変動額など）
- 非資金項目（営業区分に分類した減価償却費や引当金など）
- 損益計算書の営業区分に分類した収益または費用のうち，現金への影響が投資および財務活動に関連する項目

　これにより，営業利益が営業活動によるキャッシュ・フローへと調整される。図表Ⅱ－4－5は，間接法を用いた営業活動によるキャッシュ・フローの例を示している。

第4章 キャッシュ・フロー計算書　　*181*

（図表Ⅱ－4－5）間接法を用いた営業活動によるキャッシュ・フロー

|  | 20X7<br>（単位：百万円） |
|---|---|
| 営業活動によるキャッシュ・フロー |  |
| 　営業利益 | 3,290 |
| 　調整： |  |
| 　　減価償却費 | 350 |
| 　　償却費 | 100 |
| 　減価償却および償却前営業利益 | 3,740 |
| 　　売掛金の増加額 | (500) |
| 　　棚卸資産の減少額 | 1,050 |
| 　　営業債務の減少額 | (1,740) |
| 　法人所得税前の営業活動から生じる現金 | 2,550 |
| 　法人所得税支払額 | (900) |
| 　営業活動からの現金純額 | 1,650 |

　上記方法に代えて，間接法では損益計算書の営業区分に分類された収益および費用，棚卸資産および営業債権・債務の期中変動額ならびに収益または費用が営業区分に分類されないその他の営業活動によるキャッシュ・フローを表示することにより，営業活動によるキャッシュ・フローを表示することも認められている（IAS 第7号第20項）。実務において当該代替的な表示方法は，ほとんど使用されていないが，IAS 第7号付録Aに示されている。

> *Short Break*　**間接法を用いて営業活動によるキャッシュ・フローを報告する際の出発点**
>
> 　2024年4月の IFRS 第18号の公表により修正されるまでは，営業キャッシュ・フローの調整表は税引後利益または税引前利益のいずれからも開始できるということが実務において幅広く受け容れられていた。修正前の IAS 第7号では「純損益」という文言が使用されており，一般的に，純損益は税引後利益と同じ意味で捉えられている。しかし，IAS 第7号の設例では，調整表を税引前利益から開始していた。これにより，実務の多様性が企業間の比較可能性を低下させており，

財務諸表利用者による分析が困難になっていた。

　企業のキャッシュ・フロー計算書の比較可能性を改善するため，IASBは，IFRS第18号で要求されている損益計算書における小計である営業損益を出発点として用いることを決定した。営業損益を出発点とした理由として次の点が挙げられている。

- 営業損益を使用する場合，出発点に対する調整が少なくなり，営業活動によるキャッシュ・フローの表示が簡素化される（例えば，持分法を適用している関連会社および共同支配企業の純損益に対する持分相当額は含まれない）。
- 営業活動によるキャッシュ・フローと営業損益との差額は，営業未収・未払項目の指標を提供する。財務諸表利用者の中には，営業損益がどのように営業活動によるキャッシュ・フローに転換されるのかを理解するのに役立つため，こうした指標を有用と考える人もいる。

## (2)　投資活動によるキャッシュ・フロー

### ①　定義と範囲

　IAS第7号では，投資活動を次のとおり定義している（IAS第7号第6項）。

> 投資活動とは，長期性資産及び現金同等物に含まれない他の投資の取得及び処分並びに第34A項から第34D項に記述する利息及び配当の受取りをいう。

　投資活動によるキャッシュ・フローには，通常，長期性資産または流動資産の投資（現金同等物とみなされる投資を除く）の取得および処分に関連する取引による現金への影響が含まれる。また，他の企業に対する持分の取得または処分（子会社に対する支配の獲得または喪失，ならびに関連会社および共同支配企業に対する投資または投資の処分を含む）や事業単位の取得または処分に関連するキャッシュ・フローも含まれる。

　投資活動によるキャッシュ・フローを開示することにより，その事業の将来のキャッシュ・フローおよび利益を生み出すために，どの程度の支出が発生したかについての情報が利用者に提供される。

第4章　キャッシュ・フロー計算書　*183*

> **Short Break**　**利息および配当金から生じるキャッシュ・フローの分類**
>
> 　2024年4月のIFRS第18号の公表により修正される前のIAS第7号では，利息および配当金から生じるキャッシュ・フローは，営業，投資または財務活動のいずれかに分類できる選択肢があった。その結果，同じ業界の企業間でさえ利息および配当金から生じるキャッシュ・フローの分類が多様になっていた。そこでIASBは，当該分類の選択肢を削除することを決定した。
>
> 　当該分類の選択肢の削除に伴い，利息および配当金から生じるキャッシュ・フローは，以下のように分類されることとなった（IAS第7号第33A項，第34A項）。なお，特定の主要な事業活動を有する企業については，別途の取扱いが規定されている（後述参照）。
>
> | | 受取利息 | 受取配当金（注） | 支払利息 | 支払配当金 |
> |---|---|---|---|---|
> | 分類 | 投資 | 投資 | 財務 | 財務 |
>
> （注）持分法投資からの受取配当金も投資区分に分類される。

　ただし，主要な事業活動として資産に投資している，または顧客にファイナンスを提供している企業の受取配当金，受取利息および支払利息のキャッシュ・フロー計算書における分類方法を損益計算書において当該収益および費用をどのように分類しているのかを参照し決定することが規定されている（IAS第7号第34B項〜第34D項）。したがって，配当による収益，利息による収益および費用を損益計算書の投資区分に分類している場合には，受取配当金，受取利息および支払利息のキャッシュ・フローを投資活動に分類することになる。利息および配当金の取扱いの詳細については，後述(4)②「利息および配当によるキャッシュ・フロー」（189頁）で解説する。

　**図表Ⅱ－4－6**では，投資活動に分類されるキャッシュ・フローの例を示している（IAS第7号第16項）。

**（図表Ⅱ－4－6）投資活動によるキャッシュ・フローの例**

- 長期資産を取得するための支出（有形固定資産，無形資産，資産計上された開発費および自家建設による有形固定資産に関連する支出が含まれる）
- 長期性資産の売却による収入

*184* 第Ⅱ部　財務諸表の各構成要素の表示および開示

- 他の企業の資本性金融商品または負債性金融商品（関連会社および共同支配企業に対する持分を含む）を取得するための支出（現金同等物とみなされる金融商品または売買目的保有の金融商品に関する支出を除く）
- 他の企業の資本性金融商品または負債性金融商品（関連会社および共同支配企業に対する持分を含む）の売却から生じる収入（現金同等物とみなされる金融商品および売買目的保有の金融商品に関する収入を除く）
- 関連当事者および他のグループ企業を含む他者に対する貸出（金融機関による貸出しを除く）
- 関連当事者および他のグループ企業を含む他者に対する貸出の返済による収入（金融機関による貸出の返済による収入を除く）
- 先物契約，先渡契約，オプション契約およびスワップ契約による支出。ただし，その契約が売買目的で保有される場合，またはその支出が財務活動に分類される場合を除く
- 先物契約，先渡契約，オプション契約およびスワップ契約による収入（ただし，その契約が売買目的で保有される場合，またはその収入が財務活動に分類される場合を除く）
- 利息および配当の収入（なお，主要な事業活動として資産に投資している，または顧客にファイナンスを提供している企業で，配当金の収入および利息の収入のそれぞれの合計額を損益計算書の投資区分に分類している場合を含む）

　上記の項目のうち，売買目的で保有するものについては，そのキャッシュ・フローは，投資活動ではなく，営業活動において報告される（IAS 第 7 号第14項）。

　なお，IASB による2008年の年次改善プロジェクトにおいて，財政状態計算書に資産が認識される結果となる支出のみが，投資活動によるキャッシュ・フローに分類される要件を満たす旨が IAS 第 7 号に追加された（IAS 第 7 号第16項）。したがって，費用として認識されたコストに関連するキャッシュ・フローを投資活動に分類することはできない。

　当該規定は，将来のキャッシュ・フローを生み出す目的で生じた支出が，資産に認識されない場合（例えば，探査や評価に係る支出，広告宣伝や販売促進活動，従業員研修，研究や開発に係る支出など）のキャッシュ・フローの分類に関して，営業活動や投資活動に分類するといった多様な実務があったため追加された（IAS 第 7 号 BC 3 項）。これにより，キャッシュ・フロー計算書における投資活動によるキャッシュ・フローへの分類と，財政状態計算書の表示

第 4 章 キャッシュ・フロー計算書 *185*

がより整合し，多様な実務が減少することから，IASB は，財務諸表利用者にとって理解しやすい財務諸表をもたらすと結論付けた（IAS 第 7 号 BC 7 項）。

---

ケーススタディⅡ－4－2 ▶ 企業結合に関する取得コスト

前 提
● 企業結合を実行するために取得関連コスト（弁護士費用など）が発生した。
● 当該取得関連コストは，IFRS 第 3 号「企業結合」に基づき，費用計上された。当該コストは，キャッシュ・フロー計算書上，投資活動によるキャッシュ・フローに分類できるか。

ポイント
財政状態計算書に資産が認識される結果となる支出のみが，投資活動によるキャッシュ・フローに分類される。

考え方
企業結合に関する取得コストを投資活動によるキャッシュ・フローに分類することはできない。企業結合における取引コストは IFRS 第 3 号に基づき発生時に費用処理され，資産として認識されない。財政状態計算書に資産が認識される結果となる支出のみが投資活動によるキャッシュ・フローに分類されるため，当該コストは，キャッシュ・フロー計算書上は営業活動によるキャッシュ・フローに分類される。

---

② **投資活動によるキャッシュ・フローの報告**

IAS 第 7 号では，投資活動から生じた総収入および総支出の主な区分を，区別して報告する必要がある（IAS 第 7 号第21項）。ただし，一部の項目については，キャッシュ・フローを純額で報告することができる（IAS 第 7 号第22項，第24項。純額による報告については，後述(4)①「キャッシュ・フローの総額表示または純額表示」（187頁）を参照）。

## (3) 財務活動によるキャッシュ・フロー

① **定義と範囲**

IAS 第 7 号では，財務活動を次のとおり定義している（IAS 第 7 号第 6 項）。

186 第Ⅱ部　財務諸表の各構成要素の表示および開示

> 財務活動とは，当該企業の拠出資本及び借入の規模と構成に変動をもたらす活動をいう。

　財務活動によるキャッシュ・フローは，通常，資金調達源である負債および資本の調達，返済または償還に関する収入または支出から構成される。当座借越などが現金同等物に分類される場合を除き，あらゆる形式の借入（3か月以内の短期借入を含む）によるキャッシュ・フローは財務活動として報告される。財務活動によるキャッシュ・フローの区分表示は，財務諸表利用者が営業活動および投資活動の資金がどのように調達されているかを判断する際に，また企業への資本提供者による将来のキャッシュ・フローに対する請求権を予測する上で有用である。

　図表Ⅱ－4－7では，財務活動に分類されるキャッシュ・フローの例を示している（IAS第7号第17項）。

（図表Ⅱ－4－7）財務活動によるキャッシュ・フローの例

> ● 株式またはその他の資本性金融商品の発行による収入
> ● 企業自身の株式の買戻しまたは償還のための，所有者への支出
> ● 社債，借入金，手形借入，抵当権付借入およびその他の短期または長期の借入による収入
> ● 借入金の返済による支出
> ● リースに係る負債残高を減少させるための借手の支出
> ● 配当の支出
> ● 利息の支出（なお，主要な事業活動として資産に投資している，または顧客にファイナンスを提供している企業で，利息の支出の合計額を損益計算書の財務区分に分類している場合を含む）

　また，連結財務諸表において，子会社に対する支配の喪失を生じない所有持分の変動から生じたキャッシュ・フロー（例えば，親会社による子会社の資本性金融商品の購入または売却など）は，財務活動によるキャッシュ・フローに分類する。ただし，当該子会社を投資企業が保有していて，純損益を通じて公正価値で測定されている場合を除く（IAS第7号第42A項）。詳細は，後述(4)⑤「子会社およびその他の事業の取得および処分」（191頁）を参照されたい。

第4章 キャッシュ・フロー計算書　*187*

> **Point Of View** 　負債または株式による資金調達に関連する取引コストの
> キャッシュ・フロー計算書上での分類
>
> 　負債によって資金調達を行う場合に発生する契約上の手数料や弁護士報
> 酬といった取引コストは，金融費用の一種であり，実効金利法により会計
> 処理される。そのため，これらの取引コストは負債による資金調達に係る
> 支払利息と同様に分類され，財務活動によるキャッシュ・フローに分類さ
> れることとなる。
> 　株式による資金調達に関連する取引コストは，資本からの控除として会
> 計処理される（IAS 第32号）。そのため，これらの取引コストは，資本取
> 引に直接起因する取引コストと同様，財務活動によるキャッシュ・フロー
> に分類されることとなる。
> 　企業が負担するその他のコストで負債または資本による資金調達に直接
> 関連しないものは，営業活動によるキャッシュ・フローに分類される。

### ② 財務活動によるキャッシュ・フローの報告

　IAS 第7号では，財務活動から生じた総収入および総支出の主な区分を，区
別して報告する必要がある（IAS 第7号第21項）。ただし，一部の項目につい
ては，キャッシュ・フローを純額で報告することができる（IAS 第7号第22項
および第24項）。純額による報告については，後述(4)①「キャッシュ・フロー
の総額表示または純額表示」（187頁）で解説する。

## (4) その他の表示に関する事項

### ① キャッシュ・フローの総額表示または純額表示

　間接法を採用した営業活動によるキャッシュ・フローを除き，重要性がある
キャッシュ・フロー項目はキャッシュ・フロー計算書上に「主要な種類」ごと
に収入または支出を総額で区分表示しなければならない（IAS 第7号第18項，
第21項）。これはキャッシュ・フローが総額で表示された場合に，純額で表示
された場合に比べて，財務諸表利用者が企業の活動がキャッシュ・フローに与
えた影響に関するより詳細な情報を得ることができるからである。ただし，
IAS 第7号は特定の場合にキャッシュ・フローを純額で表示することを認めて

188 第Ⅱ部　財務諸表の各構成要素の表示および開示

いる（IAS 第 7 号第21項）。

　企業は次の項目については収入および支出を純額で表示することができる
（IAS 第 7 号第22項）。

- 顧客の代理として授受する収入および支出（それらが顧客の活動を反映している場合）
- 回転が早く，金額が大きく，かつ期日が短い項目

　また，金融機関は，次のキャッシュ・フローを純額で表示することができる
（IAS 第 7 号第24項）。

- 満期日が固定された預金の受入れと払出しに関する収入と支出
- 他の金融機関への預金の預入れと引出し
- 顧客に対する貸付による支出とその返済による収入

---

*Point Of View*　純額表示が可能な収入および支出の例

　IAS 第 7 号は，純額表示が可能なキャッシュ・フローの性質として以下の 2 つを挙げている。

　1 つ目の性質は，顧客の代理としてキャッシュを授受している場合で，収入および支出が顧客の活動を反映している場合である。このような例として IAS 第 7 号は次のものを挙げている（IAS 第 7 号第23項）。

　　ⅰ　銀行の要求払預金の受入れおよび払戻し
　　ⅱ　投資会社が顧客のために保有する資金
　　ⅲ　不動産の所有者に代わって入居者から回収し不動産の所有者に支払う賃貸料

　2 つ目の性質は，回転が早く，金額が大きく，かつ期日が短い項目である。これらの項目に該当する例としては，次のものがある（IAS 第 7 号第23A 項）。

　　ⅰ　クレジット・カードによる貸付と元本の返済
　　ⅱ　投資商品の購入および売却
　　ⅲ　その他の短期借入（例えば，借入期間が 3 か月以内の借入とその返済）

　このうち，ⅱの投資商品の購入および売却は，そのすべてが純額表示の要件を満たすわけではなく，回転が早く，金額が大きく，かつ期日が短いという条件を満たしていることが必要となる。実務上，投資に関する

キャッシュ・フローを純額で報告する企業は，通常，銀行またはそれに類似する金融機関に限られる。したがって，金融機関以外の企業は，例えば預金に預け入れ，それを継続して繰り越しているといった場合などを除き，通常，投資商品の購入および売却を総額で表示することになる。

また，ⅲは多数の短期のコマーシャル・ペーパーの発行および償還（満期が3か月未満で，回転が早く，かつ数量が多い場合）などが含まれる。

純額表示が可能な要件を満たす場合であっても，純額表示を行うことは強制されず，総額または純額のいずれで表示するかは企業の会計方針としての選択となる。なお，キャッシュ・フローを総額で表示する場合には収入と支出を同じ区分に表示する必要がある。

---

*Point Of View* 　金融機関の連結子会社を有する場合の純額表示

連結子会社として金融機関を有する場合には，他の連結対象会社の事業のキャッシュ・フローを総額で表示している場合であっても，連結キャッシュ・フロー上，当該金融子会社の活動に関するキャッシュ・フローのみを純額表示することは認められる。

---

② **利息および配当によるキャッシュ・フロー**

受取利息，受取配当金，支払利息および支払配当金から生じたキャッシュ・フローは，キャッシュ・フロー計算書上，**図表Ⅱ－4－8**のように毎期継続した方法で適切な活動に分類したうえで，それぞれを区分表示しなければならない（IAS第7号第31項）。

なお，ここでの支払利息には費用として認識されたもののほか，資産の取得原価に含まれたものも含まれる（IAS第7号第32項）。

190　　第Ⅱ部　財務諸表の各構成要素の表示および開示

（図表Ⅱ－4－8）利息および配当金によるキャッシュ・フローの表示

| 項目 | 一般的な企業 | 主要な事業活動として資産に投資している企業および顧客にファイナンスを提供している企業 |
|---|---|---|
| 受取利息 | 投資活動によるキャッシュ・フロー | それぞれの項目ごとに損益計算書上で分類している区分に合わせて分類する |
| 受取配当金 | | |
| 支払利息 | 財務活動によるキャッシュ・フロー | |
| 支払配当金 | | 財務活動によるキャッシュ・フロー |

　また，主要な事業活動として資産に投資している企業および顧客にファイナンスを提供している企業において，受取利息，支払利息および受取配当金のそれぞれが損益計算書の単一の区分（営業区分，投資区分または財務区分）に含まれている場合には，キャッシュ・フロー計算書上も同一の単一区分（営業活動，投資活動または財務活動）に分類する（IAS第7号第34C項）。一方，受取利息，支払利息または受取配当金が損益計算書の複数の区分（営業区分，投資区分または財務区分）に分かれて分類されている場合には，キャッシュ・フロー計算書上，受取利息，支払利息および受取配当金の項目ごとに，それぞれ損益計算書上で当該項目が分類されている区分の中からいずれか1つの区分（営業活動，投資活動または財務活動）を会計方針として選択して分類する（IAS第7号第34D項）。例えば，企業が損益計算書上で支払利息の一部を財務区分に分類し，残りの支払利息を営業区分に分類している場合，キャッシュ・フロー計算書上，支払利息の合計額を営業活動または財務活動のいずれか1つの区分に分類する。

### ③　税金に関するキャッシュ・フロー

　法人所得税から生じたキャッシュ・フローは，財務活動または投資活動に明確に関連付けできる場合を除き，キャッシュ・フロー計算書の営業活動に分類し，区分して表示する（IAS第7号第35項）。企業は，一般的に資産の処分によって生じる所得税額を含む，すべての源泉から生じた所得税額を合算して課税所得を計算するため，課税所得を営業活動，投資活動および財務活動に細分化することは通常容易ではない。そのため，法人所得税から生じたキャッ

シュ・フローは，営業活動に分類する。

　しかし，税金キャッシュ・フローを投資活動または財務活動に明確に関連付けできる場合，当該税金キャッシュ・フローを投資活動または財務活動に分類する。税金キャッシュ・フローを複数の活動区分に表示する場合，税金支払額の合計を開示しなければならない（IAS 第 7 号第36項）。

#### ④　持分法または原価法により会計処理されている投資

　企業が関連会社または共同支配企業に対する投資を有しており，その投資を持分法で会計処理する場合，キャッシュ・フロー計算書には，関連会社または共同支配企業のキャッシュ・フローではなく，次のような企業と当該投資先との間のキャッシュ・フローのみを含める（IAS 第 7 号第37項，第38項）。

- ●企業と関連会社または共同支配企業との間の売買取引によるキャッシュ・フロー
- ●関連会社または共同支配企業に対する投資やこれらの企業からの配当によるキャッシュ・フロー

　持分法により会計処理された投資に関するキャッシュ・フローの分類は，**図表Ⅱ－ 4 － 9** のとおりである。

（図表Ⅱ－ 4 － 9 ）持分法により会計処理されている投資に係るキャッシュ・フロー

| 企業の種類 | 取得および処分（企業と関連会社または共同支配企業との間の売買取引） | 関連会社または共同支配企業からの受取配当金 |
|---|---|---|
| 一般的な企業 | 投資活動に分類 | 投資活動に分類 |
| 特定の主要な事業活動を有する企業 | 投資活動に分類 | 報告企業の会計方針に従って営業活動または投資活動に分類 |

#### ⑤　子会社およびその他の事業の取得および処分

　子会社（またはその他の事業単位）を事業年度中に取得した（支配を獲得した）場合，または処分した（支配を喪失した）場合には，その対価に関連するキャッシュ・フローの総額は，キャッシュ・フロー計算書の投資活動に区分し

192　第Ⅱ部　財務諸表の各構成要素の表示および開示

て表示しなければならない（IAS 第 7 号第39項）。IAS 第 7 号は，取得または処分によるキャッシュ・フローの総額を単一の科目で表示することを認めているが，取得と処分によるキャッシュ・フローを相殺表示することはできない（IAS 第 7 号第41項）。

　子会社（またはその他の事業単位）の取得または処分の対価として支払ったまたは受け取った現金および現金同等物については，購入または売却の一部として取得もしくは処分した現金および現金同等物の残高を控除して投資活動に表示する（IAS 第 7 号第42項）。

---

### ケーススタディⅡ－4－3 ▶ 企業結合における条件付対価の支払

**前　提**

　A社は，被取得企業の旧株主に対して条件付対価を支払う。取得時の条件付対価の公正価値は10であり，12で決済される。条件付対価は，取得時に公正価値で測定され，取得後に再測定される。測定期間後の公正価値の変動は純損益に認識される。

**ポイント**

　A社は，キャッシュ・フロー計算書において，条件付対価の支払12をどのように表示すべきか。

**考え方**

- 取得時の公正価値10の取扱い
  - 取得時に認識した条件付対価の支払（および IFRS 第 3 号の測定期間中の修正）は，通常，投資活動に分類される。IAS 第 7 号は，財政状態計算書において資産が認識される場合に投資キャッシュ・フローが生じるとしており，取得時に認識した条件付対価の支払10は財政状態計算書における資産の認識を伴うキャッシュ・フローである。
  - しかし，取決めの実質が財務取引（例えば，長期貸付など）であるという明確な証拠がある場合，財務活動に分類する可能性がある。
- 取得後に負債を再測定したことにより認識された再測定による公正価値の変動2の取扱い
  - 測定期間外に生じる追加的な条件付対価の支払は，通常，営業キャッシュ・フローに分類される（実質的に財務取引である場合，財務キャッシュ・フローに分類される可能性がある）。再測定により認識された条件付対価の支

払2は，財政状態計算書において資産の認識を伴わないキャッシュ・フローであり，投資活動に分類しない。

## ⑥　外国通貨

　外貨建取引から生じた収入および支出は，当該収入および支出のあった日の為替レートで，企業の機能通貨に換算しなければならない。ただし，損益計算書において，取引を記録する際に使用すべき実際の為替レートに近似する一定期間の加重平均レート（例えば月次平均レート）の使用を認めているため，キャッシュ・フロー計算書においても，そのような近似するレートの使用を認めている（IAS 第 7 号第25項，第27項）。

　企業は，その機能通貨と異なる機能通貨を有する子会社，関連会社，共同支配企業または支店を通じて，海外事業を行う場合がある。収益および費用項目の換算と同様に，連結上，在外子会社のキャッシュ・フロー計算書は，そのキャッシュ・フローの発生日の為替レートで換算する。また，期中の加重平均レートの使用も認められる（IAS 第 7 号第26項）。

*194* 第Ⅱ部 財務諸表の各構成要素の表示および開示

| 第**5**章 | |
|---|---|
| | ## 注 記 |
| | |

注記には，基本財務諸表に表示されている情報に加え，その他の情報が含まれている。

注記が果たす役割については，第Ⅰ部第2章3.(2)「注記の役割」(23頁) を参照されたい。

# 1. 構 成

財務諸表の注記では，次の事項を開示する (IFRS 第18項第113項)。

- ●財務諸表の作成基礎（適正な表示と IFRS 会計基準への準拠，継続企業の前提など）(第Ⅲ部第1章「財務諸表の作成基礎（全般的事項)」(227頁) を参照)
- ●使用した具体的な会計方針（第Ⅲ部第2章「会計方針」(238頁) を参照)
- ●IFRS 会計基準で要求している情報のうち基本財務諸表に表示していないもの
- ●基本財務諸表に表示していないが，基本財務諸表の理解のために必要なその他の情報

これらの注記は，実務上可能な限り，体系的な方法で記載する必要がある。このことは，注記の順序やグループ分けの背後に体系や理由がなければならないことを意味する。適切な体系的な方法の決定にあたっては，財務諸表の理解可能性や比較可能性への影響を考慮する必要がある。また，基本財務諸表の各科目と注記における関連する情報とを相互参照する必要がある。同様に，注記で開示される各項目が基本財務諸表の1つまたは複数の科目に含まれる場合に

は，注記において当該科目を開示する必要がある（IFRS 第18号第114項，BCZ322項）。

図表Ⅱ－5－1は，注記の体系的な方法（順序付けやグループ分け）の例を示している（IFRS 第18号 B112項）。

**（図表Ⅱ－5－1）注記の体系的な方法の例**

- 財務業績の計算書や財政状態計算書における科目の順序に従う方法
  例えば，次のとおり。
  - IFRS会計基準に準拠している旨の記述
  - 重要性がある会計方針に関する情報
  - 基本財務諸表に表示されている項目に関する裏付けとなる情報（各計算書が提供されている順序，各科目が表示されている順序で）
  - 偶発負債および未認識の契約上のコミットメント，その他の非財務情報の開示（企業の金融リスク管理目標および方針など）を含む，その他の開示
- 企業の活動のうち企業が自身の財務業績および財政状態の理解に最も重要と考えている領域を目立たせる方法
  例えば，特定の事業活動に関する情報をグループ化するなど。
- 同様に測定する項目に関する情報をグループ化する方法
  例えば，公正価値で測定する資産など。

## 2．自己資本

IFRS 第18号は，企業に対して財務諸表利用者が企業の自己資本の管理に関する目的，方針および手続を評価できるような情報を注記において開示することを要求している（IFRS 第18号第126項）。

このような IFRS 第18号の目的を達成するために，企業は経営者に内部的に提供される情報に基づき，**図表Ⅱ－5－2**の事項を開示する必要がある（IFRS 第18号第127項，第128項）。

**（図表Ⅱ－5－2）自己資本の管理に関する情報**

- 自己資本の管理に関する企業の目的，方針および手続についての定性的情報に

は次の項目を含める。
- ○企業が自己資本として管理している事項の説明
- ○企業が外部から課せられた自己資本規制の対象である場合は，当該規制の内容，および当該規制が自己資本の管理にどのように組み込まれているのか
- ○企業はどのように自己資本管理の目的を達成しているのか
- ●企業が自己資本として管理しているものに関する定量的データの要約
- ●上記の項目について，前報告期間からの変更
- ●当報告期間中に対象となっている外部から課せられた自己資本規制を企業が遵守したかどうか，また，遵守しなかった場合は，遵守しなかったことの影響

# 3. その他の開示

　財務諸表の注記におけるその他の開示として，次の事項が財務諸表とともに公表する情報のどこにも開示されていない場合，これらの事項を注記において開示する必要がある（IFRS第18号第116項）。

- ●当該企業の本拠地および法的形態，法人設立国ならびに登記上の本社の住所（または登記住所と異なる場合の主要な事業所の所在地）
- ●当該企業の事業の性質および主要な事業活動に関する記述
- ●親会社の名称およびグループの最終的な親会社の名称
- ●存続期間が有限の企業である場合には，その存続期間の長さに関する情報

　さらに，下記の事項についても財政状態計算書または持分変動計算書のいずれかに表示するか，注記において開示する必要がある（IFRS第18号第130項）。

- ●株式資本のクラスごとに，
  - ○授権株式数
  - ○全額払込済みの発行済株式数および未払込額のある発行済株式数
  - ○1株当たりの額面金額または無額面である旨
  - ○発行済株式総数の報告期間の期首と期末の調整表
  - ○当該クラスの株式に付随している権利，優先権および制限（配当支払および資本の払戻しに関する制限を含む）
  - ○企業自身および企業の子会社または関連会社が保有する企業の株式
  - ○オプション契約による発行および株式の売渡契約のために留保している

株式（契約条件および金額を含む）
- 資本に含まれている剰余金のそれぞれの内容および目的

　開示対象となる企業が株式会社や合同会社などではなく，パートナーシップや信託などの形態をとる場合がある。このような場合，株式資本がない状態となることがあるが，その場合であっても，資本持分のそれぞれの区分ごとに，IFRS第18号が株式資本について要求している情報と同等の情報を開示する必要がある（IFRS第18号第131項）。

# 4．キャッシュ・フロー計算書の注記

## (1) 特定の開示

　IAS第7号は，キャッシュ・フロー計算書について，図表Ⅱ－5－3に含まれる特定の項目の開示を求めている。

（図表Ⅱ－5－3）キャッシュ・フロー計算書に係る特定の開示項目

- **営業活動によるキャッシュ・フローの調整項目**
  営業活動によるキャッシュ・フローを間接法で報告する場合，営業損益から営業活動によるキャッシュ・フローへの調整（この調整は，キャッシュ・フロー計算書の本表で表示または注記で開示することができる）（IAS第7号第20項）
- **子会社およびその他の事業に対する所有持分の変動**
  企業が子会社（またはその他の事業単位）を取得または処分した場合，次の事項を開示する（IAS第7号第40項）。
  - 支払対価または受取対価の合計金額
  - 対価のうち現金および現金同等物で構成される金額
  - 取得または処分した子会社（またはその他の事業単位）が保有していた現金および現金同等物の金額
  - 取得または処分した子会社（またはその他の事業単位）の（現金および現金同等物以外の）資産および負債（主要な区分ごとに開示）
- **非資金取引**
  現金および現金同等物を伴わない投資および財務取引（IAS第7号第43項）
- **財務活動から生じた負債の変動**
  キャッシュ・フローから生じた変動と非資金変動の両方の財務活動から生じた負債の変動（IAS第7号第44A項）

*198 第Ⅱ部 財務諸表の各構成要素の表示および開示*

- ●**サプライヤー・ファイナンス契約**
  サプライヤー・ファイナンス契約に関する情報の開示（IAS第7号第44H項）
- ●**現金および現金同等物の内訳と方針**
  キャッシュ・フロー計算書における現金および現金同等物の内訳（金額と関連する財政状態計算書との調整），および企業が現金および現金同等物の内訳を決定するにあたり採用した方針（IAS第7号第45項，第46項）
- ●**現金および現金同等物の利用制限**
  現金および現金同等物の残高のうち，企業グループが重要な金額を利用できない場合，金額と当該制限に関する説明（IAS第7号第48項）
- ●**非継続事業のキャッシュ・フロー**
  非継続事業の営業活動，投資活動および財務活動に帰属する正味キャッシュ・フロー（ただし，新規に取得した子会社で，取得時に売買目的保有に分類されたものを除く）（IFRS第5号第33項(c)）

① **非資金取引**

投資活動および財務活動の非資金取引に関する情報を提供するために，注記で非資金取引を開示する。非資金取引には，取得する資産に直接関連する負債の引受けまたはリース契約の締結による資産の取得，資本性金融商品の発行による企業の取得や債務の資本への転換などがある（IAS第7号第43項）。

② **財務活動から生じた負債の変動**

企業は，財務活動から生じた負債の変動（キャッシュ・フローから生じた変動と非資金変動の両方を含む）を開示する必要がある。財務活動から生じた負債とは，キャッシュ・フロー（または将来キャッシュ・フロー）がキャッシュ・フロー計算書において財務活動から生じたキャッシュ・フローに分類される負債である。また，非資金変動の例には次のものがある（IAS第7号第44A項）。

- ●子会社または他の事業に対する取得または処分により生じた変動
- ●外国為替レートの変動の影響
- ●公正価値の変動
- ●その他の変動

この開示要求は，金融資産からのキャッシュ・フローが財務活動による

キャッシュ・フローに含まれる，または含まれるであろう金融資産の増減にも適用される（IAS 第 7 号第44A 項）。これには，例えば，財務活動から生じる負債をヘッジする資産がある。

---

### *Point Of View* 財務活動から生じた負債の変動

　財務活動から生じた負債の変動の開示には，負債残高の変動に関する開示に限定せず，キャッシュ・フロー計算書において，財務活動によるキャッシュ・フローに分類される，または分類される予定のすべての残高を対象とする。これらの残高の例には次のものが含まれる。
- 長期債務
- 短期債務
- リース負債
- 長期債務をヘッジするためのデリバティブ（財政状態計算書日現在で資産ポジションにあるものを含む）

　その他の項目の変動は，その開示を行うことによって開示目的を満たすと企業が考える場合には，要求事項の対象となる。

---

　財務活動から生じた負債の変動について，財政状態計算書の期首残高と期末残高との間の調整表によって開示することができる。この調整表には，当該調整表に記載した項目と財政状態計算書およびキャッシュ・フロー計算書を財務諸表利用者が関連付けできるように十分な情報を含める必要がある（IAS 第 7 号第44D 項）。

### ③　サプライヤー・ファイナンス契約

　IAS 第 7 号は，サプライヤー・ファイナンス契約における買手である企業に対して，特定の開示要求を規定している。IAS 第 7 号では，サプライヤー・ファイナンス契約について次のように説明している（IAS 第 7 号第44G 項）。

---

サプライヤー・ファイナンス契約は，1 つまたは複数の資金供給者が，企業が仕入先に対して負う金額を支払うことを申し出ること，及び合意された契約条件に従って，仕入先が支払を受けるのと同じ日またはその後の日に当該

資金供給者に対して企業が支払うことに同意することが特徴である。これらの契約は，関連する請求書上の支払期日と比較して，企業に対しての支払条件の延長，またはその仕入先に対しての支払条件の早期化を提供する。

上記サプライヤー・ファイナンス契約の説明を参考に一般的な例を図表化したものが，**図表Ⅱ－5－4**である。

(図表Ⅱ－5－4) サプライヤー・ファイナンス取引の例

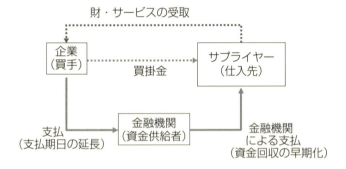

IAS第7号では，サプライヤー・ファイナンス契約の特徴を満たす契約が開示対象となる。サプライヤー・ファイナンス契約に該当しうる例は次のとおりであるが，契約の名称は問わない（IAS第7号第44G項）。
- リバース・ファクタリング
- サプライチェーン・ファイナンス
- 支払債務ファイナンス

資金調達の中には，サプライヤー・ファイナンス契約と類似する特徴を有するものもあるが，すべての特徴を有しているわけではない。次の契約は，買手にとってサプライヤー・ファイナンス契約には該当しない例である（IAS第7号第44G項）。
- 仕入先の売掛金または棚卸資産を資金化する契約
- 買手にとって単なる信用補完となる契約
- 買手が負う金額を仕入先と直接決済するために買手が用いる決済手段

第5章 注 記 *201*

- 資金供給者がコモディティを購入して，その支配を獲得し，必要に応じて当該コモディティを本人として企業に販売する一部の仲介契約

> **Point Of View** サプライヤー・ファイナンス契約に該当するか否かの分析ポイント
>
> ある契約がサプライヤー・ファイナンス契約に該当するか否かについて分析する際，次の点がポイントとなる。
> - 通常，このような契約には買手を含む3当事者が関与している
> - 買手に負債がない契約は，サプライヤー・ファイナンス契約ではない
> - サプライヤー・ファイナンス契約は，買手または仕入先のどちらかに資金調達の目的がある
>
> サプライヤー・ファイナンス契約の開示要求の範囲は，企業が仕入先に対して負う金額に関して資金を調達する契約に限定されている。したがって，仕入先が資金調達のために行う他の活動（例えば，債権のファクタリング）はサプライヤー・ファイナンス契約には該当しない。

サプライヤー・ファイナンス契約の主な特徴は，3当事者（すなわち，買手，仕入先および資金供給者）が，少なくともそのうちの1当事者の資金調達目的を達成するために相互に作用している。

IAS第7号の開示目的は，サプライヤー・ファイナンス契約による企業の負債やキャッシュ・フローへの影響，また流動性リスクに対するエクスポージャーを財務諸表利用者が評価できるように，サプライヤー・ファイナンス契約に関する情報を開示することである（IAS第7号第44F項）。

上記開示目的を満たすため，次の事項を開示する必要がある（IAS第7号第44H項）。

i　サプライヤー・ファイナンス契約の条件（例えば，延長後の支払条件や提供される担保または保証。ただし，個々の契約の条件が類似していない場合，個々の契約の相違した条件を開示する必要がある）

ii　報告期間の期首および期末時点における以下の情報

　a　サプライヤー・ファイナンス契約の一部である金融負債の帳簿価額および当該負債の表示科目

202 第Ⅱ部 財務諸表の各構成要素の表示および開示

b　上記 a で開示する金融負債のうち，仕入先が資金供給者からすでに支
払を受けている金融負債の帳簿価額および関連する表示科目

c　サプライヤー・ファイナンス契約の一部である金融負債と，サプライ
ヤー・ファイナンス契約の一部ではない買掛金（例えば，サプライ
ヤー・ファイナンス契約の一部である金融負債と同じ事業ラインまたは
法域における買掛金）の両方の支払期日の範囲（支払期日の範囲が広い
場合，範囲に関する説明を記載するか，階層化した範囲など追加的な範
囲の開示が必要となる）

iii　ⅱ a で開示する金融負債（すなわち，サプライヤー・ファイナンス契約
の一部である金融負債）の帳簿価額の非資金変動の種類と影響（企業結合，
為替差額，現金または現金同等物の使用を要求しないその他の取引の影響
など含む）

図表Ⅱ－5－5は，IAS 第7号に基づくサプライヤー・ファイナンス契約の
開示例を示している。

## （図表Ⅱ－5－5）サプライヤー・ファイナンス契約の開示例

企業は，以下の条件に基づく契約を締結した。
● サプライヤー・ファイナンス契約A……
● サプライヤー・ファイナンス契約B……

| 金融負債の帳簿価額 | 20X5 | 20X4 |
|---|---|---|
| 「買掛金およびその他の未払金」に含まれる金額 | 1,500 | 1,000 |
| －そのうち，仕入先がすでに支払を受けた金額 | 1,050 | 800 |
| 「金融債務」に含まれる金額 | 1,000 | 750 |
| －そのうち，仕入先がすでに支払を受けた金額 | 900 | 650 |
| 支払期日の範囲 | 20X5 | 20X4 |
| サプライヤー・ファイナンス契約Aおよび契約Bの一部である負債 | 請求日から85〜90日後 | 請求日から80〜90日後 |
| サプライヤー・ファイナンス契約Aおよび契約Bの一部ではない買掛金 | 請求日から60〜70日後 | 請求日から60〜65日後 |
| 非資金変動 | | |
| いずれの期間においても，重要性のある企業結合および外国為替差額はない。20X5年および20X4年に，買掛金から金融債務への振替1,200および900が生じた。 | | |

（出典：IASB「Investor Perspectives」をもとに作成）

サプライヤー・ファイナンス契約の条件の開示において，契約の特徴が類似している場合，定性的情報を集約して表示することができる（IAS第7号BC35項）。ある契約に通常とは異なる条件や特異な条件が付されている場合，その契約は類似していないため，細分化が必要となる。細分化が必要となる契約の例には，通常とは異なる金利など1つの仕入先だけのための条件を付した特定の契約が該当する。買手は，類似する条件を付したサプライヤー・ファイナンス契約に加えて，このような契約を締結している可能性がある。特定の契約が他の契約と実質的に異なっているかどうかを評価するためには，判断が必要となる場合がある。

#### ④ 現金および現金同等物の利用制限

現金および現金同等物の残高のうち重要な金額を利用できない場合，当該金額と当該制限に関する説明を開示する。例えば，子会社が，為替管理のために現金の利用制限のある国において，営業活動を行っており，企業グループに現金を自由に移転できないといった場合がある（IAS第7号第48項）。

### (2) 補足的開示

IAS第7号は，(1)の特定の開示項目に加えて，利用者が報告企業の財務状態および流動性を理解するために役立つことから，次のような追加的な情報を開示することを奨励している（IAS第7号50項）。

- ●未使用借入限度枠および当該限度枠に関わる制限条項（IAS第7号第50項(a)）
- ●事業規模の維持および拡大を示すキャッシュ・フロー（IAS第7号第50項(c)）
- ●セグメント別キャッシュ・フロー（IAS第7号第50項(d)）

# 第6章 経営者が定義した業績指標（MPM）

経営者は，「代替的業績指標（APM）」や「非GAAP指標」と呼ばれる独自の業績指標を定義することがある。IFRS第18号は，企業の財務業績に関連するこれらの指標の一部を，経営者が定義した業績指標（MPM）として定義している。これらの指標に関連する情報は，財務諸表において開示される必要がある。

## 1. 定 義

MPMは，次のすべてを満たす「収益および費用の小計」であると定義されている（IFRS第18号第117項）。
- 財務諸表の外での一般とのコミュニケーションにおいて使用されている。
- 財務諸表利用者に企業全体の財務業績の一側面についての経営者の見方を伝えるために使用されている。
- IFRS会計基準で表示または開示が具体的に要求されている小計ではなく，IFRS第18号に列挙された「MPMではない収益および費用の小計」にも該当しない。

上記の「IFRS会計基準で表示または開示が具体的に要求されている小計」とは，「営業損益」，「財務及び法人所得税前純損益」，「純損益」，「その他の包括利益」，「包括利益」である（IFRS第18号第69項，第86項）。

図表Ⅱ−6−1は，さまざまな種類の指標の例を示したものであり，これらの指標のうちいずれがMPMの定義を満たすかを示している（IFRS第18号B116項）。

第6章 経営者が定義した業績指標（MPM） *205*

(図表Ⅱ-6-1）MPMの定義を満たす指標と満たさない指標の例

業績指標

| 非財務業績指標<br>例：<br>●利用者数<br>●二酸化炭素排出量<br>●顧客維持率 | 財務業績指標 | | |
|---|---|---|---|
| | 収益および費用の小計 | | 他の小計（収益と費用の小計以外）<br>例：<br>●フリー・キャッシュ・フロー<br>●ROE<br>●純有利子負債<br>●既存店ベースの売上高 |
| | IFRS会計基準で定義されている小計<br>例：<br>●売上総損益<br>●営業利益<br>●減価償却，償却およびIAS第36号の範囲に含まれる減損の前の営業損益 | MPM<br>例：<br>●調整後利益<br>●調整後営業利益<br>●調整後EBITDA | |

　図表Ⅱ-6-2は，IFRS第18号に列挙された「MPMではない収益および費用の小計」を示している（IFRS第18号第118項，B123項）。

(図表Ⅱ-6-2）IFRS第18号に列挙された「MPMではない収益および費用の小計」

- ●売上総損益（売上原価を控除後の収益）及び類似の小計
- ●減価償却，償却及びIAS第36号の範囲に含まれる減損の前の営業損益
- ●営業損益並びに持分法を用いて会計処理されるすべての投資からの収益及び費用
- ●営業損益並びに投資区分に分類したすべての収益及び費用で構成される小計（注）
- ●法人所得税前純損益
- ●継続事業からの純損益

（注）　IFRS第18号第73項を適用する企業，すなわち，顧客にファイナンスを提供する企業であり，資金の調達のみを伴う取引による負債から生じるすべての収益および費用を営業区分に認識することを選択したため，「財務及び法人所得税前純損益」の小計を使用できない企業に適用される。

　売上総損益に類似の小計とは，ある種類の収益と，その収益を生み出す際に

発生する直接関連する費用との差額で構成されるものである。例えば，正味利息収益，保険サービス損益，正味賃貸収益などがある（IFRS第18号B123項）。

図表Ⅱ－6－3は，MPMを識別するための手順について，フローチャート形式で示している。

(図表Ⅱ－6－3) MPMを識別するためのフレームワーク

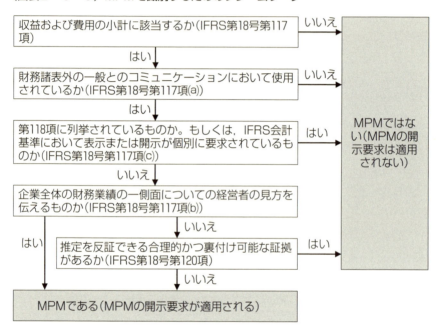

なお，MPMの定義を満たすためには，指標は「企業全体」の財務業績の一側面についての経営者の見方を伝えるものでなければならない。そのため，例えばIFRS第8号に従って開示している報告セグメントに関連する収益および費用の小計は，多くの場合，企業全体の財務業績の一側面に関する情報を提供せず，MPMの定義を満たさないことが想定される（IFRS第18号B114項）。

ただし，例えば，ある報告セグメントが企業の単一の主要な事業活動を内容としており，当該セグメントに関連する収益および費用の小計が損益計算書に表示されている場合は，当該小計が企業全体の財務業績の一側面に関する情報

第6章　経営者が定義した業績指標（MPM）　*207*

を提供することを示唆すると考えられ，このような場合は，当該報告セグメントに関連した収益および費用の小計はMPMの定義を満たす可能性がある（IFRS第18号B115項）。

## (1)　収益および費用の小計

業績指標がMPMの定義を満たすためには，前提として，収益および費用の小計，すなわち，収益，費用の両方に関連するものであり，収益から費用を差し引いた小計でなければならない（IFRS第18号第117項，B116項）。

収益および費用の小計でない指標は，MPMには該当しない。これによりMPMに該当しない指標の例としては，**図表Ⅱ－6－4**のようなものがある（IFRS第18号B116項）。

（図表Ⅱ－6－4）MPMに該当しない指標の例

| 収益，費用のいずれかにしか関連しない指標 |
|---|
| ●収益のみ，または費用のみに関連する指標（例えば，費用を含まない調整後の収益に係る指標） |
| **収益，費用のいずれにも関連しない指標** |
| ●資産，負債，資本またはこれらの組み合わせ<br>●財務比率（例えば，総資産利益率（ROA））<br>●流動性やキャッシュ・フローの指標（フリー・キャッシュ・フローなど）<br>●非財務業績指標（利用者数，二酸化炭素排出量，顧客維持率など） |

財務比率そのものは収益および費用の小計ではないため，MPMの定義には該当しない。しかし，収益および費用の小計が財務比率（1株当たり利益を含む）の分子または分母である場合，当該小計が比率の一部でなければMPMの定義を満たすことを条件として，当該小計それ自体がMPMとなる。すなわち，MPMの開示要求は，財務比率全体ではなくMPMの定義を満たす分子または分母に適用される（IFRS第18号B117項）。

*208* 第Ⅱ部 財務諸表の各構成要素の表示および開示

---

> ### *Point Of View* 財務比率の一部が MPM である場合における開示要求の適用対象
>
> 財務比率の分子や分母も MPM に該当する可能性がある。MPM の開示要求は，MPM の定義を満たす分子または分母に適用され，財務比率全体には適用されない。
>
> > <設例>
> > ● A社は，一般とのコミュニケーションに調整後総資産利益率（ROA）を含めている。これは調整後利益を総資産で除したものである。
> > ● 調整後利益は収益および費用の小計であり，A社は調整後利益が企業全体の財務業績の一側面についての経営者の見方を伝えるものであると結論付けている。すなわち，調整後利益は MPM の定義を満たす。
>
> この場合，MPM の開示要求は財務比率（ROA）全体ではなく，収益および費用の小計である分子の調整後利益に適用され，IFRS 会計基準で定義された最も直接的に比較可能な小計との調整は，調整後利益についてのみ要求される。財務比率全体や比率の分母（すなわち総資産）については，MPM の開示は要求されない。
>
> しかし，財務比率全体について言及したい場合も想定される。例えば，調整後利益は ROA の算定に使用されており，総資産に対する企業の業績を測定するものである，と説明する場合などが考えられる。このような定性的な言及については，否定されないと考えられる。
>
> また，財務諸表利用者の理解に必要であれば，財務比率全体や，MPM の定義を満たさない部分について追加情報を記載することも，否定されないと考えられる。

## (2) 一般とのコミュニケーション

財務諸表の外での一般とのコミュニケーションで使用される場合にのみ，収益および費用の小計は MPM の定義を満たす。図表Ⅱ－6－5は，一般とのコミュニケーションに含まれるものと含まれないものの例を示している（IFRS第18号 B119項）。

第6章　経営者が定義した業績指標（MPM）　　209

（図表Ⅱ－6－5）一般とのコミュニケーションの例

| 含まれるもの | 含まれないもの |
|---|---|
| ● 経営者による説明<br>● プレスリリース<br>● 投資家向けプレゼンテーション | ● 口頭でのコミュニケーション<br>● 口頭でのコミュニケーションの原稿<br>● ソーシャルメディアへの投稿<br>これらは，MPMを識別する目的上，モニタリングが困難であると想定される（IFRS第18項BC336項）。 |

　企業のウェブサイト（またはウェブサイトを通じて入手可能な文書）で公表される情報は，一般とのコミュニケーションの定義を満たすと考えられる。ただし，「一般とのコミュニケーション」は，必ずしも企業のウェブサイトで利用可能な業績指標だけに限定されるものではない。ほかにどのようなコミュニケーションが一般とのコミュニケーションに該当するかを決定する際には，判断が必要となる可能性がある。

---

*Point Of View*　一般とのコミュニケーションの概念は公開企業と非公開企業で異なるのか

　ある指標がMPMとみなされるためには，当該指標が企業の財務諸表の外で一般とのコミュニケーションに使用されている必要があるという点が，MPMの1つの重要な特徴である。

　非公開企業は，一般とのコミュニケーションを行う可能性が低く，その結果，公開企業よりもMPMの数は少なくなると考えられる。ある企業が財務諸表の外で一般とのコミュニケーションを行っていない場合，MPMが1つもないこともありうる。しかし，MPMの概念は，公開企業に限定されるものではない。非公開企業であっても，MPMの定義を満たす収益および費用の小計を一般とのコミュニケーションに含めている場合，MPMに関するすべての開示要求が適用される。

---

　一般的に，MPMは財務諸表が対象としている報告期間と同じ報告期間に関する一般とのコミュニケーションに含まれる。例えば，期中財務諸表のみに関連する小計は期中財務諸表においてのみMPMであり，年次財務諸表のMPMではない。同様に，年次財務諸表にのみ関連する小計は期中財務諸表のMPM

ではない (IFRS 第18号 B120項)。

企業は，報告期間に係る MPM を識別する際に，当該報告期間に係る一般とのコミュニケーションのみを考慮する必要がある。しかし，財務報告プロセスの一環として，財務諸表公表日の直後に，通例的に一般とのコミュニケーションを公表する事例も存在する。このような場合，当報告期間の財務諸表に含めるべき MPM を識別するために，前報告期間に係る一般とのコミュニケーションを考慮する必要がある（図表Ⅱ－6－6を参照）。ただし，前報告期間に用いた指標が当報告期間について公表される予定の一般とのコミュニケーションに含まれないことを示す証拠がある場合には，MPM として識別することは要求されない。なお，MPM の検討にあたっては，一般とのコミュニケーションに新たな業績指標を含める予定があるかどうかの検討も必要となると考えられる（IFRS 第18号 B121項，B122項）。

(図表Ⅱ－6－6) MPMが含まれる報告期間

通常のケース

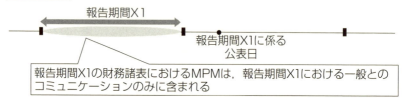

財務諸表公表日の直後に，通例的に一般とのコミュニケーションを公表するケース

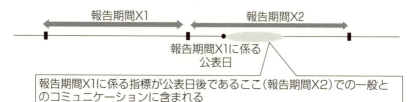

## (3) 企業全体の財務業績の一側面についての経営者の見方

　財務諸表の外で一般とのコミュニケーションにおいて用いられた収益および費用の小計は，MPMの定義のもう1つの要素である，「企業全体の財務業績の一側面についての経営者の見方を伝える」という点を満たすと推定される。ただし，企業はこの推定を合理的で裏付け可能な情報をもって反証することができる（IFRS第18号119項）。

　ある指標が企業全体の財務業績の一側面についての経営者の見方を伝えるものであるかどうかは必ずしも明確ではなく，これを評価することは困難な場合がある。他方で，財務諸表の外で伝えられた指標のうち経営者の見方を反映しない指標がMPMの定義を満たすと捉えられてしまう可能性がある。利害関係者のこのような懸念を考慮し，上記の反証可能な推定が開発された。通常，一般とのコミュニケーションにおいて用いられている指標は企業全体の財務業績の一側面についての経営者の見方を伝えるものであると見込むことが合理的であるとするこの推定は，ある指標が経営者の見方を伝えるかどうかの評価に厳格さと規律をもたらす（IFRS第18号BC348項，BC349項）。

　この推定は，次の両方を立証する合理的で裏付け可能な情報を企業が有している場合にのみ，反証可能である（IFRS第18号第120項，B124項）。

- 当該小計が企業全体の財務業績の一側面についての経営者の見方を伝えていない。
- 企業全体の財務業績の一側面についての経営者の見方を伝えること以外に，当該小計を一般とのコミュニケーションにおいて使用する理由がある。

　推定を反証するための合理的かつ裏付けのある情報を与える可能性のある状況の例としては，次のようなものがある（IFRS第18号B125項）。

- 一般とのコミュニケーションにおいて当該小計が目立つことなく伝えられている。
- 企業の財務業績の評価またはモニタリングに当該小計が経営者によって内部で使用されていない。

*212* 第Ⅱ部 財務諸表の各構成要素の表示および開示

---

*Point Of View* 推定が反証される可能性のある事例

IFRS 第18号は，財務諸表の外での一般とのコミュニケーションにおいて収益および費用の小計が使用される場合，当該指標は企業の財務業績の一側面についての経営者の見方を伝えるものであるという反証可能な推定を含んでいる。

この推定を反証するためには検討が必要となる。その際，合理的かつ裏付けのある情報により，利害関係者に企業の財務業績に関する見方を伝えること以外に当該指標を一般とのコミュニケーションに含める理由があることを立証する必要がある。

このような理由として考えられる例には，次のようなものがある（IFRS 第18号 B129項）。

- 法律または規則により，一般とのコミュニケーションにおいて要求されている。
- 外部者からの要望を満たすために，一般とのコミュニケーションで使用されている。
- 財務業績以外の情報を伝える目的で一般とのコミュニケーションで使用されている。
- IFRS 会計基準以外の会計上の枠組みに従って作成された財務諸表に関連する業績を伝えている。

ただし，上記のような状況があったとしても，自動的に推定が反証されるわけではない。当該指標が企業全体の財務業績の一側面についての経営者の見方を伝えるために使用されるのであれば，当該指標は依然としてMPM とみなされる。

例えば，企業が，規制当局から要求されている指標を一般とのコミュニケーションに含めている場合がある。その指標が企業全体の財務業績の一側面についての経営者の見方を伝えるものである場合，推定は反証されず，当該指標は MPM となると考えられる（MPM の他のすべての特徴を満たしていると仮定）。

---

*Point Of View* 推定の反証に関連する「目立つ」「目立たない」の例

財務諸表の外での一般とのコミュニケーションに含まれる収益および費用の小計は企業全体の財務業績の一側面についての経営者の見方を伝える

ものである，という推定を反証できる可能性のある状況の1つとして，当該小計が一般とのコミュニケーションにおいて目立つことなく伝えられている，という例が挙げられている（IFRS 第18号 B125項）。そのため，一般とのコミュニケーションにおいて目立つことなく何かを伝えているかどうかを判断する必要がある。この際の考慮要因として，次のようなものが考えられる。

| 「目立つ」ことを示すもの | 「目立たない」ことを示すもの |
|---|---|
| 小計が，企業の一般とのコミュニケーションにおいて，複数の場所で使用されている | 小計が，1か所でのみ開示されている |
| 小計が，企業の財務業績に関する経営分析や説明を裏付けるために使用されている | 小計が，一般とのコミュニケーションの中で，目立たない場所に開示されている |
| 経営者が，期間ごとの小計の変動の理由の説明を提供している | 小計が，経営者の見方を伝えるものではなく，一部の財務諸表利用者からの要請に応えるために提供される情報であると説明されている |
| 小計を競合他社の小計や業界のベンチマークと比較している | 小計にはほとんど説明や分析がない |

## (4) MPM の定義から除外された小計

「代替的業績指標（APM）」や「非 GAAP 指標」と呼ばれる各企業独自の業績指標の中には，財務諸表利用者が業績の分析や将来の業績に関する予測を行ううえで有用と考えられるものが含まれている可能性がある。しかし，企業は通常，このような指標を財務諸表の外で報告しており，財務諸表利用者がこのような業績指標に関する情報を見つけ，理解することが困難な場合があるという懸念が示されていた。このような懸念に対応したものが，MPM の定義に該当する業績指標に関する財務諸表における開示の要求である。

これに対し，IFRS 第18号に列挙された「MPM ではない収益および費用の小計」に該当するか，または IFRS 会計基準で表示または開示が具体的に要求されている小計は，MPM ではないとされている。これらは財務諸表において

一般的に使用されており，財務諸表利用者によく理解されていることから，こ
れらについて MPM として開示をすることは有用な情報の提供につながらない
ためである（IFRS 第18号 BC362項）。

### ① 減価償却，償却，および減損の前の営業損益と EBITDA

「減価償却，償却及び IAS 第36号の範囲に含まれる減損の前の営業損益」と
いう小計は，小計の中身の用語がそれぞれ IFRS 会計基準で定義されており明
確であることから，IFRS 第18号に列挙された「MPM ではない収益および費
用の小計」（**図表Ⅱ－6－2**（205頁）参照）に含められている。一方，当該小
計と類似しているといわれる「利息，税金，減価償却及び償却前の利益」
（EBITDA）は，IFRS 第18号に列挙された「MPM ではない収益および費用の
小計」（**図表Ⅱ－6－2**（205頁）参照）には含められておらず，MPM の定義
を満たす可能性がある。EBITDA は財務諸表利用者へのコミュニケーション
において最も一般的に用いられている指標の1つである。しかし，明確に定義
されたものではなく，**図表Ⅱ－6－7**のとおり，その内容は企業によりさまざ
まである（IFRS 第18号 BC363項～BC365項）。

### （図表Ⅱ－6－7）EBITDAの計算式

| |
|---|
| EBITDAに決まった計算式があるわけではなく，例えば以下のような，複数の計算方法が存在する。<br>EBITDA＝営業損益＋減価償却費＋償却費＋減損損失<br>EBITDA＝税引前純損益＋利息＋減価償却費＋償却費＋減損損失<br>EBITDA＝純損益＋税金＋利息＋減価償却費＋償却費 |

IFRS 第18号は，減価償却，償却および IAS 第36号の範囲に含まれる減損の
前の営業損益を「EBITDA」として記述していない。利息，税金，減価償却
費などを控除する元の損益が必ずしも営業損益とは限らず，不明確であること
から，誤解を生じるおそれがあるためである。例えば，営業利益が投資区分に
分類される収益および費用を除外して算定されている場合，減価償却，償却お
よび IAS 第36号の範囲に含まれる減損の前の営業損益には一部の利害関係者
が「利益」であると考えている収益が含まれないことがある。

ただし，場合によっては（例えば，企業に投資区分における収益，費用がなく，すべての利益が営業利益に含められている場合）その名称が対応する指標の正確な記述となる可能性もあり，その場合は，減価償却，償却およびIAS第36号の範囲に含まれる減損の前の営業損益に「EBITDA」という名称を付すことも妨げられない（IFRS第18号BC365項～BC366項）。

### ② 営業利益ならびに持分法投資からの収益および費用

企業によっては，関連会社や共同支配事業への投資やその投資からの収益および費用が企業の主要な事業活動に密接に関連していると考えている場合がある。そのような場合，営業損益の下に「営業損益並びに持分法を用いて会計処理されるすべての投資からの収益及び費用」という小計を設けて表示することが考えられる。当該小計は，その内容を理解するために必要な情報が損益計算書から明らかであるため，「MPMではない収益および費用」の小計のリストに含められている（IFRS第18号第118項）。

なお，当該小計には，持分法を用いて会計処理されるすべての関連会社および共同支配企業からの収益および費用が含まれる。そのため，一部の関連会社および共同支配企業からの収益および費用のみを含む小計については，MPMに該当する可能性がある（IFRS第18号BC367項）。

## 2．MPMの変更

経営者は，ある指標が企業全体の財務業績の一側面についての経営者の見方を伝えるものであるかどうか，また，その使用方法の変更の結果として，当該指標がMPMになるか，MPMでなくなるかを評価する必要がある。

例えば，企業が規制当局から特定の小計を報告するよう要求されたが，最初に使用された時点では，それは企業全体の財務業績の一側面についての経営者の見方を伝えるものではなかったという場合がある。その後，経営者が当該指標を企業の財務業績の評価やモニタリングのために内部で使用したり，一般とのコミュニケーションにおける解説や説明を規制上の要求を越えて拡大したりするようになり，その結果，当該指標がMPMの定義を満たすようになる可能

性がある（IFRS 第18号 B131項）。

MPM を変更した場合の開示については，後述3.(4)「MPM の変更・追加・中止」（224頁）で解説する。

## 3．MPM の開示

### (1) 開示の目的

企業は，財務諸表の利用者が，次のことを理解する際に役立てるための情報を開示する必要がある（IFRS 第18号第121項）。

- MPM が伝えている企業の財務業績の一側面（経営者の見方における）
- MPM は IFRS 会計基準で定義されている指標と比較してどのようなものであるのか

### (2) 開示事項

MPM は，その指標の特徴を忠実に表現し，財務諸表利用者を誤解させないよう，明瞭で理解可能な方法で呼称し記述する必要がある。これには，必要な場合には，使用されている用語の意味を説明することも含まれる（例えば，企業が「非経常的費用」をどのように定義しているか）。また，企業が当該指標を計算する際にどのような会計方針を適用したかを，具体的に明らかにする必要がある（IFRS 第18号第123項，B134項，B135項）。

- MPM が損益計算書の項目に使用している会計方針とは異なる会計方針を適用して計算されている場合，その旨と当該指標に使用した計算方法を記載する必要がある。
- IFRS 会計基準で要求または許容されている会計方針以外の会計方針を適用して当該指標を計算している場合，その事実と，必要な場合には使用している用語の意味の説明を記載する必要がある。

MPM に関する開示要求の目的を達成するために，企業は次のことを単一の注記において開示する必要がある（IFRS 第18号第122項，第123項，B137項）。

① 経営者の見方に従った，MPM が伝える財務業績の一側面に関する説明
- この説明には，MPM が企業の財務業績に関する有用な情報を提供する

理由を含む。

- また，MPM が他の企業の類似の指標と必ずしも比較可能ではない旨を明確にする。

② MPM の計算方法の説明

③ MPM と，IFRS 会計基準で定義された最も直接的に比較可能な合計または小計との間の調整表

- 「IFRS 会計基準で定義された最も直接的に比較可能な合計又は小計」とは，IFRS 会計基準で表示または開示が具体的に要求されている小計と，IFRS 第18号に列挙された「MPM ではない収益および費用の小計」をいう。
- 各調整項目については，次の開示を含む必要がある。
  - 財務業績の計算書における各科目に関連する金額
  - 当該項目がどのように計算され，有用な情報の提供に寄与しているのかに関する説明（①および②の記述に必要な場合）

④ ③の調整表で開示された各調整項目に係る税効果および非支配持分（NCI）への影響

⑤ 各調整項目について，④の税効果をどのように計算しているかに関する説明

以上について，**図表Ⅱ－6－8**に概要をまとめた。

**（図表Ⅱ－6－8）MPM に関する開示事項**

| MPM に関する開示項目 | |
|---|---|
| MPM により伝えられる財務業績の一側面についての説明 | ● MPM が有用な情報を提供する理由<br>● 他企業との比較可能性<br>を含む |
| MPM の計算方法についての説明 | |
| 調整表 | ● 各調整項目に係る税効果，非支配持分に対する影響<br>● 各調整項目について，税効果の計算方法<br>を含む |

218 第Ⅱ部 財務諸表の各構成要素の表示および開示

### Point Of View  MPM を損益計算書に表示することの可否

　IFRS 第18号は，MPM を損益計算書に表示すること（注記ではなく，基本財務諸表に表示すること）を禁止していない。しかし，IFRS 第18号は，企業の有用な体系化された要約を提供するために必要な場合には，損益計算書に科目，見出しおよび小計を表示することを要求している。損益計算書に表示される MPM はこれらの全体的な要求事項に従う必要があり，また，IFRS 会計基準に含まれる要求事項に基づいて計算する必要がある。さらに，企業は，MPM を損益計算書に表示することができるかどうかについて，現地の規制当局の見解の有無，その内容を検討する必要がある。

　MPM を損益計算書に表示する場合でも，MPM に関する開示要求は何ら変更されない。MPM について開示が要求されるすべての情報は，他の MPM に関する情報とともに単一の注記で開示することが求められる。

　なお，IFRS 会計基準で定められたもの以外の追加的な基本的および希薄化後の1株当たり利益の金額は，損益計算書ではなく注記で開示しなければならないとされている（IAS 第33号「1株当たり利益」第73項）。そのため，調整後1株当たり利益の分子が MPM となる場合に調整後1株当たり利益を損益計算書に表示することはできない。

### Point Of View  各調整項目についてどのような開示を行うべきか

　MPM には多くの開示要求があり，MPM 全体として提供しなければならないものもあれば，調整項目ごとに提供しなければならないものもある。次の開示は，各調整項目ごとに行う必要がある。
- 税効果および非支配持分の影響
- 税効果の計算方法の説明
- 財務業績の計算書の各科目に関連する金額

　さらに，MPM が経営者の見方として伝える財務業績の一側面に関する説明を提供するために必要であれば，企業は，調整項目がどのように計算され，有用な情報の提供にどのように寄与しているかを開示する必要がある。

　調整項目が複数あり，各項目が異なる方法を用いて計算されている場合，または異なる方法で有用な情報の提供に寄与している場合には，MPM が経営者の見方として伝えている財務業績の一側面に関する説明も，調整項

目レベルで示す必要がある（IFRS第18号B138項）。

例えば，あるMPMについて，経営者の管理対象外であったり，非経常的であると考えられるために複数の費用項目を除外することがある。このような場合，MPMがどのように計算されているのか，また，財務業績のどの一側面を示しているのかについて利用者が有用な情報を得ることができるように，調整項目レベルでの説明が必要となる。

場合によっては，1つの説明が複数の調整項目をカバーすることもある。上述の例では，「非経常的費用」の定義に関する説明が，多くの調整項目に共通する可能性がある（IFRS第18号B139項）。

調整項目について，どの程度集約または分解して開示すべきかは，集約・分解の原則（第Ⅰ部第3章1.「集約および分解の原則」（32頁）を参照）をもとに検討する（IFRS第18号B136項）。

---

### *Point Of View* 調整表を開示するための特定の様式の有無

IFRS第18号は，MPMとIFRS会計基準で定義された最も直接的に比較可能な合計または小計との間の調整表（IFRS第18号第123項(c)）を開示するための特定の様式を想定していない。企業は各MPMの詳細を評価し，最も適切な形式で調整表を提供する必要があるが，通常，表が使用されると考えられる。列または行において，損益計算書の関連科目，税効果および非支配持分の影響とともに，調整項目に関する情報を提供する。

規制当局が規定の様式を要求する場合は，これを考慮する必要がある。以下に，調整表の例を示す。なお，金額単位は百万円とする。

（前提）

● X社は，「調整後営業利益」と「調整後純利益」をMPMとしている。
● X社は，①から④のうち非経常項目を調整する方針である。
　① X社において当期に生じた訴訟費用（一般管理費）：3,500
　② B社（B国に所在するX社の子会社。持分比率100％）において当期に実施したリストラ関連費用：5,400
　　・工場従業員の解雇費用2,050＋工場機械の減損損失3,350＝5,400
　　このうち4,990が売上原価，410が一般管理費に含まれている。
　③ C社（C国に所在するX社の子会社。持分比率60％）の事業に係る，当期に計上した減損損失（一般管理費）：5,000

220 第Ⅱ部 財務諸表の各構成要素の表示および開示

・C事業3,000（一過性のもの），D事業2,000（前期・前々期も減損損
失計上）
④ X社が保有しているE社株式（持分法投資）を当期に一部譲渡し
た際の売却益および再評価益：4,500

（単位：百万円）

| | MPM | 訴訟費用 | リストラ費用 | 減損損失 | 売却・再評価益 | IFRS |
|---|---|---|---|---|---|---|
| 売上原価 | | － | △4,990 | － | － | |
| 一般管理費 | | △3,500 | △410 | △3,000 | － | |
| 調整後営業利益／営業利益 | 54,300 | △3,500 | △5,400 | △3,000 | － | 42,400 |
| 持分法投資に係る収益 | | － | － | － | 4,500 | |
| 法人所得税費用 | | 1,050 | 1,000 | － | △1,350 | |
| 調整後純利益／純利益 | 35,750 | △2,450 | △4,400 | △3,000 | 3,150 | 29,050 |
| NCIに帰属する純利益 | | － | | 1,200 | | |

・税金の影響の算定方法は以下のとおり。
訴訟費用，売却・再評価益：X社に適用される法定税率30%に基づいて計算され
ている。
リストラ費用：B国における事業再編の税効果は，B国に関連する当期税金およ
び繰延税金の合理的な配分に基づいて計算されている。
減損損失：C社には課税所得は生じておらず，法人所得税の支払は見込まれてい
ない。

　MPM と IFRS 会計基準で定義された最も直接的に比較可能な合計または小
計との間の調整表（IFRS 第18号第123項(c)）を作成する場合，MPM を財務業
績の計算書に表示されていない合計または小計に調整することが認められてい
る。この場合，2段階の調整が必要となる（IFRS 第18号 B140項）。
　ケーススタディⅡ－6－1は，2段階の調整を行う場合の例を示している。

### ケーススタディⅡ－6－1▶ 損益計算書に表示されない小計と MPM の調整

前　提

　A社は，減価償却費，償却費および IAS 第36号の範囲内の減損損失を控除する
前の営業利益から非経常的費用を控除した指標を，MPM として識別した。IFRS
第18号に記載されている最も直接的に比較可能な小計は「減価償却，償却，及び
IAS 第36号の範囲内の減損の前の営業損益」（OPBDAI）である。しかし，A社は

OPBDAI を損益計算書に表示していない。

　A社はどのように，MPM の調整を行うか。

ポイント

　2段階に分けて調整を行う。

考え方

第1段階

　MPM を OPBDAI と調整する。この調整においては，調整項目ごとに税効果および非支配持分に関する情報の開示を行う。

第2段階

　A社は，OPBDAI をその財務業績の計算書に表示していないため，OPBDAI は A社の財務業績の計算書に表示されている最も直接的に比較可能な小計と調整する必要がある。この場合，営業利益である。この調整においては，調整項目ごとの税効果および非支配持分に関する情報の開示は要求されない。

(単位：百万円)

| 段階 | 調　　　　　整 | 金額 | 税効果 | 非支配持分に帰属する利益 |
|---|---|---|---|---|
| 第1段階 | MPM | 1,000 | | |
| | OPBDAIから非経常項目を控除したもの | | | |
| | リストラ費用 | | | |
| | 「一般管理費」 | △200 | 60 | 20 |
| | 弁護士費用 | | | |
| | 「一般管理費」 | △100 | 30 | 10 |
| | **IFRS会計基準が定義する小計　−OPBDAI** | 700 | | |
| 第2段階 | 減価償却費 | | | |
| | 「売上原価」 | △50 | | |
| | 「一般管理費」 | △30 | | |
| | 償却費 | | | |
| | 「一般管理費」 | △15 | | |
| | 減損損失（IAS第36号の範囲） | | | |
| | 「一般管理費」 | △205 | | |
| | **財務業績計算書に表示されている指標　−営業利益** | 400 | | |

　各調整項目に係る税効果については，次の3つのアプローチのいずれかに従って計算することが認められている（IFRS 第18号 B141項，B142項）。

　●関連する課税法域における当該取引に適用される法定税率で計算する。

222　第Ⅱ部　財務諸表の各構成要素の表示および開示

● 関連する課税法域における企業の当期税金および繰延税金の合理的な比例配分に基づいて計算する。
● 当該状況においてより適切な配分を実現する他の方法を使用する。

この計算方法は，各調整項目ごとに選択することができ，MPM 内のすべての調整項目で同じである必要はない。企業が調整項目の税効果を計算するために複数の方法を使用する場合には，各調整項目の税効果をどのように決定したかを開示する必要がある。

ケーススタディⅡ－6－2では，複数の調整項目の税効果について，それぞれどのような計算方法を用いるかについて例を示している。

---

### ケーススタディⅡ－6－2 ▶ 調整項目に係る税効果の計算

#### 前 提

A社は，「調整後営業利益」を MPM として識別している。当該 MPM は，営業利益を通例でない収益および費用の項目（すなわち，将来の数事業年度には発生しないと予想される収益および費用の項目）の影響について調整することにより算出されている。

20X4年度には，次の通例でない項目が調整された。
● 弁護士費用　100百万円
● リストラクチャリング費用　200百万円

A社は調整項目の税効果をどのように計算するか。

#### ポイント

調整項目ごとに，税効果計算の3つのアプローチのうち最も適切な方法を用いて計算する。

#### 考え方

A社は，調整項目の税効果を次のように計算することにした。

弁護士費用

法的請求は直接A社に対して行われた（グループ内の他の企業には関係しなかった）。したがって，A社の課税法域で適用される法定税率30％を使用して税効果を計算する（開示される税効果は，100百万円×30％＝30百万円）。

リストラ費用

リストラクチャリングはグループ内の複数の企業にわたって行われ，すべての

企業が個別にリストラクチャリング費用を負担した。A社は，異なる課税法域におけるこれらの費用の当期および繰延税金の影響を比例配分するための情報を有している。A社は当該情報を利用し，当期税金と繰延税金の合理的な比例配分による方法を採用して税効果を計算する（開示される税効果は，22百万円）。

A社は，入手可能な最善の情報に基づいて，各調整項目についてアプローチを選択した。

なお，異なるアプローチを採用する場合，その方法が利用者にとってより適切な情報を提供することを示す必要がある。A社は，MPMの各調整項目について，採用したアプローチの説明を開示する必要がある。

## (3) 情報を開示する場所

すべてのMPMに関する情報は，単一の注記で開示する必要がある。当該注記に他の情報が含まれる場合には，MPMに関する情報と他の情報とを明確に区別して示す必要がある（IFRS第18号B132項）。

例えば，企業がIFRS第8号を適用しており，報告セグメント情報がMPMを含んでいる場合，次のいずれかを行うことを条件に，MPMに関して要求されている情報を他の報告セグメント情報と同じ注記において開示することができる（IFRS第18号B133項）。

- 報告セグメント情報と同じ注記に，MPMについて開示を要求しているすべての情報を含め，MPMに関する情報とIFRS第8号が要求している他の情報とを明確に区別して示す。
- 報告セグメント情報の注記とは別個の注記を設け，そこですべてのMPMについて要求される情報（企業が報告セグメント情報に情報を含めているものを含む）を開示する。

MPMに関する単一の注記においては，MPMは企業全体の財務業績の一側面についての経営者の見方を提供するものであり，MPMが他の企業が提供している類似した指標と必ずしも比較可能ではないことを明確にする必要がある（IFRS第18号第122項）。

## ⑷ MPM の変更・追加・中止

MPM の計算方法や調整項目の税効果の計算方法を変更する場合や MPM を追加する場合，または MPM の使用を中止する場合，次の開示が必要となる（IFRS 第18号第124項，第125項）。

- 財務諸表利用者が当該変更，追加，中止とその影響を理解できるようにする説明
- 当該変更，追加または中止の理由
- 実務上不可能な場合を除き，当該変更，追加または中止を反映するために修正再表示した比較情報（実務上不可能であるため比較情報の修正再表示を開示しないと結論付けた場合には，その旨）

なお，MPM の識別（MPM の計算方法を含む）は，IAS 第 8 号で定義されている会計方針の選択には該当しないため，会計方針の変更として注記する必要はない（IFRS 第18号第124項(c)）。

# 第 III 部

# 財務諸表の作成基礎，会計方針，会計上の見積りおよび誤謬

　　IFRS 第18号「財務諸表における表示及び開示」は IAS 第 1 号「財務諸表の表示」を置き換えるものであるが，IAS 第 1 号の一部の要求事項は IAS 第 8 号「財務諸表の作成基礎」に移管されている。第 III 部では，この IAS 第 8 号に移管されたものを含め，IAS 第 8 号における会計方針の変更や会計上の見積りの変更，誤謬，遡及修正といった要求事項について解説している。

226 第Ⅲ部 財務諸表の作成基礎，会計方針，会計上の見積りおよび誤謬

　IAS 第 8 号「財務諸表の作成基礎」は，財務諸表の関連性，信頼性，比較可能性の向上を目的として，財務諸表の作成基礎に関する全般的な事項や会計方針の選択，変更，開示についての要件を定めている。また，会計上の見積りや誤謬の取扱いも定めた基準である（IAS 第 8 号第 1 項）。

　第Ⅲ部では，これらについて次の項目ごとに各章で取り上げ，解説する。

- 財務諸表の作成基礎に関する全般的な事項（第 1 章「財務諸表の作成基礎（全般的事項）」（227頁）参照）
- 会計方針の定義，選択，適用，変更（第 2 章「会計方針」（238頁）参照）
- 会計上の見積りの定義，変更（第 3 章「会計上の見積り」（255頁）参照）
- 誤謬の定義，重要性の決定，誤謬の訂正の会計処理（第 4 章「誤謬」（266頁）参照）
- 実務上不可能な場合の取扱い（第 5 章「過年度の修正および遡及適用」（275頁）参照）
- 会計方針の開示，見積りの不確実性の開示，会計方針の変更・見積りの変更・誤謬の訂正の開示（第 6 章「開示」（281頁）参照）

# 第1章 財務諸表の作成基礎（全般的事項）

## 1．適正な表示と IFRS 会計基準への準拠

### (1) 適正に表示された財務諸表の意義

　財務諸表は，企業の財政状態，財務業績およびキャッシュ・フローを適正に表示しなければならない。適正な表示を達成するためには，概念フレームワークにおける資産，負債，収益および費用の定義と認識規準に従って，取引やその他の事象・状況の影響を忠実に表現することが求められる。IFRS 会計基準を適用し，必要な場合に追加的な開示を加えることで，適正な表示を達成する財務諸表が作成されることになる（IAS 第 8 号第 6A 項）。

　財務諸表の利用者が企業の取引や事象を理解するうえで必要な場合，特定の IFRS 会計基準に規定されている開示項目に加えて追加で開示を行うことが要求される。ただし，使用した会計方針の開示や注記での説明によって適切でない会計方針を是正することはできない（IAS 第 8 号第 6D 項）。

### (2) IFRS 会計基準に準拠している旨の注記

　財務諸表に対する注記には，財務諸表が IFRS 会計基準に準拠しているという明示的かつ無限定の記述を含める必要がある。財務諸表が IFRS 会計基準のすべての要求事項に準拠していない場合，当該財務諸表が IFRS 会計基準に準拠していると記載することはできない（IAS 第 8 号第 6B 項）。

　なお，「IFRS 会計基準」は，IASB が公表した会計基準書であり，国際財務報告基準書，国際会計基準書，IFRS-IC（またはその前身の機関）が作成した

*228*　第Ⅲ部　財務諸表の作成基礎，会計方針，会計上の見積りおよび誤謬

解釈指針で構成される（IAS 第 8 号第 5 項）。

## (3)　適正な表示に必要となる事項

適正な表示は，ほとんどの場合，適用される IFRS 会計基準への準拠により達成される。適正な表示を達成するためには，次の事項に従う必要もある（IAS 第 8 号第 6C 項）（**図表Ⅲ－ 1 － 1** 参照）。

① IAS 第 8 号に従った会計方針の選択と適用（IAS 第 8 号では，具体的に当てはまる IFRS 会計基準がない場合に考慮する権威あるガイダンスのヒエラルキーを示している）

② 関連性と信頼性があり，比較可能で理解可能となる方法による会計方針を含む情報の表示

③ IFRS 会計基準の特定の要求への準拠のみでは特定の取引，その他の事象や状況が企業の財政状態や財務業績に与える影響を利用者が理解するためには不十分となる場合の追加的な開示の提供

（図表Ⅲ－ 1 － 1 ）適正な表示に必要となる事項

| 特定のIFRS会計基準への準拠 |
| :---: |

$+$

| IAS第 8 号に従った会計方針の選択・適用（基準がない場合） | 有用となる方法での情報の表示（関連性・信頼性・比較可能性・理解可能性ある方法で） | 追加的な開示の提供（利用者の理解に不十分な場合） |
| :---: | :---: | :---: |

# 2．IFRS 会計基準の要求からの離脱

## (1)　離脱が必要となる場合

IFRS 会計基準では，特定の要求に従うことが概念フレームワークに示され

ている財務諸表の目的に反するほどに誤解を招くと経営者が判断する極めて稀な状況についての取扱いも定めている。すなわち，そのような極めて稀な状況では，関連する規制上の枠組みがそのような離脱を要求しているか，または離脱を禁止していない場合，企業はIFRS会計基準の特定の要求から離脱する。追加的な開示によってもIFRS会計基準を適用することでは適正な表示が達成できない場合においてのみ，IFRS会計基準からの離脱が必要となる（IAS第8号第6E項）。

## (2) 離脱する場合の開示

　IFRS会計基準の要求から離脱する場合，当該離脱についての情報を開示しなければならない。具体的には，**図表Ⅲ－1－2**で示した事項の開示が必要となる（IAS第8号第6F項）。

**（図表Ⅲ－1－2）IFRS会計基準の要求から離脱する場合の開示項目**

| |
|---|
| ①　当該財務諸表が企業の財政状態，財務業績およびキャッシュ・フローを適正に表示していると経営者が結論付けた旨 |
| ②　適正な表示を達成するために特定の要求から離脱したことを除いては，適用可能なIFRS会計基準に準拠している旨 |
| ③　企業が離脱したIFRS会計基準書の表題，離脱の内容（IFRS会計基準書が要求する処理を含む），当該処理がその状況において概念フレームワークに示されている財務諸表の目的に反するほどに誤解を招く理由，および採用した会計処理 |
| ④　表示している各期間について，当該IFRS会計基準書の要求に従って報告した場合の財務諸表における各項目に当該離脱が与える財務上の影響 |

　IFRS会計基準の要求からの離脱は，複数の報告期間に影響を与える可能性がある。例えば，企業が資産や負債の測定に関する要求から離脱する場合，当期のみならず，翌期以降における資産や負債の変動の測定にも影響することになる。このような場合，離脱を行う年度において**図表Ⅲ－1－2**の①から④に示される開示を行い，その後の年度においても認識される金額に影響がある場合には**図表Ⅲ－1－2**の③と④に示される開示を追加で行うことが求められる（IAS第8号第6G項，第6H項）。

企業に適用される規制上の枠組みによっては，IFRS 会計基準からの離脱を禁止している場合もある。極めて稀な状況ではあるが，そのような場合には，当該準拠が誤解を生じさせる局面を減少させるために一定の開示を行う必要がある（IAS 第 8 号第 6I 項）。

---

*Point Of View*　**IFRS 会計基準からの離脱の考え方**

情報が財務諸表の目的に反することになるのは，その情報が表現しようとしている，もしくは，表現することが合理的に見込まれる取引その他の事象・状況を忠実に表現せず，その結果，財務諸表利用者が行う経済的意思決定に影響を与える可能性が高い場合である。IFRS 会計基準における特定の要求に従うことが，明らかに不適切で，追加的な開示で補足することによっても適正な表示が達成できない場合にのみ，当該要求からの離脱が必要になる。実務上，このような離脱は，極めて稀であり，慎重な判断が求められる。

また，IFRS 会計基準からの離脱において，IFRS 会計基準の要求の目的を考慮し，なぜ特定の状況においてその目的が達成されないのかを検討する必要がある。当該企業の状況が，その関連する IFRS 会計基準の要求に従う他の企業の状況とどのように異なるのかも考慮する必要がある。これは，類似の状況にある他の企業がその要求に従っている場合，企業がその要求に従うことは概念フレームワークに示されている財務諸表の目的に反するほど誤解を招くものではないとの反証可能な推定が存在することになるためである（IAS 第 8 号第 6J 項）。

適正な表示のために IFRS 会計基準からの離脱が正当化されることは極めて稀であるため，IAS 第 8 号では，離脱する場合における広範囲の開示を求めている。この開示により，利用者は IFRS 会計基準に完全に準拠するために必要な調整額の算出が可能となる。

---

# 3．継続企業

## (1) 継続企業の前提

財務諸表は，通常，企業が継続企業であり，予見可能な将来にわたり営業を

第1章　財務諸表の作成基礎（全般的事項）　*231*

継続するという前提で作成される。次のいずれかの場合を除き，企業は，継続
企業を前提として財務諸表を作成する必要がある（IAS 第 8 号第 6K 項）。

- 経営者に企業の清算もしくは営業停止の意図がある場合
- 企業の清算もしくは営業停止を行う以外に現実的な代替案がない場合

> ### *Point Of View*　継続企業の評価に際しての考慮事項
>
> 　経営者に企業の清算もしくは営業停止の意図がある場合か，そうする以
> 外に現実的な代替案がない場合を除き，継続企業の前提により財務諸表を
> 作成する必要がある（IAS 第 8 号第 6K 項）。すなわち，企業の継続企業
> としての存続能力に対し重大な疑義があること自体は，継続企業の前提に
> より財務諸表を作成することから離脱する十分な理由とはならない。
> 　継続企業の評価にあたっては，IFRS 会計基準の定めに加え，各国にお
> いて定められている法規制や監査基準などにおける取扱いについても留意
> する必要がある。

　企業が継続企業でなくなった場合，未だ発行されていない過去の期間の財務
諸表を含め，財務諸表を継続企業の前提に基づいて作成することはできない。
財務諸表の作成に際して，経営者は企業が継続企業として存続する能力がある
かどうかを検討する必要があるが，その検討においては，報告期間の末日から
少なくとも12か月間の企業の見通しを対象とする必要がある（IAS 第 8 号第
6K 項，第 6L 項）。ただし，企業の見通しを検討するうえで，12か月間は最低
限の要求であり，例えば，報告期間の末日から18か月後に営業停止を意図して
いる場合には，企業は継続企業の前提により財務諸表を作成することはできな
い（IAS 第10号「後発事象」第14項）。

　継続企業の評価は報告企業ごとに行う必要がある。個々の子会社について継
続企業の前提が適切でないと考えられる場合でも，その子会社の親会社やグ
ループ全体では，継続企業の前提が適切となる場合がある。

　継続企業を前提として財務諸表を作成するかどうかは二者択一の決定である
が，企業が継続企業を前提として財務諸表を作成する状況はさまざまである。
利益を計上し流動性の懸念がない状況から，経営者により計画された対応策を

考慮してもなお継続企業を前提として財務諸表を作成することが危うい状況まで，多岐にわたる。

---

**Point Of View　企業の状況に応じた継続企業の評価**

　継続企業の前提に関する企業の状況の評価は，多くの場合，単純なものとなる可能性がある。資金調達に懸念のない収益性のある企業の場合，ほぼ確実に継続企業であると結論付けることが可能である。他方，資金調達に懸念があるような企業の場合，支払期日どおりに負債を返済できるかについて慎重な判断が必要となる。このような場合，企業が継続企業であるとの確信を得るためには，キャッシュ・フローや利益予測の検討が必要となる可能性がある（IAS 第 8 号第 6L 項）。

---

## (2)　継続企業としての存続能力に重大な疑義がある場合の開示

　企業の継続企業としての存続能力に対して重大な疑義を生じさせるような事象または状態に関して重要性がある不確実性が存在する場合，その不確実性についての開示が必要となる（IAS 第 8 号第 6K 項）。具体的には，次のような開示が考えられる。

①　継続企業としての存続能力に対して重大な疑義を生じさせている主要な事象または状態と当該事象または状態に関する経営者の対応策についての十分な説明

②　継続企業としての存続能力に対して重大な疑義を生じさせるような事象または状態に関する重要性がある不確実性が存在すること（すなわち，通常の事業の過程において，資産を実現させ負債を返済することができない可能性があること）の明確な記載

　経営者の意思決定は，重大な不確実性を伴う仮定と判断に裏付けられることになる。したがって，継続企業の前提に関連する特定の開示要求（IAS 第 8 号第 6K 項）だけでなく，IAS 第 8 号の包括的な開示要求も考慮することが重要である。そのような開示要求には，財務諸表に認識されている金額に最も重大な影響を与えている判断に関する開示（IAS 第 8 号第27G 項）が含まれる。

第1章 財務諸表の作成基礎（全般的事項） *233*

---

**ケーススタディⅢ－1－1** ▶ **継続企業として存続する能力に影響を及ぼす重要性が
ある不確実性の開示**

前 提

A社は，過去4年間損失を計上しており，現在，総資産より総負債が大きい状
況にある。また，借入の財務制限条項に違反しており，関係金融機関と財務的支
援の継続について交渉している。これらの要因によって，A社には継続企業とし
て存続できるかについての重大な疑義が生じている。

この場合，A社は，企業が継続企業として存続する能力に影響を及ぼす不確実
性について，財務諸表でどのように開示すべきか。

ポイント

前述の①と②を考慮し，IAS第8号第6K項に基づき，開示内容を検討する。

考え方

A社は，その財務諸表において，企業の継続企業としての存続能力に対して重
大な疑義を生じさせる重要性がある不確実性が存在し，通常の事業の過程におい
て資産を実現させ負債を返済することができない可能性があることを記載する必
要がある。また，重要性がある不確実性を生じさせている事象や状態，経営者の
対応策の実行可能性や有効性を記載する必要があり，それらを財務諸表の作成基
礎に関する注記に含める必要がある。

---

なお，IFRS財団は，2021年1月，継続企業の前提に関する要求事項の適用
を支援する教育的資料「継続企業―開示に焦点を当てる」を公表している。こ
の教育的資料では，継続企業の前提に関するIFRS会計基準の要求をどのよう
に適用すべきかについて，4つのシナリオに分けて説明している。**図表Ⅲ－1
－3**は，それらのシナリオ別の取扱いの要約を示しており，**ケーススタディⅢ
－1－2**では，具体的なシナリオの内容と基準の要求の適用について説明して
いる。

234 第Ⅲ部 財務諸表の作成基礎，会計方針，会計上の見積りおよび誤謬

（図表Ⅲ－1－3）継続企業の前提に関するIAS第8号の要求の適用方法

| 企業の状況の悪化 → | | | | |
|---|---|---|---|---|
| シナリオ | ①<br>継続企業の前提に重大な疑義がない。 | ②<br>継続企業の前提に重大な疑義があるが，継続企業の前提が適切となる十分な対応策があると判断されている。<br>重要性がある不確実性はないと判断された。 | ③<br>継続企業の前提に重大な疑義があるが，継続企業の前提が適切となる十分な対応策があると判断されている。<br>ただし，対応策を考慮してもなお継続企業の前提に重要性がある不確実性が残る。 | ④<br>清算もしくは営業取引を停止する意図がある，またはそうする以外に現実的な代替案がない。 |
| 作成の基礎 | 継続企業の前提 | | | 代替的な基礎<br>（継続企業の前提なし） |
| 開示 | ●作成の基礎<br>●特定の開示なし | ●作成の基礎<br>●重大な判断 | ●作成の基礎<br>●重要性がある不確実性<br>●重大な判断 | ●限定的な特定の開示 |

ケーススタディⅢ－1－2 ▶継続企業の前提に関するIAS第8号の要求の4つのシナリオへの適用

前提

A社，B社，C社，D社はそれぞれ次のような状況にある。それぞれの会社について，継続企業の前提に関するIAS第8号の要求をどのように適用すべきか。

● A社

○収益性の高い事業運営を行っており，流動性の懸念はなく，継続企業として存続する能力に重大な疑義はない。

● B社

○赤字企業で，その財やサービスへの需要が急速に減少しており，資金調達用の融資枠は今後12か月で失効する。

○計画した対応策の有効性を検討した結果，経営者は，重要性がある不確実性は軽減される見込みであると結論付けている。代替的な資金調達手段の特定を含め，成功の十分な証拠を示す再生戦略の実行を開始している。

○計画中の対応策を検討した結果，重要性がある不確実性はないと判断された。

● C社

○赤字企業で，その財やサービスへの需要が急速に減少しており，資金調達用

第1章　財務諸表の作成基礎（全般的事項）　　*235*

の融資枠は今後12か月で失効する。

○需要の減少に対処し，資金調達を更新・代替する再生戦略の実行に関する経
　営者の能力に，かなりの重要性がある不確実性が存在する。

●D社

○経営者に清算もしくは営業停止の意図がある，またはそうする以外に現実的
　な代替案がなく，継続企業の前提に基づく作成が適切でない状況にある。

ポイント

　図表Ⅲ－１－３で示した継続企業の前提についてのIAS第8号の適用方法に照
らして検討する。

考え方

　A社，B社，C社，D社は，IAS第8号を適用し，それぞれ次のように結論付
けた。

●A社

○作成基礎の説明は必要となるが，それ以外に適用される継続企業に関する特
　定の開示要求はない。

○継続企業の前提に基づいて財務諸表を作成するとの結論に至るまでに重大な
　判断を伴う可能性は低く，特段の開示は求められない。

●B社

○重要性がある不確実性がないとの結論には重大な判断を伴う。当該判断につ
　いて，IAS第8号の包括的な開示要求（IAS第8号第27G項）に基づき，適
　切な開示が必要となる。

●C社

○継続企業として存続する能力についての重要性がある不確実性の開示が求め
　られる（IAS第8号第6K項）。

○また，継続企業の前提に基づいて財務諸表を作成するという結論には，重大
　な判断を伴う可能性が高い。この場合，継続企業の前提は適切であるという
　重大な判断に関してIAS第8号の包括的な開示要求（IAS第8号第27G項）
　の適用が求められる。

●D社

○IFRS会計基準を適用して財務諸表を作成する際に，継続企業の前提に基づ
　いて財務諸表を作成しない（なお，IFRS会計基準では，企業が継続企業に該
　当しなくなった場合の財務諸表の作成の代替的な基礎を特定していない）。

○この場合，企業が財務諸表を継続企業を前提として作成していない事実に加

236　第Ⅲ部　財務諸表の作成基礎，会計方針，会計上の見積りおよび誤謬

え，財務諸表の作成基礎と当該企業が継続企業とは認められない理由の開示が求められる（IAS 第 8 号第 6K 項）。

### (3)　継続企業の前提に基づかない財務諸表の作成

　財務諸表は，通常，企業が継続企業であることを前提として作成される。資産や負債は，いずれも通常の事業の過程において，その帳簿価額が回収または返済されるという前提で認識される。例えば，有形固定資産の帳簿価額は，継続使用と最終処分から生じる予想将来キャッシュ・フローによって裏付けられることになる。しかし，企業に清算や営業停止の意図があるか，またはそうする以外に現実的な代替案がなく，企業が継続企業でないと評価される場合，これらに基づく財務諸表の作成は適切ではなく，財務諸表を異なる基礎で作成することが必要となる。

　継続企業の前提から継続企業でないという前提への変更の影響は，無視できるほど小さい可能性もあるが，その場合でも財務諸表において，企業が継続企業であると認められなくなったことを開示する必要がある。また，IFRS 会計基準では，継続企業の前提に基づかない財務諸表の作成についての具体的なガイダンスを提供していないため，財務諸表を継続企業を前提として作成していない場合，その事実に加え，新たに採用した会計処理の基礎などの財務諸表の作成基礎や，企業が継続企業とは認められない理由を詳細に開示する必要がある（IAS 第 8 号第 6K 項）。

---

**Point Of View　継続企業を前提としない企業の会計処理の基礎とは何か**

　IFRS 会計基準では，継続企業でない企業に関する会計処理の基礎を定めていない。財務諸表は，清算や解散を前提として作成される場合もあるが，それが不適切な場合もある。例えば，企業が管財人の管理下に置かれ，清算や解散が 1 つの可能性のある結果に過ぎず，管財人が会計処理の基礎を強制する場合がある。関連する法律により容認される場合には，財務諸表は IFRS 会計基準以外のフレームワークに基づいて作成されることがある。

第1章　財務諸表の作成基礎（全般的事項）　*237*

　　継続企業を前提としない企業の清算や取引の停止から生じる判断の変化
は，当該企業の資産や負債の測定に影響する場合がある。例えば，資産の
回収可能価額の見積りの見直しを必要とする場合，その結果として一部の
資産の帳簿価額の減損が認識される場合がある。

　　財務諸表は引き続き IFRS 会計基準に基づいて作成されるが，継続企業
の前提には基づかない場合，概念フレームワークや IAS 第8号のガイダ
ンスに従って，例えば以下のような会計方針を策定する必要がある。

- 公正価値で測定される場合を除き，資産の売却前に利益は認識されない
- 資産または資金生成単位（CGU）の処分により見込まれる利得は別の資産または CGU の減損損失と相殺できない
- 報告日現在で現在の債務が存在しない限り，負債は認識されない（例えば，リストラクチャリングや従業員給付に関連する負債）
- 未履行契約が不利な契約となっていないか検討する

## ⑷　期末後に継続企業の前提が適切でないと評価された場合

　報告期間の末日後に発生した事象が，企業が継続企業でなくなったことを示
す場合がある。経営者による期末後の評価により継続企業でないことが示され
た場合，継続企業の前提による財務諸表は作成されない。この評価後に作成す
るいかなる財務諸表（経営者が評価の対象としている財務諸表を含む）も，継
続企業の前提では作成しない。この取扱いは IAS 第10号と整合しており，継
続企業の前提が適切でなくなった場合，同基準は会計処理の基礎についての根
本的な変更を求めている（IAS 第10号第14項）。

　このような状況に該当する場合も，前述の⑶と同様，財務諸表を継続企業の
前提により作成していない事実や企業が継続企業とは認められなくなった理由
に加え，新たに採用した会計処理の基礎に関する詳細を開示する必要がある
（IAS 第8号第6K 項）。

238　第Ⅲ部　財務諸表の作成基礎，会計方針，会計上の見積りおよび誤謬

| 第2章 | 会計方針 |
| --- | --- |

# 1．会計方針の選択と適用

## ⑴　会計方針の定義

　会計方針は，IAS 第 8 号において次のように定義されている（IAS 第 8 号第 5 項）。

> 　会計方針とは，財務諸表を作成表示するにあたって採用する特定の原則，基礎，慣行，ルール及び実務をいう。

---

*Short Break*　**会計方針の定義についての IASB における議論**

　IAS 第 8 号における上記の会計方針の定義には，「原則」，「基礎」，「慣行」，「ルール」，「実務」という 5 つの用語が含まれている。これらの用語に関して，定義をより明瞭かつ簡潔にするため，IASB が2017年 9 月に公表した公開草案「会計方針及び会計上の見積り」（IAS 第 8 号の修正案）では，次のような変更ないし決定を行い，明確化することが提案されていた。

- ●「慣行」や「ルール」という用語の削除（それらの用語の意味が明確でなく IFRS 会計基準の他の場所で使用されていないため）
- ●「基礎」の「測定基礎」への置換え（IAS 第 8 号の他の箇所（IAS 第 8 号第 35項）における測定基礎の変更は会計方針の変更であるとする記載と合わせるため）
- ●「実務」という用語の維持（削除すると「原則」のみとなってしまい，会計方針の定義を狭くしすぎるものと受け取られる可能性があるため）

しかしながら，上記の削除や置換えの提案に対しては，「原則」や「実務」などの他の用語の説明がない中で多様な解釈の余地がありうるため，定義の改善とならない可能性があるとの指摘や，意図しない形で定義の範囲を狭める可能性があるという指摘が関係者から寄せられた。このため，IASB は，上記提案では意図しない影響を生じさせるおそれがあるものとして，これらの提案を取り下げ，会計方針の定義の変更を含めず，会計上の見積りに関する取扱いの変更のみに焦点を当て，2021年2月に「会計上の見積り」（IAS 第8号の修正）を公表している（IAS 第8号 BC51項，BC52項）。

## (2) 基準・解釈指針に含まれる会計方針

ある取引や事象または状況について，該当する基準や解釈指針の要求を参照し，適用すべき会計方針を決定する必要がある（IAS 第8号第7項）。この IFRS 会計基準には，IASB が公表した以下のものが含まれる（IAS 第8号第5項）。

① 国際財務報告基準書
② 国際会計基準書
③ IFRIC 解釈指針
④ SIC 解釈指針

なお，IFRS 会計基準は，従来は国際財務報告基準，IFRS，IFRSs や IFRS 基準などと呼ばれていたが，IFRS 財団において，IFRS サステナビリティ開示基準の開発の進展にあわせ，IFRS 会計基準という呼称が用いられるようになっている。

これらの基準や解釈指針では，特定の取引や事象または状況に適用することで，関連性と信頼性のある情報を含む財務諸表になると IASB が考える会計方針を定めている（IAS 第8号第8項）。

基準において，2つ以上の会計処理から1つを採用することが認められている場合には，採用した会計処理を明瞭に示すとともに，一貫して適用する必要がある。例えば，IAS 第16号「有形固定資産」は，有形固定資産について，資産のクラスごとに原価モデルと再評価モデルのいずれかの方針を選択し採用することを許容している（IAS 第16号第29項）。

240　第Ⅲ部　財務諸表の作成基礎，会計方針，会計上の見積りおよび誤謬

　なお，IFRS会計基準には，その要求事項の適用に役立つガイダンスが付属していることがある。これらのガイダンスには，IFRS会計基準の不可欠の一部であるか（すなわち，基準や解釈指針の要求事項の一部を構成し強制されるものか）が明記されている（IAS第8号第9項）。IFRS会計基準の不可欠の一部ではないと明記されたガイダンスは，IFRS会計基準の適用にあたって要求されるものではなく，適用に際して有用であるといった位置付けのものとなる。

## (3)　基準・解釈指針に含まれない会計方針

### ①　IAS第8号のヒエラルキー

　ある取引や事象または状況について，具体的に当てはまる基準や解釈指針がない場合がある。IAS第8号では，このような場合に企業が検討すべき指針を定めている（IAS第8号第10項～第12項）。

　具体的には，当てはまる基準や解釈指針がない場合，利用者にとって関連性があり，信頼性のある会計方針を策定し適用することが必要となる。IAS第8号では，ここでの信頼性について，財務諸表が次のようなものであることを意味していると説明している（IAS第8号第10項）。

- 企業の財政状態，財務業績およびキャッシュ・フローを忠実に表現する
- 法的形式だけでなく，取引その他の事象および状況の経済的実質を反映する
- 中立である（すなわち，偏りがない）
- 慎重である
- 重要性があるすべての点で完全である

　このような会計方針を策定し適用する際には判断が必要となるが，参考になる他のガイダンスについても検討する必要がある。その場合，次の項目を上から順に参照し，その適用可能性を検討しなければならない（IAS第8号第11項，第12項）。図表Ⅲ－2－1は，この会計方針の策定に関するヒエラルキーを示している。

- i　類似の事項や関連する事項を扱っているIFRS会計基準の要求事項
- ii　概念フレームワークにおける資産，負債，収益，費用に関する定義，認

識規準および測定概念

iii IASBと類似の概念フレームワークを用いて会計基準を開発している他の会計基準設定主体の直近の基準書等の文書，その他の会計上の専門的文献，および一般に認められた業界の実務慣行

なお，上記iiiについては，IASBの基準や解釈指針，概念フレームワークと矛盾しない範囲で考慮できるとされているものであり，考慮が要求されるものではない（IAS第8号第12項）。

（図表Ⅲ－2－1）基準等がない場合の会計方針の策定に関するヒエラルキー

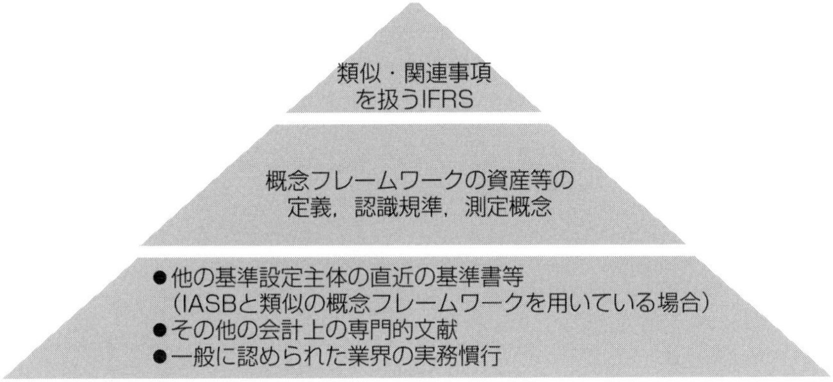

類似・関連事項
を扱うIFRS

概念フレームワークの資産等の
定義，認識規準，測定概念

● 他の基準設定主体の直近の基準書等
（IASBと類似の概念フレームワークを用いている場合）
● その他の会計上の専門的文献
● 一般に認められた業界の実務慣行

*Point Of View* IFRS会計基準を類推して会計方針を策定する際に検討すべき事項

既存の基準が新たな論点や取引に関する特定の指針を提供していない場合，会計方針の策定にあたって既存の基準の原則や指針を参照することがある。場合によっては，公開草案の提案や未発効の新たな基準の指針を参照する場合もある。

IFRS会計基準を類推して会計方針を策定する際には，基準や解釈指針のどの側面を検討するか決定するために判断が必要となる。基準のすべての要求が会計方針を適用する取引や論点に関連している場合，当該基準の特定の規定のみを適用するのは適切でないと考えられる。また，公開草案の提案や未発効の新基準の指針を適用する場合，経営者はその提案や指針

が早期適用を認めているかどうかを考慮する必要がある。

## (4) 重要性

### ① 会計方針の適用に際しての「重要性」

IFRS会計基準に含まれる会計方針の適用による影響に重要性がない場合，当該方針を適用する必要はない（IAS第8号第8項）。これは，IFRS第18号「財務諸表における表示及び開示」における重要性に関する定め，すなわち，IFRS会計基準で要求されている特定の表示や開示は，そうした特定の表示や開示がもたらす情報に重要性がある場合にのみ適用され，重要性がない場合に適用する必要はないという定めを補完するものである（IFRS第18号第19項）（IFRS第18号における重要性に関しては，第Ⅰ部第2章3.「基本財務諸表および注記の役割」（20頁）を参照）。

この「重要性」は，IFRS第18号において以下のように定義されている（IAS第8号第5項，IFRS第18号付録A）。

重要性がある情報（material information）
　情報は，それを省略したり，誤表示したり不明瞭にしたりするときに，一般目的財務諸表の主要な利用者が特定の報告企業に関する財務情報を提供する財務諸表に基づいて行う意思決定に影響を与えると合理的に見込み得る場合には，重要性がある。

情報の省略や誤表示は，会計方針の適用が適切でない場合にも生じるものであるため，この重要性の定義は，会計方針の適用にも関連している。また，概念フレームワークにおいても，同様の定義が用いられている。

### ② 「重要性」の適用

重要性の適用に際しては，財務諸表の利用者の特徴を考慮する必要がある。概念フレームワークによれば，財務報告書は，事業や経済活動についての合理的な知識を有し，情報を勤勉さをもって検討し分析する利用者のために作成される（概念フレームワーク第2.36項）。このため，そのような利用者が経済的意思決定を行う際に，どのように影響されると合理的に見込みうるかを考慮し

て，重要性の評価を行う必要がある（IFRS 第18号 B1 項〜B5 項）。

　なお，上記の「合理的な知識」としては，財務諸表が通常，継続企業の前提に基づき発生主義に従って作成されるという知識や，財務業績の計算書，財政状態計算書，キャッシュ・フロー計算書および持分変動計算書といった財務諸表の体系，内容および目的に関する基礎知識が挙げられる。

---

*Point Of View*　**重要性の適用**

　明らかに影響に重要性がないと判断される場合を除いて，IFRS 会計基準を適用する必要がある。この判断には適切な分析が求められ，分類，認識，測定，開示の論点を検討することになる。

　企業の財政状態，財務業績またはキャッシュ・フローについて特定の表示を行うために，IFRS 会計基準からの重要性がない離脱を行うことや，それを修正しないでおくことは必ずしも適切ではない（IAS 第 8 号第 8 項）。特定の表示を行うための離脱そのものに重要性がない場合でも，その特定の表示が，IFRS 会計基準に準拠した場合の表示と異なる場合には，利用者の経済的意思決定に影響を与える可能性が高く，重要性がある場合も考えられる。

　例えば，未訂正の少額の誤謬が借入契約上の違反などを引き起こす可能性がある場合などが挙げられる。金額的に重要性がないようにみえる離脱であっても慎重な検討が必要であり，利用者の経済的意思決定に与える影響に重要性がないと判断される場合を除き，IFRS 会計基準を適用する必要がある。この判断にあたっては，IFRS 会計基準の適用が実務上不可能，または，金額の測定が困難といったことが理由になることはほとんどないと考えられる。これは，通常，影響を測れない状況においては，重要性の判断もできないためである。

---

## (5)　一貫性

### ①　会計方針の適用の一貫性

　類似の取引その他の事象や状況については会計方針を一貫して選択し，適用しなければならない。ただし，特定の基準において区分ごとに異なる会計方針の適用を要求または許容している場合，当該区分ごとに適切な会計方針を選択

244　第Ⅲ部　財務諸表の作成基礎，会計方針，会計上の見積りおよび誤謬

し，一貫して適用する必要がある（IAS 第 8 号第13項）。

　例えば，IAS 第16号では，特定の種類の有形固定資産について再評価の方針を採用しつつ，別の種類の有形固定資産に取得原価測定の方針を採用することを認めている。この場合，有形固定資産の種類ごとに採用した会計方針を，その種類に含まれるすべての資産に対して一貫して継続的に適用する必要がある。

　なお，IFRS 会計基準によっては，類似の項目に対して異なる会計方針の適用を許容しているものもある。例えば，IFRS 第 3 号「企業結合」に基づく非支配持分の測定方法が挙げられる。企業を取得する際に，非支配持分が生じる場合，IFRS 第 3 号では，企業結合の取引ごとに，公正価値による方法と比例的な取り分に基づく方法のいずれかを選択して非支配持分を測定することを認めている。

### ②　企業集団における会計方針の適用の一貫性

　IFRS 第10号「連結財務諸表」は，連結財務諸表上，類似の状況における同様の取引および事象に関して統一された会計方針の採用を求めている。企業集団を構成する企業がその個別財務諸表上で，企業集団の連結財務諸表上の会計方針と異なる会計方針を用いている場合には，適切な連結上の修正を行うことにより企業集団における会計方針の適用の一貫性を確保する必要がある（IFRS 第10号第19項，B87項）。これは，持分法で会計処理している投資についても同様であり，連結上，統一的な会計方針の採用が求められる（IAS 第28号「関連会社及び共同支配企業に対する投資」第35項）。

---

*Point Of View*　グループ内の個別の企業も統一的な会計方針を採用すべきか

　企業グループに所属する各企業は，個別財務諸表上では異なる会計方針を採用していることがある。この場合，連結財務諸表の作成時にあたっては，一貫性を保つための適切な連結修正を行う必要があるが，IFRS 会計基準では，グループ内の個別の企業の財務諸表の修正までは必ずしも求められていない。

　すなわち，IFRS 会計基準は，親会社と子会社の個別財務諸表の会計方

第2章 会計方針 *245*

針が企業集団の連結財務諸表に適用される会計方針と同一であることを要求していない。各企業においてIAS第8号に従った会計方針の選択プロセスを適用し，判断を行うことになる。

　グループ内の個別の企業は，一般的に，妥当な事業上ないし商業上の理由により，異なる会計方針の採用が適切であると説明することも可能と考えられる。その際の考慮事項としては，例えば以下が挙げられる。

- グループの連結財務諸表に対する会計方針
- グループ企業間の比較可能性
- 異なる会計方針が子会社の配当利益に与える影響
- 非支配持分の水準
- 規制上の検討事項

# 2．会計方針の変更

## ⑴　会計方針の変更の種類

### ①　会計方針の変更が認められる場合

　会計方針の変更には，新たなIFRS会計基準の適用による会計方針の変更と会計方針の任意の変更があり，以下のいずれかの場合にのみ認められる（IAS第8号第14項）。

ⅰ　IFRS会計基準によって要求されている場合

ⅱ　取引その他の事象または状況が企業の財政状態，財務業績またはキャッシュ・フローに及ぼす影響について，信頼性があり，より関連性の高い情報を提供する財務諸表となる場合

　図表Ⅲ－2－2は，これらの関係をまとめたものである。

(図表Ⅲ－2－2) 会計方針の変更が認められる場合

| 会計方針の変更の種類 | 会計方針の変更が認められる場合 |
|---|---|
| 新たなIFRS会計基準の適用による会計方針の変更 | IFRS会計基準によって変更が要求されている場合 |
| 会計方針の任意の変更 | 変更により信頼性があり、より関連性の高い情報を提供する財務諸表となる場合のみ（限定的） |

このような会計方針の変更が認められる場合を除き、企業は、一貫性の原則に従って、選択した会計方針を毎期継続的に適用する必要がある。これにより、財務諸表の利用者は、企業の財務諸表の期間比較を行い、財政状態、財務業績またはキャッシュ・フローの趨勢を把握することができるようになる（IAS第8号第15項）。

なお、上記ⅰ、ⅱの会計方針の変更について、IAS第8号は、それぞれ異なる会計処理の取扱いを設けている（後述(2)①「会計方針の変更による会計処理」（248頁）を参照）。

② 会計方針の変更の主な例

会計方針の変更は、財務諸表の作成にあたって適用される認識、測定、表示という3つの基本的なプロセスに従って分類可能である。**図表Ⅲ－2－3**は、この分類ごとの会計方針の変更の主な例を示している。

(図表Ⅲ－2－3) 会計方針の変更の例

| 分類 | 会計方針の変更の主な例 |
|---|---|
| 認識に関する方針の変更 | ●商品やサービスの販売に関する収益認識の変更<br>●借入コストを公正価値で事後測定される資産の取得コストに含めるかどうかの変更 |
| 測定基礎に関する方針の変更 | ●ある種類の有形固定資産の測定についての原価モデルから再評価モデルへの変更（ただし、この変更は遡及的ではなく将来に向かって適用される） |

| 表示に関する方針の変更 | ●財政状態計算書，財務業績の計算書またはキャッシュ・フロー計算書における項目の分類の変更（ただし，状況の変化に起因するものを除く） |
|---|---|

### ③ 会計方針の変更に該当しない状況

以下の場合における会計方針の採用は，会計方針の変更には該当しない（IAS 第 8 号第16項）。

i 従前と実質が異なる取引や事象が生じた場合（すなわち，状況が変化した場合）における会計方針の採用

ii 従前は生じていなかったか，または，過年度では重要性がなかった取引や事象についての会計方針の採用

例えば，上記 i で示した状況の変化に伴う会計方針の採用には，次のようなものがある。これらの会計方針の採用は，将来に向かって適用される。

●機能通貨の変更

IAS 第21号「外国為替レート変動の影響」では，企業の機能通貨に変更がある場合に，変更日における為替レートを使用してすべての項目を新たな機能通貨に換算し，変更の効果を将来に向かって会計処理することを要求している。機能通貨の変更は，企業の基礎となる取引，事象および状況の変更の結果として生じるものであるため，会計方針の変更には該当しない（IAS 第21号第35項〜第37項）。

●既存資産の用途の変更に伴う会計方針の採用

過去のものと実質が異なる事象や取引による既存資産の用途の変更によって生じた分類の変更（例えば，有形固定資産から投資不動産への変更）は，会計方針の変更には当たらない（ケーススタディⅢ－2－1参照）。

---

#### ケーススタディⅢ－2－1 ▶ 既存資産の用途の変更

| 前 提 |

A社は，オフィスビルを所有し，これまで自社の業務用に使用してきた。A社は，この建物を有形固定資産に分類し，減価償却累計額控除後の取得原価で計上している。当年度において，従業員を新たな建物に移して旧建物を第三者へ賃貸

したため，旧建物を投資不動産に再分類し，公正価値で計上している。

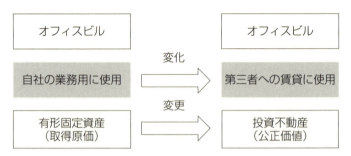

このような場合，分類の変更は会計方針の変更に該当するか。

ポイント

従前と実質が異なる取引や事象が生じた場合（すなわち，状況が変化した場合）における会計方針の採用は，会計方針の変更には該当しない。

考え方

この分類の変更は，過去のものと実質が異なる事象や取引による不動産の用途の変更であり，会計方針の変更には当たらない（IAS第8号第16項）。また，比較対象金額の修正再表示も行われない（IAS第40号「投資不動産」第61項）。この場合，当該建物は，それぞれの期間において異なる目的で使用されているため，同一の不動産に対して，当年度と過年度で異なる会計処理を適用することは適切である。

なお，用途変更を行わずに，IAS第16号に基づいて不動産の測定を原価から再評価に変更する場合には，IAS第8号における所定の規定が適用されることに留意する必要がある。

## (2) 会計方針の変更の適用
### ① 会計方針の変更による会計処理

新たな基準や解釈指針の適用による会計方針の変更は，当該基準や解釈指針に具体的な経過措置の定めがある場合には，その定めに従って会計処理を行う必要がある（IAS第8号第19項(a)）。

新たな基準等を適用する際に，遡及適用による比較情報の修正再表示に必要な情報を入手することが実務上不可能な場合や，例えば，企業結合など一部の

第2章　会計方針　　*249*

過去の取引に新たな会計処理を適用することが著しく不利となる場合がある。このため，新たな基準等の経過措置では，通常，それらの基準等を遡及適用せずに将来に向かって適用できるようにするための取扱いが設けられることが多い。

これ以外の会計方針の変更，すなわち，以下のいずれかに該当する会計方針の変更については，変更による期間固有の影響または累積的影響の算定が実務上不可能な場合を除き，遡及適用の会計処理を行う必要がある（IAS第8号第19項(b)，第23項）。

- 具体的な経過措置を設けていない新たなIFRS会計基準の適用による会計方針の変更
- 会計方針の任意の変更（表示の変更を含む）

この場合，過去の期間の業績や財政状態の表示に際して，すべての比較対象金額を新たな会計方針を適用していたかのように修正する必要がある（IAS第8号第22項）。

図表Ⅲ－2－4は，これらの関係をまとめたものである。

（図表Ⅲ－2－4）会計方針の変更の種類と会計処理

| 会計方針の変更の種類 | 会計処理 |
| --- | --- |
| ①新たなIFRS会計基準の適用による会計方針の変更（経過措置あり） | 経過措置に従って処理する |
| ②新たなIFRS会計基準の適用による会計方針の変更（経過措置なし） | 遡及適用する（原則） |
| ③会計方針の任意の変更 | 遡及適用する（原則） |

なお，新たなIFRS会計基準を早期適用する場合も，会計方針の任意の変更として扱うのではなく，早期適用したIFRS会計基準の経過措置を適用する必要がある（IAS第8号第19項(a)，第20項）。

*Point Of View*　IFRS-ICのアジェンダ決定に対応して企業はいつ会計方針を変更すべきか

IFRS-ICは，さまざまな財務報告上の論点に対応して，アジェンダ決定

を公表する場合がある。アジェンダ決定は，基準や解釈指針とは異なり強制力のある文書ではないが，説明的な資料として，特定の事案において想定される会計処理が記載されることがある。そのため，当該会計処理と異なる会計処理を適用している場合には，アジェンダ決定の公表により会計方針の変更が必要となる場合もある。

　企業は，公表されたアジェンダ決定によって会計方針の変更が求められるか，その場合，いつからその変更を行うべきかを判断する必要がある。

　IFRS-IC は毎月公表する IFRIC Update において，アジェンダ決定による変更に関して次のように説明している。

> 　企業がアジェンダ決定の結果として会計方針を変更する必要があると決定する場合がある。企業は，当該決定を行い必要な会計方針の変更を適用するための十分な時間（例えば，企業は変更を適用するために新たな情報の入手やシステムの適用が必要となる場合がある）を与えられることが期待される。
>
> 　会計方針の変更を行うために十分な時間がどのくらいなのかの決定は，企業の具体的な事実及び状況に応じて決まる判断の問題である。それでも，企業は，どのような変更も適時に導入するとともに，重要性がある場合には，当該変更に関する開示がIFRS会計基準によって要求されるかどうかを検討することが期待される。

　変更にあたっては，この IFRIC Update で示されている「十分な時間」がどの程度かを検討する必要がある。この場合の十分な時間とは，変更を実施できるだけの期間であるべきと考えられる。この判断は，企業に固有の評価であり，上記にも示されているとおり，新たな会計方針の導入や開示の提供のために追加的な情報の収集が必要かどうか，あるいはプロセスやシステムの変更が必要かどうかなどを考慮することになる。多くの場合，十分な時間とは数か月単位となり，1年を超える可能性は低いと見込まれる。また，この評価の一環として，関連する規制当局の見解も考慮する必要がある。

　アジェンダ決定の結果，会計方針の変更が必要であると結論付けたものの，まだ変更していない場合，IAS 第8号に従った未発効の基準書に関する開示（IAS 第8号第30項，第31項）と同様の開示を行うことを検討する必要がある。

第2章　会計方針　　*251*

> アジェンダ決定を理由とする会計方針の変更は，誤謬の訂正に関連する変更であると企業が判断する場合を除き，通常，任意の会計方針の変更に該当する。任意の会計方針の変更は，実務上不可能である場合を除き，遡及適用される。実際には，任意の会計方針の変更の遡及適用が実務上不可能となるのは限られた状況のみと見込まれる。遡及適用が実務上不可能であるかどうかの判定には判断が必要となる。

## ②　遡及適用

IAS 第8号では，「遡及適用（retrospective application）」を次のように定義している（IAS 第8号第5項）。

> 遡及適用とは，新しい会計方針を，その方針が過去から常に適用されていたかのように，取引その他の事象及び状況に適用することをいう。

また，類似の用語であるが，会計方針の変更ではなく，誤謬の訂正に関連する用語として，「遡及的修正再表示（retrospective restatement）」があり，次のように定義されている（詳細は，第4章「誤謬」（266頁）参照）。

> 遡及的修正再表示とは，財務諸表の構成要素の金額の認識，測定及び開示を，過年度の誤謬が発生していなかったかのように訂正することをいう。

財務諸表に表示されている期間より前の期間に対する修正は，表示されている最も古い期間の資本項目のうち影響を受ける期首残高（例えば，利益剰余金の期首残高）を修正し報告することになる。

例えば，3月決算会社が20X8年3月期の財務諸表（20X7年3月期の比較情報を含む）を作成する際に，会計方針の変更を20X8年3月期中に行った場合，20X7年3月期の比較情報を修正することになる。20X7年3月期より前の年度に関する修正（累積的修正）は，20X6年4月1日時点で影響を受ける可能性のある利益剰余金や他の資本項目の期首残高に対して行われる。当該財務諸表とともに表示される過去の期間に関するその他の情報（例えば，過年度推移の要約）についても実務上可能な期間まで遡って修正再表示を行うことになる（IAS 第8号第26項）（**図表Ⅲ－2－5参照**）。

(図表Ⅲ－2－5) 遡及適用を行う場合の取扱い

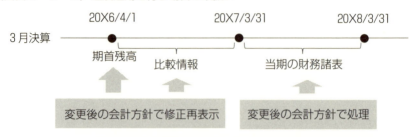

なお，このような会計方針の変更に伴う過年度の財務諸表の修正再表示は，必ずしも過去の事業年度に承認され発行された財務諸表自体の廃止や修正が必要であるということを意味するものではない。ただし，規制上の固有の要求などがあれば，その点も留意する必要がある。

③ 遡及適用に関する特例

IAS第8号では，有形固定資産や無形資産について，再評価額で測定する場合における会計方針の変更に関する特例を設けている。具体的には，それらの有形固定資産や無形資産について資産を再評価額で計上するという方針を初めて採用する場合，IAS第8号における会計方針の変更として取り扱うのではなく，IAS第16号またはIAS第38号「無形資産」に従った再評価として扱う。具体的には，変更年度の再評価として会計処理し，過去の期間の修正とはせず，比較情報の修正再表示も行わない（IAS第8号第17項，第18項）。これは，一般原則に対する例外であり，他の資産（例えば，IAS第40号に従って会計処理される投資不動産など）には適用されないと考えられる。

④ 他の会計基準設定主体の会計基準の適用と経過措置

ある取引その他の事象や状況に具体的に当てはまるIFRS会計基準書やIFRIC解釈指針がない場合，他の会計基準設定主体における直近の基準書の会計方針を適用することができる。ただし，この場合に当該基準書の経過措置を用いることまでは認められない。

また，他の会計基準設定主体の基準書の規定を適用している場合において，当該基準書が改訂された場合，改訂後の基準書に従って作成される財務情報に

第2章　会計方針　　253

信頼性があり，より関連性のある情報をもたらすことになるかどうかを判断する必要がある。改訂後の基準に従うことが適切と判断した場合には，その変更を会計方針の任意の変更として扱い，IAS第8号に基づき会計処理する必要がある（IAS第8号第21項）。

## (3)　その他

### ①　過年度修正の税効果に関する会計処理

　会計方針の変更により過年度の修正が要求される場合，会計方針の変更に係る税効果も過年度の修正の一部として扱うことになる。国や地域の課税要件によっては，会計方針の変更が当期税金または繰延税金に影響を及ぼし，過年度の納税申告書の再提出が必要となる場合もある。

　IAS第8号は，会計方針の変更が遡及適用される場合，表示されている最も古い年度の資本項目のうち影響を受ける期首残高や開示されているその他の比較可能額を，新たな会計方針が過去よりすでに適用されていたかのように調整しなければならないと述べている（IAS第8号第22項）。この調整には，変更による直接的な効果と関連する税効果が含まれる。したがって，会計方針の変更に係る税効果は，利益剰余金の期首残高に対する調整の一部となり，当期の税金費用の構成要素に含めるべきではない。

　例えば，ある企業が過年度の収益の増加をもたらす会計方針の変更を行ったと仮定する。そのような変更により，過年度の報告期間の末日における将来加算一時差異の金額が変化し，繰延税金の残高の変動をもたらしている可能性がある。このような場合，当該繰延税金の残高の変動については，過年度の修正の一部として反映されることになる。

### ②　期中報告期間に認識された過年度の修正に対する変更

　会計方針の変更が生じている期中報告期間について期中財務報告書を公表する場合，IAS第34号「期中財務報告」では，当該報告書に含まれる比較可能金額の修正再表示を求めている（IAS第34号第43項(a)）。

　IAS第34号は，企業の報告の頻度（年次，半期，または四半期）によって，年次の経営成績の測定が左右されてはならないとしている（IAS第34号第28

項)。ただし，過去の各期間の比較情報の修正は，期中報告期間の末日や当期末に認識していたかどうかにかかわらず，その後に知識，事象または情報の入手可能性が変化していたとしても，関連する期間の末日に入手可能であった情報を用いて行うことになる。これは新たな会計方針の適用に際して，事後的な判断（hindsight）を認めていないことと整合している（IAS第8号第53項）。以下のケーススタディは，この状況を具体的に説明したものである。

---

**ケーススタディⅢ－2－2 ▶ 過年度の修正で認識された繰延税金資産のその後の修正**

**前提**

- A社は，年次財務諸表公表後に収益認識に関する会計方針を変更した。
- 中間財務諸表において，当該会計方針の変更に関して過年度修正を行い会計処理している。
- 当該変更により，従前の会計方針によって認識された収益（課税あり）が新たな会計方針では認識されず，税金の影響が生じている。
- これにより，繰延税金資産が発生し，過年度の報告期間の末日時点で回収可能性があると判断して，過年度修正の一部として認識している。
- その後，当年度の下半期において，繰延税金資産の回収可能性を十分に見込めなくなるほど経営者による予想収益が減少し，年次財務諸表で繰延税金資産を取り崩すことが必要な状況となっている。

この場合，繰延税金資産の取崩しについて，どのように会計処理すべきか。

**ポイント**

期中報告期間に認識された過年度の修正に対する変更にあたっては，関連する期間の末日に入手可能であった情報を用いて行う。

**考え方**

- 予想収益の減少が期中報告期間の末日より後に生じた事象や情報の入手可能性の変化によるものである場合には，繰延税金資産の取崩しは，過年度の修正再表示ではなく，下半期の費用として損益計算書に計上する。
- なお，年次財務諸表における取崩しに重要性がある場合には，その変更についての開示が必要となる（IAS第34号第26項）。

# 第3章

## 会計上の見積り

## 1. 会計上の見積り

### (1) 会計上の見積りの定義

　財務諸表の作成には，経営者による見積りが必要となる場合がある。会計方針によっては，財務諸表項目を測定の不確実性を伴う方法で測定すること（すなわち，直接観察できず，見積りを必要とする貨幣金額で測定すること）を求めている場合がある。その場合，会計方針によって示された目的の達成のために会計上の見積りを行うことになる（IAS第8号第32項）。

　会計上の見積りは，IAS第8号において次のように定義されている（IAS第8号第5項）。

> 会計上の見積りとは，測定の不確実性に晒されている財務諸表上の貨幣金額をいう。

　ただし，IFRS会計基準における「見積り」は，IAS第8号で定義された会計上の見積りではない見積り（例えば，会計上の見積りに使用するインプット）を指す場合がある（IAS第8号第32B項）。例えば，有形固定資産項目の耐用年数は，会計上の見積りである償却費を決定するためのインプットであり，耐用年数の見積りという場合，これはIAS第8号で定義された会計上の見積りではない（**図表Ⅲ-3-1参照**）。

（図表Ⅲ－3－1）IAS第8号で定義された会計上の見積りと他の見積りの関係

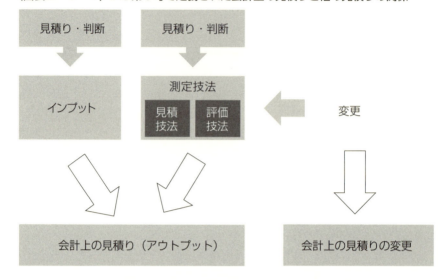

### Short Break　会計上の見積りに関するIFRS会計基準の修正

2021年2月，IASBは，会計上の見積りの変更と会計方針の変更の区別の明確化を目的として，「会計上の見積りの定義—IAS第8号の修正」を公表した。この修正によりIAS第8号に対して，次の変更や明確化が行われ，2023年1月1日以後開始する事業年度から適用されている。

- 定義の置換え（「会計上の見積りの変更」の定義を「会計上の見積り」の定義に置き換えた）
- 会計方針と会計上の見積りとの関係の明確化（会計上の見積りは，企業が会計方針によって示された目的を達成するために行うものと明確化した）
- 判断や仮定と会計上の見積りとの関係の明確化（会計上の見積りは，判断や仮定の使用を要求する測定技法のアウトプットであり，判断や仮定は会計上の見積りそのものではないと明確化した）
- 測定の不確実性という用語の導入（「測定の不確実性」を会計上の見積りの定義に導入し，2018年「概念フレームワーク」と整合させ，定義を明確化した）
- 貨幣金額という用語への言及（会計上の見積りの定義に「貨幣金額」を含めている。これにより，減価償却資産の耐用年数などの非貨幣金額は，財務諸表上の貨幣金額を見積るためのインプットとして使用するものと明確化した）

第3章　会計上の見積り　　257

なお，IASB は，審議の過程において，会計上の見積りの範囲に，財務諸表項目の測定以外の事項（財務諸表項目の認識の決定にあたり使用する見積りなど）も含めるか検討したが，従前の会計上の見積りの変更の定義では，資産または負債の「帳簿価額の修正」と説明し，測定の変更のみに触れており，その範囲を変更すべきでないとした。したがって本修正では，測定の不確実性に晒されている貨幣金額のみを対象とするよう定義を限定している。

## (2)　会計上の見積りの例

　会計上の見積りには，入手可能で信頼のおける最新の情報に基づく判断や仮定の使用が必要となる。会計上の見積りの例には，次のようなものがある（IAS 第 8 号第32項）。

- ●予想信用損失に係る損失評価引当金（IFRS 第 9 号「金融商品」）
- ●棚卸資産の正味実現可能価額（IAS 第 2 号「棚卸資産」）
- ●有形固定資産の減価償却費（IAS 第16号）
- ●資産の減損損失（IAS 第36号「資産の減損」）
- ●資産または負債の公正価値（IFRS 第13号「公正価値測定」）
- ●繰延税金資産（回収可能性に不確実性がある場合）（IAS 第12号「法人所得税」）
- ●確定給付年金制度に関連する負債（IAS 第19号「従業員給付」）
- ●製品保証引当金（IAS 第37号「引当金，偶発負債及び偶発資産」）

## (3)　会計上の見積りの構成要素

　会計上の見積りにあたっては，測定技法とインプットを使用する必要がある。測定技法には，次のものが含まれる（IAS 第 8 号第32A 項）。

- ●見積技法（例えば，予想信用損失に係る損失評価引当金を測定するために使用する技法）
- ●評価技法（例えば，資産または負債の公正価値を測定する技法）

　合理的な見積りの使用は，財務諸表の作成のための不可欠な一部であり，信頼性を損なうものではない（IAS 第 8 号第33項）。しかし，見積りの信頼性の

程度は，見積りが行われる項目の性質や状況によって変わりうる。例えば，有形固定資産の減価償却費の見積りであれば，それが頻繁に変更されるような傾向は見られないのに対し，棚卸資産の正味実現可能価額や保証債務の見積りは，顧客の需要や製造実績に応じて毎年またはより頻繁に（例えば期中財務報告において）変更される可能性もある。

以下の**ケーススタディⅢ－3－1**と**Ⅲ－3－2**では，投資不動産や現金決済型の株式に基づく報酬に係る負債の公正価値測定についての変更が会計上の見積りに該当するかをどのように評価するかを説明している。これらは，IAS第8号の適用ガイダンスにおいて提供されている設例（設例4と設例5）に基づいている。

### ケーススタディⅢ－3－1 ▶ 会計上の見積りの定義の適用－投資不動産

【前提】

- A社は，投資不動産を所有し，IAS第40号の公正価値モデルを適用して会計処理している。
- A社は，当該不動産を取得して以来，その公正価値をIFRS第13号に示されているインカムアプローチと整合した評価技法を使用して測定している。
- しかし，前期からの市況の変化により，A社は，使用する評価技法をIFRS第13号に示されているマーケットアプローチと整合した評価技法に変更した。

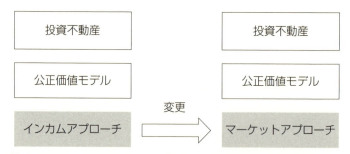

- A社は，マーケットアプローチと整合した評価方法による測定のほうが当期末の状況において投資不動産の公正価値をよりよく表すものであり，IFRS第13号はそのような変更を認めていること，また，評価技法の変更は過年度の誤謬の修正ではないことを結論付けた。

この場合，投資不動産の公正価値は会計上の見積りとなるか。

第3章　会計上の見積り　*259*

ポイント

　会計上の見積りの定義，測定技法の変更の内容に照らし，会計上の見積りに該当するか評価する。

考え方

　この投資不動産の公正価値は，次の理由により，会計上の見積りに該当する。

● この投資不動産の公正価値は，測定の不確実性に晒されている財務諸表上の貨幣金額である。公正価値は，市場参加者の間での仮想的な売買取引において受け取るかまたは支払われるであろう価格を反映しており，直接観察できず，見積りが必要となる。

● この投資不動産の公正価値は，会計方針（公正価値モデル）の適用にあたり使用する測定技法（評価技法）のアウトプットである。

● この投資不動産の公正価値の見積りを行う際に，A社は，例えば，次の場合に判断と仮定を使用する。

　○ 測定技法の選択（当該状況に適した評価技法の選択）

　○ 測定技法の適用（類似資産に関わる市場取引によって生み出された情報など，市場参加者が評価技法の適用にあたり使用するであろうインプットの作成）

　この事案では，評価技法の変更は，投資不動産の公正価値の見積りのために適用される測定技法の変更である。会計方針（すなわち，投資不動産の公正価値による測定）は変更されておらず，この変更の影響は，会計上の見積りの変更である。

---

### ケーススタディⅢ－3－2 ▶ 会計上の見積りの定義の適用－現金決済型の株式に基づく報酬についての負債の公正価値

前　提

● 20X0年1月1日に，B社は，今後3年間にわたる企業への勤務の継続を条件に，各従業員に100の株式増価受益権（SAR）を付与した。

● このSARは，20X0年1月1日から始まる3年間の権利確定期間中のB社の株価の上昇に基づく将来の現金支払を受ける権利を従業員に与える。

● IFRS第2号「株式に基づく報酬」を適用して，B社はSARの付与を現金決済型の株式に基づく報酬取引として会計処理する。

● その際，SARに係る負債を認識し，当該負債を公正価値（IFRS第2号で定義）で測定する。

- B社は，ブラックショールズ式（オプション価格設定モデル）を適用して，20X0年1月1日と当期末のSARに係る負債の公正価値を測定する。
- 20X1年12月31日，前期末以降の市況の変化により，B社は，同日現在のSARに係る負債の公正価値を見積る際に，株価の予想ボラティリティ（すなわち，オプション価格設定モデルへのインプット）を変更した。

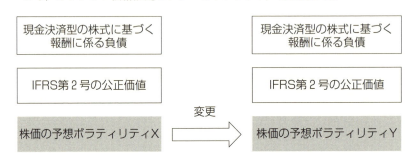

- B社は，当該インプットの変更は過年度の誤謬の訂正ではないと結論付けている。

この場合，現金決済型の株式に基づく報酬に係る負債の公正価値は会計上の見積りとなるか。

ポイント

会計上の見積りの定義，測定技法の変更の内容に照らし，会計上の見積りに該当するか評価する。

考え方

当該負債の公正価値は，次の理由により，会計上の見積りに該当する。
- 当該負債の公正価値は，測定の不確実性に晒されている財務諸表上の貨幣金額である。この公正価値は，仮想的な取引において当該負債が決済されうる金額である。したがって，直接観察できず，見積りが必要となる。
- 当該負債の公正価値は，会計方針（現金決済型の株式に基づく報酬に係る負債の公正価値による測定）の適用にあたり使用する測定技法（オプション価格設定モデル）のアウトプットである。
- 当該負債の公正価値の見積りのために，B社は，例えば，次の場合に判断と仮定を使用する。
  ○ 測定技法の選択（オプション価格設定モデルの選択）
  ○ 測定技法の適用（株価の予想ボラティリティや株式について予想される配当など，市場参加者が当該オプション価格設定モデルを適用する際に使用

するであろうインプットの作成）

　この事案では，株価の予想ボラティリティの変更は，20X1年12月31日時点の SAR に係る負債の公正価値測定に使用されるインプットの変更である。会計方針（すなわち，負債の公正価値による測定）は変更されておらず，この変更の影響は会計上の見積りの変更である。


# 2. 会計上の見積りの変更

## (1) 会計方針の変更と会計上の見積りの変更の区別

　会計方針の変更と会計上の見積りの変更の会計処理は異なる。会計方針の変更に該当する場合，通常，遡及適用を行うのに対し，会計上の見積りの変更に該当する場合は，変更を将来に向かって適用する。したがって，両者の区別は重要となる。

　企業は会計方針によって示された目的を達成するために会計上の見積りを行う。会計上の見積りの変更は，見積りの基礎となった状況の変化の結果として生じることもあれば，新しい情報，新しい展開，あるいはより多くの経験などによって生じることもある。IAS 第8号は次のように説明している（IAS 第8号第34項，第34A 項）。

> 会計上の見積りの基礎となった状況に変化が生じたこと，または新しい情報，新しい展開もしくはより多くの経験により，企業が会計上の見積りを変更することが必要となる場合がある。会計上の見積りの変更は，その性質上，過去の期間には関連せず，誤謬の訂正ではない。

　また，インプットの変更や測定技法の変更と会計上の見積りの変更との関係について，次のように説明している（IAS 第8号第34A 項）。**図表Ⅲ－3－2**はこの関係を図示したものである。

> インプットの変更又は測定技法の変更が会計上の見積りに与える影響は，過年度の誤謬の訂正から生じる場合を除いては，会計上の見積りの変更である。

(図表Ⅲ－3－2）インプットや測定技法の変更と会計上の見積りの変更の関係

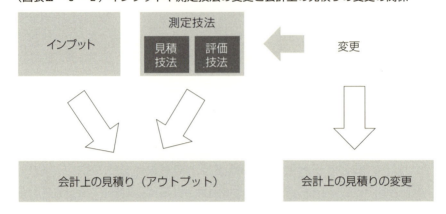

　会計方針の変更と会計上の見積りの変更を区別する際には，次のような検討を行うことが考えられる。
- 何が変更のきっかけとなったのか。その変更は新たな情報，より多くの経験，またはその後の進展の結果として生じたものか。
- 見積りの目的が変わったのか，それともインプットのみが変わったのか。インプットがなぜ，いつ変更されたのか。なお，IFRS 第13号は，評価技法やその適用の変更は会計上の見積りの変更であると説明している（IFRS 第13号第66項）。
- その変更は，見積りの対象となる固有の不確実性を含む会計処理に関するものか。
- 会計処理の結果は，変更前と変更後で大幅に異なるか。その理由は何か。

　IAS 第8号は，一部の変更について詳細なガイダンスを提供している。測定基礎の変更は，会計方針の変更であり，会計上の見積りの変更ではないとしている。測定基礎の変更とは，例えば，資産の評価を取得原価から公正価値に変更することである（IAS 第8号第35項）。また，有形固定資産に関する基準（IAS 第16号）では，減価償却方法の変更は会計上の見積りの変更であり，会計方針の変更ではないとしている（IAS 第16号第61項）。

　なお，会計上の見積りの変更と会計方針の変更との区別が困難な場合には，その変更は，会計上の見積りの変更として扱われる（IAS 第8号第35項）。

第3章　会計上の見積り　　*263*

　図表Ⅲ－3－3では，会計方針の変更と会計上の見積りの変更の区別についてまとめている。

（図表Ⅲ－3－3）会計方針の変更と会計上の見積りの変更の区別

| 項目 | 会計方針 | 会計上の見積り |
|---|---|---|
| 定義 | 会計方針とは，企業が財務諸表を作成表示するにあたって採用する特定の原則，基礎，慣行，ルールおよび実務をいう。 | 会計上の見積りとは，測定の不確実性に晒されている財務諸表上の貨幣金額をいう。 |
| 変更が必要となる場合 | IFRS会計基準によって変更が要求されているか，変更により信頼性があり，より関連性の高い情報を提供する財務諸表となる場合 | 会計上の見積りの基礎となった状況に変化が生じたか，新たな情報，新たな展開もしくはより多くの経験により，変更が必要となる場合 |
| 会計処理 | 遡及適用 | 将来に向かって適用 |

> *Point Of View*　棚卸資産の原価算定方式の変更は会計上の見積りの変更に該当するか
>
> 　棚卸資産の原価算定方式の変更は，会計上の見積りの変更には該当しない。通常は代替性のある棚卸資産について，IAS第2号を適用する際の原価算定方式（すなわち，先入先出法（FIFO）や加重平均法）の選択は，会計方針の選択であり，会計上の見積りには該当しない。
>
> 　この結論は，IAS第8号の会計上の見積りの定義と矛盾しているようにも見えるが，IASBは，IAS第8号の結論の根拠において，IAS第2号で使用した原価算定方式を棚卸資産の測定にあたって採用した会計方針として開示することをすでに求めており（IAS第2号第36項(a)），その取扱いを優先することを示している（IAS第8号BC53項）。ただし，IAS第2号の当該取扱いを他のIFRS会計基準書に類推適用すべきではない。

## (2)　会計上の見積りの変更の会計処理

　会計上の見積りの変更の影響は，以下の期間の純損益に含めることにより，将来に向かって（すなわち，変更の日から）認識する（IAS第8号第36項，第

264　第Ⅲ部　財務諸表の作成基礎，会計方針，会計上の見積りおよび誤謬

38項）。

- 変更した期間（変更した期間だけに変更が影響する場合）
- 変更した期間および将来の期間（変更した期間と将来の期間の両方に変更が影響する場合）

　当期の損益に影響を与えるが，将来の期間の損益に影響を与えない会計上の見積りの変更の例としては，予想信用損失に係る損失評価引当金の見積りの変更が挙げられる。他方，有形固定資産の耐用年数の見積りの変更は，当期と将来の期間の両方に影響を与えることになる。これは，減価償却費は耐用年数にわたって，両方の期間に影響するためである（IAS 第 8 号第38項）。

　状況によっては，見積りの変更が資産と負債の両方に影響する場合があり，また，純損益に影響せず，資本項目に影響する場合もある。そのような場合には，変更した期に関連する資産，負債または資本項目の帳簿価額を修正し，当該変更を認識する（IAS 第 8 号第37項）。資産，負債または資本項目の対応する修正が同額ではない場合には，見積りの変更は，通常，純損益を通じて調整されることになる。

　この会計上の見積りの変更の影響に関する取扱いについて，**ケーススタディⅢ－ 3 － 3** で説明する。

---

### ケーススタディⅢ－ 3 － 3 ▶ 会計上の見積りの変更の影響

前 提

- A社は，保険で補償される負債の金額を1,000百万円と見積っており，当初，1,000百万円の負債と1,000百万円の求償権に係る資産を計上していた。
- しかし，その後に当該見積りを1,500百万円に修正することとなった。

この場合，A社は当該見積りの変更の影響をどのように処理すべきか。

ポイント

　会計上の見積りの変更の影響は，将来に向かって認識する。

考え方

- 負債の見積りの修正により，その金額は1,500百万円に増加するが，例えば，保険金の回収の上限が1,250百万円であったとすると，A社は，求償権に係る資産を1,250百万円まで増加させるのみとなる。

第3章　会計上の見積り　*265*

● したがって，負債の見積りの増加1,250百万円と，対応する求償権の見積りの増加1,250百万円を計上する。負債の見積りの残りの増加（250百万円）は，当期の損益として計上することになる。

　**図表Ⅲ－3－4**では，会計上の見積りの変更例とそれらが財務諸表のどの項目に影響するかについてまとめている。

（図表Ⅲ－3－4）会計上の見積りの変更例と影響する項目の例

| 例 | 影響する項目 |
|---|---|
| ● 予想信用損失に係る損失評価引当金の見積りの変更 | 当期の損益のみに影響 |
| ● 有形固定資産項目の耐用年数の変更による減価償却費の見積りの変更 | 当期の損益と将来の期間の損益の両方に影響（減価償却費は耐用年数にわたって，当期と将来の期間の両方に影響するため）（IAS第8号第38項） |
| ● その他の包括利益に認識される為替換算差額に係る未払法人税の見積りの修正 | 負債と資本項目のみに影響（修正に際しては，対応する税金負債の調整も伴う） |
| ● その他の包括利益に認識される有形固定資産の再評価剰余金がある場合の当該資産の公正価値の見積りの修正 | 資産と資本項目のみに影響 |

　純損益に反映される会計上の見積りの変更が及ぼす影響は，財務業績の計算書上，以前の見積りで使用したのと同じ科目に含める必要がある。これにより，各期の財務諸表間の比較可能性が保たれることになる。

## 1. 過年度の誤謬とは

### (1) 過年度の誤謬の定義

すでに公表されている財務諸表について，過去の期間に関連する重要性のある誤謬が発見される場合がある。このような場合，当該誤謬は当期の財務諸表に含まれている，影響を受ける期間の比較情報を修正することによって訂正されることになる（IAS第8号第41項）。図表Ⅲ－4－1に，誤謬の訂正の概念図を示している。

（図表Ⅲ－4－1）誤謬の訂正

IAS第8号では，「過年度の誤謬」を次のように定義している（IAS第8号第5項）。

過年度の誤謬とは，下記に該当する信頼性の高い情報の不使用又は誤用によ

り生じた，過去の1つまたは複数の期間に係る企業の財務諸表における脱漏または誤表示をいう。

(a) 当該期間の財務諸表の発行が承認された時に入手可能となっており，かつ

(b) 当該財務諸表を作成し表示する際に入手でき検討できたと合理的に予想できた。

これらの誤謬には，計算上の誤り，会計方針の適用の誤り，事実の見落しや解釈の誤り及び不正行為の影響も含まれる。

　過年度の誤謬は，財務諸表の構成要素（資産，負債，収益，費用など）の認識，測定，表示または開示に関連して発生する。財務諸表に以下が含まれている場合，当該財務諸表はIFRS会計基準に準拠していないことになる（IAS第8号第41項）。

- ●重要性がある誤謬
- ●重要性はないが，財政状態，財務業績またはキャッシュ・フローの特定の表示を達成するために意図的に行われた誤謬

## (2) 誤謬の有無の判断

　(1)「過年度の誤謬の定義」に記載のとおり，過年度の誤謬の有無の判断に際しては，誤謬が生じた時点で信頼性のある情報を入手可能であったかどうかを考慮する必要がある。

　ここでいう「信頼性」について，IAS第8号は「財務諸表が企業の財政状態，財務業績およびキャッシュ・フローを忠実に表現する」（忠実な表現）という点を信頼性の特性の1つとしている（IAS第8号第10項）。

　「忠実な表現」は概念フレームワークにおいて，財務諸表が有用であるための基本的な質的特性の1つであるとされ，「忠実な表現」であるための特性として「完全」，「中立的」，「誤謬がない」の3つが示されている（概念フレームワーク第2.13項）。

　概念フレームワークは，「忠実な表現」と「誤謬がない」の関係を次のように説明している（概念フレームワーク第2.18項）。

268 第Ⅲ部 財務諸表の作成基礎，会計方針，会計上の見積りおよび誤謬

忠実な表現とは，すべての点で正確であることを意味するものではない。誤謬がないとは，その現象の記述に誤謬や脱漏がなく，報告された情報を作成するのに用いられた手続が当該手続において誤謬なしに選択され適用されたことを意味する。この文脈においては，誤謬がないことはすべての点で完璧に正確であることを意味しない。例えば，観察可能でない価格又は価値の見積りは，正確であるとも不正確であるとも判断できない。しかし，その見積りの表現は，その金額が見積りであるものとして明確かつ正確に記述され，その見積り手続の性質と限界が説明され，その見積りを作成するための適切な手続の選択と適用の際に誤謬が生じていない場合には，忠実な表現となり得る。

### *Point Of View* 特定の状況における判断

誤謬が生じた時点で信頼性のある情報を入手可能であったかどうか，合理的に入手できたかどうかについて，意図的な操作や不正が行われている状況においては，その判断がより困難となる場合がある。信頼性のある情報の意図的な隠蔽や破棄が行われたり，不適切な会計処理を隠蔽または正当化するために信頼性のない虚偽の情報が捏造されたりする可能性があるためである。

このような状況における誤謬は，その後の期間に入手した信頼性のある情報を用いて，関連する期間の会計記録を再構築することによってのみ訂正できる場合がある。過年度の誤謬の定義からは，財務諸表の発行後に入手した情報を用いて誤謬の訂正を行うことが認められるかどうかは，必ずしも明らかでない。しかし，多くの状況において，信頼性のある情報は過年度に存在しており，誤謬に関与しない合理的な人であれば，適切な情報を入手し，利用することができたと考えられるため，そのような方法も認められると考えられる。

## 2．重要性の決定

過年度の誤謬については，それに重要性があり，財務諸表を遡及して修正す

る必要があるかどうかの評価が必要となる。「重要性がある」とは，情報を省略したり，誤表示したり不明瞭にしたりしたときに，一般目的財務諸表の主要な利用者が特定の報告企業に関する財務情報を提供する財務諸表に基づいて行う意思決定に，当該情報が影響を与えると合理的に予想しうる場合をいう（IFRS第18号付録A）。また，意図的な誤表示や，特定の結果を達成するための誤表示も重要性がある可能性がある。

　誤謬の影響とその訂正方法の評価にあたっては，定性的な検討，定量的な検討の両方が必要となるが，単一の年度や，当期利益，利益剰余金といった単一の尺度のみを用いて検討を行うのではなく，財務諸表全体に対して重要性を評価する必要がある。

---

**Point Of View　重要性がない過年度の誤謬**

　過去の期間に生じた誤謬が過去の期間の財務諸表にとって重要性がない場合，遡及的に訂正するのではなく，当期において誤謬を訂正することも許容される可能性がある。ただし，そのような方法によって当期に重要性がある誤謬を生じさせることにならないか，定性的な要因と定量的な要因を考慮して評価する必要がある。当期における訂正が当期の財務諸表を著しく誤って表示することになる場合には，通常，比較情報の修正再表示を行うことが適切となる。

---

## 3．過年度の誤謬の訂正に関する会計処理

### (1)　原則的な取扱い

　過年度の重要性がある誤謬が発見された場合，実務上不可能である場合を除き，当該誤謬の発見後，最初に発行する財務諸表において，修正再表示を行うことにより訂正する必要がある。修正再表示とは，「財務諸表の構成要素の金額の認識，測定および開示を，過年度の誤謬が発生していなかったかのように訂正すること」と定義されており，以下のいずれかの方法で行う（IAS第8号第5項，第42項）。

- 誤謬が発生した過年度の表示対象期間の比較可能な金額を修正再表示する。
- 財務諸表の表示対象となる最も古い期間より前に誤謬が発生している場合には，その最も古い期間の資産，負債および資本の期首残高を修正再表示する。

なお，上記の会計処理は，会計方針の変更を行う場合と同様である。

さらに，財務指標の推移の要約として表示される情報についても，実務上可能な最も古い日付から修正再表示することによって訂正する必要がある（IAS第8号第46項）。**図表Ⅲ－4－2**に，誤謬の発生時点に応じた取扱いを示している。

(図表Ⅲ－4－2) 原則的な取扱い

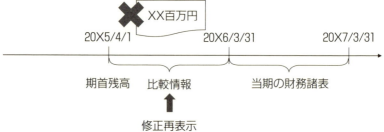

> **Short Break** 金融商品取引法における取扱い
>
> 　上記のとおり，IAS第8号は，過年度の誤謬について，財務諸表に含まれている比較情報を修正再表示することを要求している。日本基準においても，企業会

計基準第24号「会計方針の開示，会計上の変更及び誤謬の訂正に関する会計基準」第21項に同様の定めがある。

一方で，わが国では金融商品取引法において，重要な事項の変更等を発見した場合，訂正報告書の提出が求められている（金融商品取引法第24条の2第1項）。

この点について，日本公認会計士協会より，一般的には過去の誤謬を，比較情報として示される前期数値を修正再表示することにより解消することはできないとする考え方が示されており（【新起草方針に基づく改正版】「監査基準委員会報告書第63号『過年度の比較情報―対応数値と比較財務諸表』」の公表について），IFRS会計基準を適用している場合においても，同様に取り扱うことになると考えられる。

## (2) 過年度の誤謬の影響の算定が実務上不可能な場合

過年度の誤謬の期間固有の影響または累積的影響を算定することが実務上不可能である場合には，当該期間について修正再表示は求められない（IAS第8号第43項）。過年度の誤謬の影響の算定が実務上不可能な場合の取扱いについては，会計方針の変更の場合と同様であり，第5章1.「実務上不可能な場合」（275頁）で詳細に解説している。

## (3) 過年度の誤謬の損益計算書における取扱い

過年度の誤謬の訂正は，誤謬が発見された期間の純損益から除外される（IAS第8号第46項）。しかし，訂正を行ったものの，過去の期間に帰属する金額を算定することが不可能な場合には，当該訂正は当期の純損益に含められることになる。過去の期間の資産，負債および資本は部分的な修正となる可能性があるが，当期末では完全に修正され訂正されていることになる。

## (4) 誤謬の訂正と会計上の見積りの変更との区別

誤謬の訂正は，会計上の見積りの変更と区別する必要がある。財務諸表項目の金額には固有の不確実性が存在することから，企業は会計上の見積りを行う必要があるが，追加的な情報が明らかになるに従って見積りを変更することができる。したがって，会計上の見積りは，現在の状況において企業が最新の情

報を用いて最善の判断を行った結果である。これに対して，誤謬は，意図的もしくは意図的でない誤った情報の利用，または利用可能な（もしくは利用可能であったはずの）情報の見落としから生じるものである。**図表Ⅲ－4－3**は，会計上の見積りの変更に該当する場合と誤謬の訂正に該当する場合をそれぞれ図示している。

(図表Ⅲ－4－3) 会計上の見積りの変更と誤謬の訂正

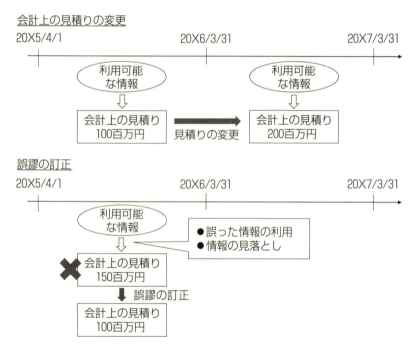

なお，IAS第8号は，会計上の見積りの変更の例として，以前には信頼性をもって見積ることができなかった，偶発事象に係る見積りの見直しにより認識される利得または損失を挙げている。そうした利得または損失は誤謬の訂正とはならない（IAS第8号第48項）。

第4章 誤 謬　*273*

## Point Of View　IFRS-IC によるアジェンダ決定の取扱い

　IFRS-IC は，IASB と連携して IFRS 会計基準の一貫した適用をサポートしており，会計基準の適用に関する論点等について検討を行っている。会計基準の適用に関する論点が提出された場合，IFRS-IC はその論点を基準設定アジェンダに加えるかどうかを決定するが，アジェンダへの追加を却下する場合もある。

● アジェンダ決定の影響

　IFRS-IC の，基準設定アジェンダに論点を追加しない旨の決定（以下「アジェンダ決定」という）は，IFRS 会計基準の一部を構成するものではない。ただし，多くの場合，IFRS-IC のアジェンダ決定によって基準の明確化が図られるため，関係者は，企業が当該アジェンダ決定を考慮することを期待している。IFRS-IC は「アジェンダ決定の公表プロセスは，それ以外では利用可能ではなくそれ以外で入手することが合理的に予測できなかった新しい情報を提供する説明資料をもたらすことがある」とする考えを示している。

　企業は，IFRS-IC のアジェンダ決定の公表を受けて，過去の会計処理を変更する場合があり，このような変更を会計方針の変更として取り扱うべきか，過年度の誤謬の訂正として取り扱うべきかが問題となる。

● アジェンダ決定による会計上の取扱いの変更と開示

　企業は，その時点で入手可能な IFRS 会計基準のガイダンスを考慮して，関連する基準書の合理的な解釈に基づき，従前の会計方針を適用していた可能性がある。

　上記のとおり，アジェンダ決定は，それ以外では利用可能ではなくそれ以外で入手することが合理的に予測できなかった新しい情報を提供する説明資料をもたらすため，アジェンダ決定に対応して行った変更は「新しい情報」に基づくものであり，任意の会計方針の変更に該当する場合が多いと考えられる

　これらを踏まえ，個々の事案に特有の事実を考慮しながら，IAS 第 8 号を適用して，会計処理の変更が過年度の誤謬の訂正であるか，会計方針の変更であるかを決定するとともに，当該変更の理由に関する十分な開示を行う必要がある。

274　第Ⅲ部　財務諸表の作成基礎，会計方針，会計上の見積りおよび誤謬

　　会計処理の変更について，次のような説明を検討する可能性がある（開示例）。

> 　当社グループは，これまで以下のような会計処理を行っていた。［従前の会計実務の説明］。［日付］付の［主題］に対するIFRS解釈委員会のアジェンダ決定を受けて，当社グループは，それらの取引に適用される会計処理を再検討し，当該アジェンダ決定において提示された会計処理を採用した。［新しい処理の概要］。
>
> 　当社グループはこの会計処理の変更を遡及的に適用し，比較情報を修正再表示している。［影響の詳細を開示］。

　また，当該変更の評価と説明にあたり，関連する規制当局の見解を考慮する必要がある。

## (5)　過年度の誤謬の訂正に係る税効果の会計処理

　過年度の誤謬の訂正に係る税効果の会計処理は会計方針の変更の場合と同様である（第2章2.(3)①「過年度修正の税効果に関する会計処理」（253頁）を参照）。

# 第5章

## 過年度の修正および遡及適用

## 1. 実務上不可能な場合

### (1) 概 要

　企業の置かれた状況によっては，会計方針の変更の遡及適用や，過年度の誤謬の修正再表示が実務上不可能な場合がある。例えば，過去の期間において，新しい会計方針の遡及適用または過年度の誤謬を訂正するための修正再表示を可能とする方法でデータが収集されておらず，情報を再構築することが実務上不可能な場合である。このように，会計方針の変更または過年度の誤謬の訂正について，過去の特定の表示期間に固有の影響または過去のすべての期間の影響の算定が実務上不可能な場合には，それらの完全な遡及適用または修正再表示は求められない。

### (2) 「実務上の不可能」の定義

　IAS第8号では，「実務上不可能」という用語を次のように定義している（IAS第8号第5項）。

> 企業がある要求事項を適用するためにあらゆる合理的な努力を払った後にも，適用することができない場合には，その要求事項の適用は実務上不可能である。特定の過去の期間について，次のいずれかである場合には，会計方針の変更の遡及適用又は誤謬の遡及的修正再表示を行うことが実務上不可能である。
> ● その遡及適用又は遡及的修正再表示の影響を確定できない場合

276　第Ⅲ部　財務諸表の作成基礎，会計方針，会計上の見積りおよび誤謬

- その遡及適用又は遡及的修正再表示が，当該期間における経営者の意図が何であったかに関する仮定を必要とする場合
- その遡及適用又は遡及的修正再表示が，金額の重大な見積りを必要とするが，それらの見積りに関する次のような情報を，他の情報と客観的に区別することが不可能である場合
  - (i) 当該金額を認識，測定または開示すべき日に存在していた状況の証拠を提供し，かつ
  - (ii) 当該過年度に係る財務諸表の発行が承認された時に入手可能であった。

## (3)　見積りに必要な情報の区別

　過去の期間の比較情報の修正に際しては，重大な見積りが必要となることが多い。しかし，そのこと自体は，比較情報の信頼性のある修正や訂正を妨げるものではない（IAS 第 8 号第53項）。過去の期間に関する見積りを行う目的は，当期に関する見積りを行う場合と同様に，取引，その他の事象または状況が発生した時点で存在していた状況を反映することである（IAS 第 8 号第51項）。時の経過に伴い，過去の期間に実際に存在していた状況を明らかにすることは徐々に困難となる可能性があるが，このことは，比較情報の修正が実務上不可能となることを意味しない。

　過去の期間に関する見積りに，取引，その他の事象または状況が発生した時点で存在していた状況を反映するために，遡及適用や修正再表示には，以下の情報を他の情報（例えば，当該過年度の財務諸表を発行した後にのみ入手可能な情報）と区別できる必要がある。

- 取引その他の事象または状況が発生した日において存在していた状況の証拠を提供する情報
- 当該過年度の財務諸表の発行が承認された時に入手可能であったであろう情報

　図表Ⅲ－5－1は，過去の期間に関する見積りにおける，これらの情報の取扱いについて示している。

(図表Ⅲ－5－1）過去の期間の見積りに反映する情報

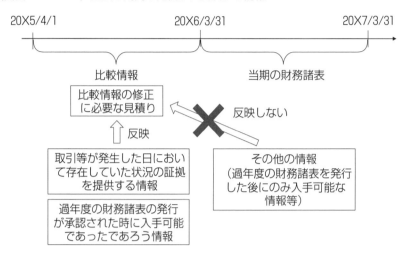

　IAS第8号は，上記のような情報とその他の情報の区別が不可能な例として，観察可能でない重大なインプットを使用する公正価値測定における見積りを示している。これは，そうした評価や判断は極めて主観的であり，過去の期間において，当初の見積りを行った際に考慮されたであろう主観的な検討を信頼性をもって再構築することは通常不可能なためである。このように，過去の期間の状況を再構築するために必要で，入手可能であった情報をその他の情報と区別することができない場合には，遡及適用または修正再表示は実務上不可能である（IAS第8号第52項）。

## (4) 事後的判断

　新たな会計方針を適用するか，過年度の誤謬の訂正を行う場合に，事後的判断（hindsight）を以下の状況で用いてはならない。

- 過年度における経営者の意図が何であったかを仮定するとき
- 過年度において認識，測定または開示される金額を見積るとき

　IAS第8号は，例として，企業がIAS第19号に従い，従業員の病欠休暇に関する債務の算定について過年度の誤謬の訂正を行う場合を示しており，訂正の対象となる期間に係る財務諸表の発行が承認された後に入手可能となった翌

278　第Ⅲ部　財務諸表の作成基礎，会計方針，会計上の見積りおよび誤謬

年度以降のインフルエンザの異例の大流行に関する情報は，過年度の誤謬の訂正を行う際の考慮事項としてはならないとしている（IAS第8号第53項）。

# 2．実務上不可能な場合の会計処理

　過去の特定の表示期間に固有の影響または過去のすべての期間の影響の算定が実務上不可能な場合，それぞれ次の方法で遡及適用または修正再表示を行うことになる。

## ⑴　期間固有の影響を決定することが実務上不可能な場合
　財務諸表に表示するある期間または複数の過去の期間に関する比較情報について，会計方針の変更または誤謬による期間固有の影響額を算定することが実務上不可能な場合，個々の期間への影響額の算定が可能な最も古い表示期間の期首から遡及適用または修正再表示する。最も古い表示期間とは過去の表示期間のうちの1期間（表示された期間が2期以上ある場合）の場合もあれば，当期の場合もある（IAS第8号第24項，第44項）。

　ある特定の過去の期間について，財政状態計算書の期首と期末の残高における累積的影響を測定できない場合，当該期間に対する遡及適用または修正再表示が実務上不可能となる。これは，過年度の損益への影響が，通常，期首と期末の累積的影響の差であるためである。期首または期末の残高のいずれかにおける累積的影響が不明な場合には，過年度の損益への影響（および期首または期末の資本に与える影響）を算定することはできないことになる。

---

**ケーススタディⅢ－5－1** ▶ **会計方針の変更の期間固有の影響を測定することが実務上不可能な場合**

　　前　提

　A社（3月決算）は，当期の財務情報と過去の2期間の比較情報を含む財務諸表を作成している。A社は，20X7年3月期に会計方針の変更を行った。この変更は，表示されるすべての期間において純資産と費用に影響を与え，かつ，企業の状態等に及ぼす影響について，信頼性があり，より目的適合性の高い情報を提供

財政するものである（IAS 第 8 号第14項）。

　この変更に関して，A社は，その会計記録から，報告しているすべての期間に関する修正を算定することができないが，当期首（前期末）と前期首の純資産の増加については，次のように算定できるとする。

（単位：百万円）

| 純資産への影響 | 20X4年<br>3月期以前 | 20X5年<br>3月期 | 20X6年<br>3月期 | 20X7年<br>3月期 |
|---|---|---|---|---|
| 4月1日（期首）時点における増加 | | | 600 | 800 |
| 各期間における増加（純額） | | | 200 | 400 |
| 3月31日（期末）時点における増加 | | 600 | 800 | 1,200 |

ポイント

　A社はどのように遡及修正を行うべきか。

考え方

　この事案では，20X5年 3 月期について，会計方針の変更による期間固有の影響が不明であるため，表示されているすべての期間に当該変更を遡及適用することが実務上不可能な場合に該当する。

　したがって，新たな会計方針が適用されるのは，遡及適用が可能な最も古い期間の期首時点，すなわち20X6年 3 月期の期首（20X5年 4 月 1 日）となる。

　A社は，20X7年 3 月期の財務諸表において，当該会計方針の変更に関して以下の修正を行うことになる。

（単位：百万円）

| 修正対象 | 20X5年<br>3月期 | 20X6年<br>3月期 | 20X7年<br>3月期 |
|---|---|---|---|
| 期首の純資産および資本の修正 | － | 600 | 800 |
| 過年度の損益計算書に対する修正 | － | 200 | － |

## (2)　累積的影響を測定することが実務上不可能な場合

　過年度のすべての期間について，遡及適用または修正再表示による累積的影響を算定することが実務上不可能な場合，実務上可能な最も古い日付から将来に向かって比較情報を修正する（IAS 第 8 号第25項，第45項）。これは，当該

280　第Ⅲ部　財務諸表の作成基礎，会計方針，会計上の見積りおよび誤謬

日付より前の累積的影響は考慮しないことを意味する。

　なお，企業は，会計方針を遡及適用することが過去のいずれの期間について
も実務上不可能な場合であっても，会計方針を変更することはできる（IAS 第
8 号第27項）。ただし，通常，比較可能性が十分確保できない場合には情報の
関連性が損なわれるため，遡及適用できない会計方針を任意に採用することは
稀であると考えられる。

# 第6章

# 開　示

## 1. 会計方針の開示

### (1) 会計方針の適用についての開示

　企業が採用する会計方針のうち，重要性がある会計方針情報については開示
が必要となる。IFRS 第18号では，会計方針情報は，次の場合に重要性がある
と説明している（IAS 第8号第27A 項）。

> 　会計方針情報は，企業の財務諸表に含まれている他の情報と合わせて考
> えた場合に，一般目的財務諸表の主要な利用者が当該財務諸表に基づいて
> 行う意思決定に影響を与えると合理的に予想し得るならば，重要性がある。

　会計方針情報は，財務諸表の利用者が財務諸表における他の重要性がある情
報を理解するために必要となる場合には，重要性があると見込まれる（IAS 第
8号第27C 項）。この評価にあたっては，他の情報を評価するのと同様に，定
性的要因と定量的要因を考慮して行う。**図表Ⅲ－6－1**は，会計方針情報が重
要性があるかどうか，したがって，開示が必要となるかをどのように評価する
のかについて示している（IFRS 実務記述書第2号「重要性の判断の行使」第
88C 項参照）。

（図表Ⅲ－6－1）会計方針情報に重要性があるかどうかの評価のフローチャート

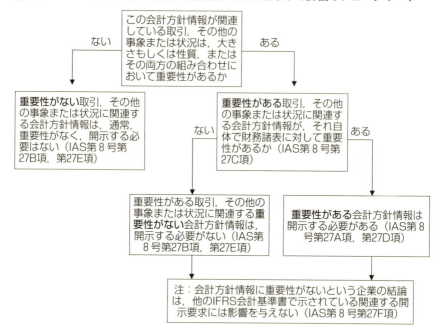

### Short Break　会計方針の開示に関する IFRS 会計基準の修正

2021年2月，IASBは，会計方針の開示の改善を目的として，「会計方針の開示－ IAS 第1号「財務諸表の表示」および IFRS 実務記述書第2号の修正」を公表した。この修正により IAS 第1号に対して，次の変更が行われ，2023年1月1日以後開始する事業年度から適用されている（なお，この修正により IAS 第1号に対して行われた修正は，IFRS 第18号の公表により IAS 第8号に移管されている）。

- 「重要な（significant）」会計方針を IFRS 会計基準で定義された用語である「重要性がある（material）」に置き換え，「重要性がある」会計方針情報の開示を要求
- 会計方針情報が重要性があると予想される状況を明確化（会計方針情報が提供されなければ，財務諸表利用者が財務諸表における他の重要性がある情報を理解することができない可能性がある場合，当該会計方針情報は重要性があると予想される）

第6章 開 示 *283*

- ●財務諸表に対して重要性があると考える可能性が高い会計方針情報の例示を提供
- ●重要性がない会計方針情報を開示する必要がないこと，また，重要性がない会計方針情報を開示する場合には，重要性がある会計方針情報を覆い隠してはならないことを明確化

また，上記の修正を支援するため，IFRS 実務記述書第 2 号「重要性の判断の行使」が修正されており，重要性の概念を会計方針の開示に適用する方法についてのガイダンスが提供されている。

### ① 取引やその他の事象と会計方針情報の重要性の考え方

取引やその他の事象の金額に重要性がある場合でも，関連する会計方針情報自体が特定の取引や事象についての会計処理の理解にとって重要性がないときには，当該情報は省略される可能性がある。反対に，重要性がない取引やその他の事象に関する会計方針情報が，関連する取引や事象の性質により，重要性がある場合がある（IAS 第 8 号第27B 項，第27E 項，第27F 項）（**図表Ⅲ－6－2参照**）。

**（図表Ⅲ－6－2）取引等の重要性に応じた会計方針情報の重要性の取扱い**

| 重要性がある取引等に関連する会計方針情報 | ●重要性がある取引，その他の事象または状況に関連する会計方針情報は，その一部について，それ自体で重要性がないため開示する必要はないと結論付ける場合がある<br>●重要性がない会計方針情報を開示する場合，そうした情報は重要性がある会計方針情報を不明瞭にしてはならない<br>●会計方針情報に重要性がないという結論は，他のIFRS会計基準書に示されている関連する開示要求には影響を与えない |
|---|---|
| 重要性がない取引等に関連する会計方針情報 | ●重要性がない取引，その他の事象または状況に関連する会計方針情報は，通常，重要性がなく，開示する必要はない<br>●ただし，重要性がない関連する取引，その他の事象または状況の性質から，会計方針情報に重要性があると結論付けた場合には開示が必要となる |

### ② 会計方針情報に重要性があるかどうかの評価

ⅰ. 会計方針情報の重要性評価にあたって考慮すべき状況

　IAS第8号では，会計方針情報が財務諸表に対して重要性があると企業が考える可能性の高い状況の例を示している。具体的には以下の5つの状況である。会計方針情報が，重要性がある取引その他の事象や状況に関連していて，かつ，これらの状況に当てはまる場合には，当該会計方針情報は財務諸表に対して重要性があるとされる可能性が高い。ただし，これらは例示であり，必ずしもこれらに限定されるものではない（IAS第8号第27C項）。

- 当報告期間中に会計方針を変更し，この変更により，財務諸表における情報に重要性がある変動が生じている。
- 会計方針がIFRS会計基準で認められている複数の選択肢から選択されている（例えば，投資不動産を公正価値ではなく取得原価での測定を選択した場合に生じる可能性がある）。
- 具体的に当てはまるIFRS会計基準書がないため，会計方針がIAS第8号に従って策定されている（第Ⅲ部第2章1.(3)①「IAS第8号のヒエラルキー」（240頁）参照）。
- 会計方針が，その適用にあたって重要な判断や仮定を行うことを要求されていて，IAS第8号に従って当該判断や仮定の開示をしている領域に関連している（IAS第8号第27G項，第31A項）。
- それらについて要求される会計処理が複雑で，会計方針情報がない場合，その重要性がある取引，その他の事象または状況を利用者が理解できないと考えられる（例えば，複数のIFRS会計基準書を，1つのクラスの重要性がある取引に適用する場合に生じる可能性がある）。

　図表Ⅲ－6－3に会計方針情報の重要性評価にあたって考慮すべき状況を図示した。

第6章 開 示　　285

（図表Ⅲ－6－3）会計方針情報の重要性評価にあたって考慮すべき状況

会計方針情報が<u>重要性がある</u>取引，その他の事象または状況に関連

＋

- 期中に<u>会計方針を変更</u>し，これにより財務諸表の情報に重要性がある変動が発生
- <u>複数の選択肢から会計方針を選択</u>
- <u>具体的に当てはまる基準書がなく</u>，<u>IAS第8号に従って会計方針</u>を策定
- 会計方針の適用に<u>重要な判断や仮定が要求</u>され，それらを<u>IAS第8号に従って開示</u>している領域に関連
- <u>会計処理が複雑</u>で，会計方針情報がないと，利用者が重要性がある取引その他の事象や状況を<u>理解できない</u>

### ⅱ．企業固有の情報の開示

　企業固有の情報は，一般的に，定型化された情報やIFRS会計基準の要求の単なる繰返しや要約のみの情報よりも，利用者にとって有用となる。このため，会計方針情報の開示にあたっては，IFRS会計基準における要求を企業自身の状況にどのように適用したのかに焦点を当てる必要がある（IAS第8号第27D項）。

　また，企業固有の会計方針情報は，企業が判断を行使した領域に関連している場合には，特に有用となる。例えば，同じ業界の類似企業とは異なる方法でIFRS会計基準を適用している場合などが挙げられる（IFRS実務記述書第2号「重要性の判断の行使」第88E項）。

> *Short Break*　**企業固有でない情報に重要性がある場合**
>
> 　IFRS実務記述書第2号では，企業固有の会計方針情報の有用性を強調しているが，重要性がある会計方針情報が定型化された情報や，IFRS会計基準書の要求事項の繰返しまたは要約である情報を含む可能性があるとも説明しており，そのような重要性がある可能性がある状況の例示として次を挙げている（IFRS実

務記述書第2号第88F項)。

- ●財務諸表利用者が，財務諸表で提供されている他の重要性がある情報を理解するために，当該情報を必要とする場合
  - ○例えば，IFRS第9号を適用する企業が，金融商品の分類に関して選択肢を持たない場合に生じる可能性がある。利用者は，企業がIFRS第9号の要求を金融商品にどのように適用したかがわかる場合にのみ，重要性がある金融商品を企業がどのように会計処理したかを利用者が理解できる可能性がある。
- ●企業が国内の会計基準を適用した報告も行う法域において報告を行っている場合
- ●IFRS会計基準で要求されている会計処理が複雑で，要求されている会計処理を利用者が理解する必要がある場合
  - ○例えば，重要性があるクラスの取引その他の事象や状況を企業が複数のIFRS会計基準を適用して会計処理している場合に生じる可能性がある。

### iii．重要性がない会計方針情報の開示

重要性がない会計方針情報を開示する場合，そのような情報で重要性がある会計方針情報を不明瞭にしてはならない（IAS第8号第27E項）。

会計方針情報に重要性がないという結論は，他のIFRS会計基準書で示されている関連する開示要求には影響を与えない（IAS第8号第27F項）。

### iv．会計方針情報の開示に関するケーススタディ

IFRS実務記述書第2号は，基準や解釈指針を構成するものではないが，その設例において，会計方針情報の重要性の検討にあたって参考となる考え方が示されている。以下の**ケーススタディⅢ－6－1**と**Ⅲ－6－2**は，当該設例を参考にした取扱いを示している。

第6章 開示　287

### ケーススタディⅢ－6－1 ▶ 企業固有の情報に焦点を当てた会計方針情報の開示

#### 前提

- A社は，電子通信業界で事業を営んでおり，携帯電話とデータ・サービスの両方を提供する契約を小口顧客と締結している。これらの契約から生み出される収益は，当期の財務業績にとって重要性がある。

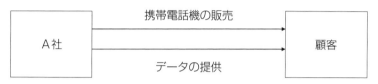

- 典型的な契約では，A社が顧客に携帯電話機とデータ・サービスを3年間にわたり提供する。
- A社はIFRS第15号「顧客との契約から生じる収益」を適用し，契約条件に沿って次の2つの履行義務と関連する対価を識別している。
  ○ 携帯電話機…携帯電話機の提供と3年間にわたる毎月の使用料の受取り
  ○ データ…3年間にわたる毎月所定の量のデータ・サービスの提供とそれに係る月額固定料金の受取り
- 携帯電話機については，履行義務の充足時（すなわち，携帯電話機を顧客に提供した時）に収益を認識し，データ・サービスの提供については，履行義務の充足につれて（すなわち，3年の契約期間にわたりデータ・サービスを顧客に提供するにつれて）収益を認識すると結論付けた。
- A社は，この収益の会計処理にあたって次の事項に関する判断を行っている。
  ○ 履行義務への取引価格の配分
  ○ 履行義務の充足の時期

#### ポイント

2種類の契約から生じる収益について，図表Ⅲ－6－1の評価フローチャートも参考に，IAS第8号に基づき，会計方針情報に重要性があるかを評価する。

#### 考え方

次のすべての事実と状況を考慮すると，A社の収益認識に関する会計方針情報は，財務諸表の利用者の意思決定に影響を与えると合理的に見込みうることから，重要性がある会計方針情報として開示する必要があると考えられる。そのような開示には，A社が取引価格を履行義務にどのように配分するのか，あるいはA社がどの時点で収益を認識するのかに関する情報が含まれる。

288　第Ⅲ部　財務諸表の作成基礎，会計方針，会計上の見積りおよび誤謬

関連する取引等に重要性があるかの評価
- これらの契約から生み出される収益は，Ａ社の財務業績にとって重要性がある。

会計方針情報に重要性があるかの評価
- 当期中に会計方針を変更していない。
- IFRS会計基準で選択肢が認められている会計方針ではない。
- 具体的に当てはまるIFRS会計基準がない場合にIAS第8号に従って策定されたものではない。
- それほど複雑ではなく，IFRS第15号の要求の標準化された記述がないと主要な利用者が関連する収益取引を理解できないというほどではない。
- ただし，Ａ社の収益認識の会計方針の一部は，その会計方針を適用にあたり（例えば，取引価格を履行義務に配分する方法や，収益認識の時期の決定にあたり）重要な判断を行った領域に関連している。
  - 取引価格の履行義務への配分方法の理解は，取引の各構成要素が企業の収益やキャッシュ・フローにどう寄与するのかを利用者が理解するのに役立つ可能性が高い。
  - 一部の収益は一時点で認識され，一部の収益は一定の期間にわたり認識されることの理解は，報告されるキャッシュ・フローが収益とどのように関連するのかを利用者が理解するのに役立つ可能性が高い。
- Ａ社は，IFRS第15号で求められている，IFRS第15号の適用時に行った重要な判断に関する情報（IFRS第15号第123項〜第126項）に加え，利用者が関連する会計方針情報の理解を必要とする可能性が高いと考えている。
- Ａ社はさらに，自らが行った判断が企業固有のものであると考えている。したがって，重要性がある会計方針情報は，企業がIFRS第15号の要求事項を自らの具体的な状況にどのように適用したのかに関する情報を含むことになる。

---

ケーススタディⅢ−6−2 ▶ 基準の要求を繰り返すのみの会計方針情報の開示

前 提
- Ｂ社は，有形固定資産を有しており，財務諸表に対して重要性がある。無形資産やのれんはなく，また，当期または比較対象期間のいずれにおいても有形固定資産について減損損失を認識していない。

第6章　開　示　*289*

● 過去の報告期間において，B社は，次のように，非流動資産の減損に関して，
IAS第36号の要求の繰り返しで，企業固有の情報とならない会計方針情報を
開示している。

> 　グループの無形資産および有形固定資産の帳簿価額は，減損の兆候があ
> るかどうかを判定するため，各報告日に見直している。兆候が存在する場
> 合，当該資産の回収可能価額を見積る。のれんと耐用年数を確定できない
> 無形資産については，回収可能価額を少なくとも毎年見積っている。
> 　資産またはその資金生成単位（CGU）の帳簿価額が回収可能価額を上回
> る場合，減損損失を認識する。資産の回収可能価額は，売却コスト控除後
> の公正価値と使用価値のいずれか大きいほうである。使用価値の測定では，
> 見積将来キャッシュ・フローを貨幣の時間価値と資産固有のリスクについ
> て現在の市場の評価を反映する税引前の割引率を用いて現在価値に割り引
> き算定する。おおむね独立したキャッシュ・インフローを生み出さない資
> 産については，回収可能価額は，当該資産が属するCGUについて算定され
> る。
> 　CGUについて認識した減損損失については，まず当該CGUに配分した
> のれんの帳簿価額を減額し，そのうえで当該単位の他の資産の帳簿価額を
> 比例的に減額するように配分する。
> 　のれんについての減損損失は，その後に戻入れを行わない。その他の資
> 産については，回収可能価額の算定に使用した見積りに変更があった場合
> に減損損失の戻入れが行われるが，新たな帳簿価額が，減損損失がまった
> く認識されなかったとした場合に算定されたであろう帳簿価額（減価償却
> および償却を控除後）を上回らない範囲でのみ行われる。

ポイント

　図表Ⅲ－6－1の評価フローチャートも参考に，IAS第8号に基づき，非流動
資産の減損に関する会計方針情報に重要性があるかを評価する。

考え方

　次のすべての事実と状況を考慮すると，IAS第36号の減損に関する要求事項の
要約を会計方針として開示することは，利用者が行う意思決定に影響を与えると
合理的に見込みうる情報を提供せず，B社は，重要性がある会計方針情報として
開示する必要はないと考えられる。

関連する取引等に重要性があるかの評価

● 減損テストの対象資産である有形固定資産は，B社の財務諸表に対して重要

290　第Ⅲ部　財務諸表の作成基礎，会計方針，会計上の見積りおよび誤謬

性がある。

会計方針情報に重要性があるかの評価

- 当期と比較対象期間において，減損テストの対象資産には，減損も減損の戻入れも生じておらず，減損損失をどのように認識して配分するのかに関する会計方針情報は，主要な利用者にとって重要性がある可能性は低い。
- B社は無形資産ものれんも有していないので，それらの減損についての会計方針の情報が主要な利用者に重要性がある情報を提供する可能性は低い。
- 減損の会計方針は，IAS第8号の重大な判断や仮定を要求される領域に関するものである（IAS第8号第27G項，第31A項）。企業固有の状況を考慮し，B社は，減損の評価に関連する重大な判断や仮定に関する情報は，利用者の意思決定に影響を与えると合理的に見込みうると結論付けた。
- ただし，減損の評価に使用した重大な判断や仮定に関する情報は，IAS第8号に従った重大な判断や仮定に関する開示（IAS第8号第27G項，第31A項）にすでに含まれている場合があり，その場合，財務諸表における関連する情報を利用者が理解するのにIAS第36号の認識・測定の要求の理解が必要となる可能性は低い。

なお，減損に関する要求事項の要約を会計方針情報として開示しない場合でも，B社は，減損の判定に適用した重大な判断や仮定に関連する重要性がある会計方針情報を財務諸表の他の場所で開示する必要がある場合がある。また，IAS第36号の他の開示要求が開示すべき重要性がある情報を提供するかどうかの評価は必要となる。

---

## ケーススタディⅢ－6－3 ▶ IAS第8号に基づき会計方針を策定している場合の会計方針情報の開示

前提

- 20X7年12月，投資会社であるC社は，投資戦略を修正し，運用資産の一部を暗号通貨に配分することを決定した。
- 第1段階として，運用資産の2.5％を暗号通貨に配分することを決定している。また，修正後の戦略では，運用資産に占める暗号通貨の割合を20X3年末までに5％まで増やし，その後，運用資産に占める割合を5～10％に恒常化するとしている。
- C社の運用資産は，純損益を通じて公正価値で測定する金融資産に分類されている。

第6章 開 示 *291*

- 投資戦略の修正時点の運用資産総額は2,000億円であり，したがってC社は，暗号通貨を50億円購入した（運用資産の2.5％）。
- C社は，暗号通貨を無形資産として会計処理し，IAS第38号に従って再評価額で測定することを選択する（IAS第38号第75項）。
- 20X8年3月末，C社の運用資産総額の公正価値は2,200億円となり，暗号通貨のポジションは70億円（運用資産の3.2％）となった。
- C社は，暗号通貨ポジションは20X8年3月末時点で定量的な観点から重要性があり，運用資産の5％に達した場合も重要性があると結論付けている。

この場合，C社は，暗号通貨投資に関する会計方針情報を20X8年3月末に終了する事業年度の財務諸表において開示すべきか。

ポイント

図表Ⅲ－6－1の評価フローチャートも参考に，IAS第8号に基づき，暗号通貨への投資に関する会計方針情報に重要性があるかを評価する。

考え方

次のすべての事実と状況を考慮すると，暗号通貨への投資活動に関する会計方針情報は，財務諸表利用者の理解にとって重要性がある可能性が高く，C社は，重要性がある会計方針情報として開示する必要があると考えられる。

関連する取引等に重要性があるかの評価

- 暗号通貨ポジションは20X8年3月末時点で重要性があると判断している。

会計方針情報に重要性があるかの評価

- 暗号通貨の活動に関する会計原則は，IFRS会計基準には明確に記載されていない。このため，会計方針をIAS第8号第10項〜第12項に照らして策定している。
- 暗号通貨の事後測定については会計方針の選択が可能であった。
- 暗号通貨の観測可能な市場価格は相当なボラティリティを伴う。
- 暗号通貨は20X8年3月末におけるC社の投資の新しいカテゴリーであり，その他の運用資産の再測定はすべて純損益に表示されるが，暗号通貨資産の再測定はその他の包括利益に表示される。
- C社は今後数年間で運用資産における暗号通貨の割合を増やす予定である。

## (2) 会計方針の適用における重大な判断についての開示

財務諸表において，見積りを伴う判断（第3章1.「会計上の見積り」（255

292　第Ⅲ部　財務諸表の作成基礎，会計方針，会計上の見積りおよび誤謬

頁）参照）とは別に，経営者が会計方針を適用する過程で行った判断のうち，財務諸表に認識されている金額に最も重大な影響を与えているものを開示しなければならない（IAS 第 8 号第27G 項）。

　経営者の判断の例には次のようなものがある（IAS 第 8 号第27項）。

- ●金融資産や貸手の場合におけるリースの対象資産の保有による重大なリスクと経済的価値のほとんどすべてが他の企業に移転されるのはどのような場合か
- ●特定の物品の販売が実質的に融資の取決めであり，したがって収益を生じさせないものか
- ●金融資産の契約条件が所定の日に元本と元本残高に対する利息の支払のみであるキャッシュ・フローを生じさせるか

　他の IFRS 会計基準書によって，会計方針の適用における経営者の判断についての説明が求められる場合がある。例えば，IAS 第40号では，不動産の分類が困難な場合，投資不動産を自己使用不動産と販売目的で保有している不動産に区別するための判断規準の開示を求めている。同様に，IFRS 第12号「他の企業への関与の開示」には，企業が他の企業を支配しているのかどうかを決定する際に行った判断について開示すべきという，より明確な要求が含まれている。IAS 第 8 号は，他の IFRS 会計基準書に具体的な要求がない場合に，経営者が行った判断について開示するという一般的な義務を定めている（IAS 第 8 号第27I 項）。

## 2．見積りの不確実性の開示

### (1)　見積りの不確実性の開示が必要となる状況

　企業の見積りにあたってはさまざまな不確実性が伴う。IFRS 会計基準では，重要性がある見積りの不確実性についての開示を求めている。具体的には，次のように定めている（IAS 第 8 号第31A 項）。

> 企業は，報告期間の末日における，将来に関して行う仮定および見積りの不確実性の他の主要な発生要因のうち，翌事業年度中に資産および負債の帳簿

第6章　開示　*293*

価額に重要性がある修正（material adjustments）を生じさせる重大なリスク（significant risk）があるものに関する情報を開示しなければならない。

---

*Point Of View*　見積りの不確実性に関する開示が要求される可能性のある項目の例

　見積りの不確実性は，資産・負債の帳簿価額を決定する際に，将来の不確実な事象（例えば，将来の給与やその他の価格の変動）が報告期間の末日の当該資産・負債に及ぼす影響を見積る必要がある場合に生じる。

　見積りの不確実性に関する開示が要求される可能性がある項目としては，例えば以下が挙げられる。

- 有形固定資産の回収可能価額
- 有形固定資産を再評価する場合の公正価値
- 技術的陳腐化が棚卸資産に与える影響
- 公正価値で計上されている金融資産・金融負債の公正価値測定に用いた重大な仮定
- 各種の引当金に影響を与える将来の事象に関する主要な仮定
- 確定給付年金制度に関連する負債の現在価値算定に用いた重大な数理計算上の仮定
- 売掛金の回収可能額
- 繰延税金資産の回収可能性

IAS 第8号により要求される一部の仮定に関する開示（IAS 第8号第31A項）は，他の IFRS 会計基準書でも要求されている場合がある。例えば，IAS 第37号は，引当金に影響を及ぼす将来の事象に関する重大な仮定の開示を要求している（IAS 第37号第85項）。

---

　見積りの不確実性の開示は，翌事業年度中に資産や負債の帳簿価額に重要性がある修正を生じる重大なリスクがある場合にのみに求められる。経営者が財務諸表の重要な金額に関して見積りを行う場合でも，必ずしもそれが重要性がある修正を生じる重要なリスクがあることを意味するとは限らない。重要性がある修正は概して，困難な，主観的または複雑な判断において生じる。変数や仮定の数が多くなれば，判断はより複雑となり，将来の重要性がある修正の可能性もそれに従って増大する（IAS 第8号第31C項）。

294　第Ⅲ部　財務諸表の作成基礎，会計方針，会計上の見積りおよび誤謬

　IAS 第 8 号は，開示の範囲を，翌事業年度中に資産・負債の帳簿価額に重要
性がある修正を生じる重大なリスクのある項目に限定している。しかし，資
産・負債の帳簿価額の評価は，翌事業年度の予測のみに基づくものではなく，
資産が回収されるか負債が決済される全期間の予測に基づくものである。その
ため，より長い期間における資産の回収可能性および負債の決済に係る再評価
の結果として，資産・負債の帳簿価額の重要性がある修正が翌事業年度に発生
する可能性がある。

---

> ***Point Of View***　翌年度に市場価格の著しい変動の影響を受ける可能性の
> ある公正価値で計上される資産および負債に関する見積
> りの不確実性をどのように開示すべきか
>
> 　公正価値で計上される資産や負債の公正価値が活発な市場における同一
> の資産や負債の相場価格に基づいている場合（IFRS 第13号），当該資産・
> 負債には見積りの不確実性はほとんど存在しない。それらの資産や負債の
> 市場価格は，翌年度に変動する可能性はあるが，報告期間の末日時点では
> 正確に評価されている。IAS 第 8 号は，翌年度に市場価格の著しい変動の
> 影響を受ける可能性のある資産や負債の識別を求めていない。開示は，報
> 告期間の末日における公正価値に見積りの不確実性が存在する場合にのみ
> 要求される。
>
> 　IFRS 第13号では，公正価値で測定される資産・負債の公正価値測定に
> 関して，具体的な開示の要求を定めている。

---

## (2)　見積りの不確実性に関する開示項目

　見積りの不確実性についての開示が必要となる状況がある場合，当該資産・
負債について，次の詳細に関しての注記が求められる（IAS 第 8 号第31A 項）。

- ●その性質
- ●報告期間の末日現在の帳簿価額

　また，上記の開示は，将来や見積りの不確実性の発生要因について経営者が
行う判断を，財務諸表利用者が理解するのに役立つ方法で提供する必要がある。
提供する情報の性質と範囲は，仮定の性質やその他の状況によって変わるが，

IAS 第 8 号では，開示の種類の例として，次の項目を示している（IAS 第 8 号第31E 項）。

- 仮定またはその他の見積りの不確実性の性質
- 帳簿価額の計算の基礎となる方法，仮定および見積りに対する感応度（その感応度の理由を含む）
- 不確実性についての予想される解消方法，および翌事業年度中に合理的に生じると考えうる結果の範囲（影響を受ける資産・負債の帳簿価額に関して）
- 当該資産・負債に関する過去の仮定について行った変更の説明（その不確実性が未解消のままである場合）

なお，要求される開示を行う際に予算情報や予測を開示することは求められない（IAS 第 8 号第31F 項）。

---

### *Point Of View*　主要な会計上の見積りにはどのような開示が必要となるか

IAS 第 8 号は，企業に対し，翌事業年度中に資産・負債の帳簿価額に重要性がある修正を生じる重大なリスクがある場合に，将来についての仮定やその他の見積りの不確実性の主要な発生要因についての情報の開示を要求している（IAS 第 8 号第31A 項）。この要求は，経営者にとって最も困難，主観的または複雑な判断を必要とする見積りに係るものとなる（IAS 第 8 号第31C 項）。

仮定についての情報は，経営者によって適用された判断を財務諸表の利用者が理解するのに役立つ方法で表示する必要がある。この要求事項を満たすために必要となる可能性のある情報は，具体的な事実および状況によって異なる。

ある見積られたインプットに対する会計上の見積りの感応度が非常に高い場合，経営者が見積られたインプットおよびこの特定のインプットに対する会計上の見積りの関連する感応度を開示することが有用となる可能性がある。

複数の仮定の変化に対する感応度が高い会計上の見積りについては，経営者が仮定を最近の期間における実際の業績と関連付ける定性的な記述を行うことにより情報の目的が満たされる可能性がある。

296　第Ⅲ部　財務諸表の作成基礎，会計方針，会計上の見積りおよび誤謬

---

### ケーススタディⅢ－6－4 ▶ 主要な会計上の見積りに関する開示の検討

#### 前　提

- A社は，石油・ガス会社であるが，当期にいくつかの油田を減損処理した。
- これらの油田からのキャッシュ・フローは20年から30年継続する予定である。
- 減損の計算における最も重大な仮定は，長期の石油価格である。
- A社は最初の2年間について石油の先渡価格を使用するが，残りの年については長期の石油価格についての自社の見積りを使用する。
- 使用する実際の長期の石油価格は，石油会社によって大幅に異なる可能性がある。
- A社は，翌事業年度における仮定の合理的な変動により帳簿価額の重要性がある修正を生じさせる可能性があり，先渡価格データの範囲を越える石油価格の見積りは困難，主観的かつ複雑であると考えている。

#### ポイント

IAS第8号の見積りの不確実性に関する開示項目（IAS第8号第31A項，第31E項）に基づき開示すべき項目を検討する。

#### 考え方

A社は，長期の石油価格の見積りをどのように行ったかについての情報を提供する必要がある（IAS第8号第31A項）。例えば，次のような情報を記載する可能性がある。

- 考慮したさまざまなシナリオとそれらの重み付けについての情報
- 価格の仮定自体についての定量的情報（例えば，5年目，10年目，15年目の価格）
- さまざまな価格の仮定に対する帳簿価額の感応度

上記のほか，経営者が気候変動リスクや関連する将来の規制をシナリオにどのように織り込んでいるかなどの情報についても，関連性のある情報となる可能性がある。

---

　報告期間の末日における仮定または他の見積りの不確実性の発生要因が与える可能性のある影響の範囲を開示することが実務上不可能な場合がある。その場合，既存の知識に基づいて，翌事業年度中に仮定と異なる結果が生じることにより，影響を受ける資産・負債の帳簿価額に重要性がある修正が必要となることが合理的に生じうる旨を開示する。すべての場合で，仮定の影響を受けて

第6章 開 示 *297*

いる具体的な資産または負債（またはそれらの種類）の内容と帳簿価額を開示する。なお，「実務上不可能」という用語は，IAS第8号において定義されている（IAS第8号第31G項）。

### (3) 会計方針の適用における重大な判断についての開示との関係

　会計方針を適用する過程で経営者が行った重大な判断に関して要求される開示は，見積りの不確実性に関して要求される開示には関連しない（IAS第8号第31H項）。企業が有する情報が不十分ないし不完全な場合の見積りの不確実性の開示は将来に関するものであることが多い。しかし，十分な情報がある場合でも，会計方針を適用する際に判断を用いなければならない場合がある。例えば，他の企業の所有や議決権についての十分な情報がある場合でも，複雑な状況においては，当該企業の支配の判定には判断が必要となりうる。

## 3．会計方針の変更，会計上の見積りの変更および過年度の誤謬の訂正に関する開示

### (1) 会計方針の変更に関する開示

　新たなIFRS会計基準書の適用による会計方針の変更，あるいは，任意の会計方針の変更が当期または過去の期間に影響を与えるか，もしくは将来の期間に影響を与える可能性がある場合，**図表Ⅲ－6－4**に示した事項を開示する。なお，いずれの場合も，その後の期間の財務諸表でこれらの事項を繰り返し開示する必要はない（IAS第8号第28項，29項）。

（図表Ⅲ－6－4）会計方針の変更に関する開示

| | 新たなIFRS会計基準書の適用による会計方針の変更 | 任意の会計方針の変更 |
|---|---|---|
| ① | 適用した基準書または解釈指針の名称 | |
| ② | 会計方針の変更の内容 | |

| | | |
|---|---|---|
| ③ | | 新たな会計方針の適用が，従前の会計方針の適用によって提供される情報よりも信頼性のある関連性の高い情報を提供する理由 |
| ④ | 該当する場合，会計方針の変更が当該基準または解釈指針が定める経過措置に従って行われた旨 | |
| ⑤ | 当該経過措置の概要（該当する場合，将来の期間に影響を与える経過措置） | |
| ⑥ | 実務上可能な範囲で，当期および表示する過去の各期間の，次の事項に関する修正額<br>● 影響を受ける財務諸表の各表示項目<br>● 基本的および希薄化後1株当たり利益（IAS第33号「1株当たり利益」が適用される場合） ||
| ⑦ | 実務上可能な範囲で，表示している期間よりも前の期間に関する修正額 ||
| ⑧ | IAS第8号により遡及適用が要求されているが，表示されている過去の期間，または，当該期間よりも前の期間に遡及適用することが実務上不可能な場合には，その状態に至った状況，および，会計方針の変更がいつから，どのように適用されているかの説明 ||

なお，上表⑥に記載のとおり，会計方針の変更による過去の期間の財務諸表項目への影響だけでなく，当期の財務諸表項目への影響の開示も要求されているため，留意する必要がある（**図表Ⅲ－6－5参照**）。

### (図表Ⅲ－6－5) 影響額の開示

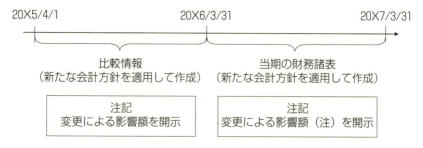

（注）従前の会計方針を当期にも適用し，算定する必要がある。

## (2) 会計上の見積りの変更に関する開示

　会計上の見積りの変更が，当期に影響を及ぼすか，または，将来の期間に影響を及ぼすと予想される場合，その内容と金額を開示する。ただし，将来の期間に対する影響額を見積ることが実務上不可能な場合には，その旨を開示する必要がある（IAS 第 8 号第39項，第40項）。

---

### *Point Of View*　期中報告における開示

　期中財務報告に関連して，IAS 第34号は，見積りの変更に関する追加的な開示を要求している。期中報告期間に報告された見積金額について，当該事業年度の最終の期中報告期間（例えば，四半期ごとに期中財務報告を行う場合には第 4 四半期会計期間）中に重大な変更があり，企業がその最終の期中報告期間に関する個別の財務報告書を公表しない場合には，企業はその見積りの変更の内容と金額を当該事業年度の年次財務諸表の注記で開示する必要がある（IAS 第34号第26項）。

---

## (3) 過年度の誤謬の訂正に関する開示

　過年度の誤謬を訂正する場合，次の事項を開示する（IAS 第 8 号第49項）。

---

① 過年度の誤謬の内容
② 実務上可能な範囲で，表示する過去の各期間の，次の事項に関する修正額
　● 影響を受ける財務諸表の各表示項目
　● 基本的および希薄化後 1 株当たり利益（IAS 第33号が適用される場合）
③ 表示対象となる最も古い期間の期首における修正額
④ 特定の過去の期間について修正再表示が実務上不可能な場合には，その状態に至った状況，および，誤謬がいつから，どのように訂正されているかの説明

---

　なお，その後の期間の財務諸表でこれらの開示を繰り返す必要はない（IAS 第 8 号第49項）。

## (4) その他の開示

会計方針の変更または過年度の誤謬の訂正を行う場合，IFRS 第18号において次の事項の開示が定められているため，留意する必要がある。

- 持分変動計算書において，資本の各内訳項目について，過去の各期間および期首時点への遡及適用の影響額を開示する（IFRS 第18号第107項(b)，第108項）。
- 会計方針の遡及適用または財務諸表項目の修正再表示が，前期の期首時点の財政状態計算書に重要性がある影響を有している場合には，当該財政状態計算書も表示する。ただし，追加の財政状態計算書に関連する注記を開示する必要はない（IFRS 第18号第37項，第39項）。

# 4．未発効の新会計基準書または改訂会計基準書に関する開示

新しい IFRS 会計基準書が公表されているものの未発効であり，かつ，企業がその IFRS 会計基準書を早期適用していない場合，次の事項を開示する（IAS 第8号第30項）。

- 新しい IFRS 会計基準書を適用していない旨
- 新しい IFRS 会計基準書が適用初年度の財務諸表に及ぼす可能性のある影響の評価に関連性のある既知のまたは合理的に見積可能な情報

また，上記の開示を行う際には，次の事項の開示を検討する必要がある（IAS 第8号第31項）。

| |
|---|
| ① 新しい IFRS 会計基準書の名称 |
| ② 将来における会計方針の変更の内容 |
| ③ 当該 IFRS 会計基準書の適用が要求される日付 |
| ④ 企業が当該 IFRS 会計基準書の適用を予定している日付 |
| ⑤ 当該 IFRS 会計基準書の適用開始が財務諸表に及ぼすと予想される影響に関する検討，または，その影響が不明であるか，合理的に見積ることができない場合にはその旨の説明 |

第6章 開 示　*301*

---

**Point Of View**　開示を行うかどうかの判断

　未発効の新しい IFRS 会計基準書等に関する開示は，財務諸表利用者が新しい会計基準が企業の財務諸表に与える可能性のある影響を評価できるようにすることを目的としている。したがって，経営者は，新しい IFRS 会計基準書等が企業に重要性のある影響を与えることが予想されるかどうかを判断する必要がある。

　この重要性の評価においては，過去の取引や財政状態への影響と，合理的に予測可能な将来の取引への影響の双方の観点から検討する必要がある。新しい IFRS 会計基準書等に，企業に影響を及ぼす可能性のある会計処理の選択肢が含まれる場合，その選択肢を使用するかどうかの見込みについても開示すべきと考えられる。

　なお，財政状態計算書日後，財務諸表の承認前に新しい IFRS 会計基準書が公表された場合も同様に，開示の必要性について検討する必要がある。

---

# 第 IV 部

# IFRS 第18号に準拠した開示例

　第 IV 部では，IFRS 第18号「財務諸表における表示及び開示」適用後の財務諸表の具体的なイメージをつかめるよう，基本財務諸表（財務業績の計算書，財政状態計算書，持分変動計算書，キャッシュ・フロー計算書）および IFRS 第18号に関連する主な注記について，開示例を示している。

304    第Ⅳ部　IFRS第18号に準拠した開示例

## 第Ⅳ部の開示例を利用するにあたっての留意事項

　本開示例は，2027年1月1日以後開始する事業年度に適用となる IFRS 第18号の要求事項を基礎として作成している。製造業を営むA社とその子会社（以下，総称して「当社グループ」という）が，IFRS 会計基準に準拠して連結財務諸表を作成していることを想定している。

　IFRS 第18号の適用にあたって，当社グループは，主要な事業活動として資産に投資しておらず，また顧客にファイナンスを提供することもしていないと判断している。

　また，当社グループの連結財務諸表の開示のうち，基本財務諸表と IFRS 第18号の影響を受ける注記のうち，主な注記を事例として示している。

　本開示例の利用にあたっては，以下の点に留意されたい。

- ●本開示例は，IFRS 第18号を適用して作成された財務諸表の実例が見受けられない2024年11月30日現在で入手可能な情報に基づいて，読者の理解に資することを目的とした1つの試みとして作成されたものであること
- ●IFRS 会計基準におけるすべての開示要求や取引を網羅したものではないため，各報告企業の財務諸表の作成に際しては，必要に応じて記載，また判断が必要になること
- ●本開示例は，唯一認められる財務諸表の表示形式を示しているわけではなく，他の代替的な表示が IFRS 会計基準の開示要求に準拠していれば認められる可能性があること
- ●本開示例で示している金額は，例示を目的としたものであり，必ずしも本開示例全体を通じて首尾一貫していないこと

　なお，本開示例においては，以下を前提としている。

- ●財務業績の計算書は，損益計算書と包括利益を表示する計算書の2つの計算書を表示する方法で作成している
- ●損益計算書では，費用を機能別に表示している
- ●財政状態計算書における資産および負債は，流動または非流動に分類して表示している
- ●連結キャッシュ・フロー計算書は，間接法で作成している

- 基本財務諸表の注記欄には，参照先の注記番号を記載していない
- IFRS 第 1 号「国際財務報告基準の初度適用」は適用していない
- IFRS 第18号の初度適用時の開示は含めていない

第Ⅳ部の最後に，参考として，以下の連結損益計算書の例を添付している（336頁）。

- 主要な事業活動として金融資産に投資し，主要な事業活動として顧客にファイナンスを提供している投資銀行兼リテール銀行
- 主要な事業活動として金融資産に投資している保険会社

*306* 第Ⅳ部　IFRS第18号に準拠した開示例

IFRS18.10,103

# 1．連結財政状態計算書

IFRS18.27,114

（単位：百万円）

|  | 注記 | 前連結<br>会計年度<br>（20X7年<br>3月31日） | 当連結<br>会計年度<br>（20X8年<br>3月31日） |
|---|---|---|---|
| **資産** | | | |
| **流動資産** | | | |
| 現金及び現金同等物 | | 30,299 | 55,083 |
| 営業債権及びその他の債権 | | 8,220 | 15,662 |
| 契約資産 | | 2,561 | 1,519 |
| 棚卸資産 | | 19,672 | 22,153 |
| 償却原価で測定する金融資産 | | 842 | 1,100 |
| 純損益を通じて公正価値で測定する金融資産 | | 10,915 | 11,300 |
| デリバティブ金融商品 | | 1,417 | 1,854 |
| その他の流動資産 | | 428 | 491 |
| 小計 | | 74,354 | 109,162 |
| 売却目的で保有する資産 | | 4,955 | 250 |
| 流動資産合計 | | 79,309 | 109,412 |
| **非流動資産** | | | |
| 有形固定資産 | | 106,290 | 129,107 |
| 使用権資産 | | 9,508 | 9,756 |
| のれん | | 9,745 | 8,305 |
| 無形資産 | | 11,200 | 16,245 |
| 持分法で会計処理されている投資 | | 3,275 | 3,775 |
| 償却原価で測定する金融資産 | | 2,629 | 3,496 |
| 純損益を通じて公正価値で測定する金融資産 | | 980 | 2,390 |
| その他包括利益を通じて公正価値で測定する<br>金融資産 | | 7,148 | 6,782 |
| デリバティブ金融商品 | | 712 | 308 |
| 繰延税金資産 | | 5,524 | 7,849 |
| その他の非流動資産 | | 520 | 312 |
| 非流動資産合計 | | 157,531 | 188,325 |
| **資産合計** | | **236,840** | **297,737** |

左欄の注記：
- IFRS18.96,99（流動資産）
- IFRS18.103（現金及び現金同等物）
- IFRS18.103（営業債権及びその他の債権）
- IFRS15.105（契約資産）
- IFRS18.103（棚卸資産）
- IFRS18.103, IFRS7.8（償却原価で測定する金融資産）
- IFRS18.103, IFRS7.8（純損益を通じて公正価値で測定する金融資産）
- IFRS18.103, IFRS7.8（デリバティブ金融商品）
- IFRS18.103（売却目的で保有する資産）
- IFRS18.96,100（非流動資産）
- IFRS18.103（有形固定資産）
- IFRS16.47（使用権資産）
- IFRS18.103（のれん）
- IFRS18.103（無形資産）
- IFRS18.103（持分法で会計処理されている投資）
- IFRS18.103, IFRS7.8（償却原価で測定する金融資産）
- IFRS18.103, IFRS7.8（純損益を通じて公正価値で測定する金融資産）
- IFRS18.103, IFRS7.8（その他包括利益を通じて公正価値で測定する金融資産）
- IFRS18.103, IFRS7.8（デリバティブ金融商品）
- IFRS18.103（繰延税金資産）

（単位：百万円）

| | 注記 | 前連結<br>会計年度<br>（20X7年<br>3月31日） | 当連結<br>会計年度<br>（20X8年<br>3月31日） |
|---|---|---|---|
| **負債及び資本** | | | |
| **負債** | | | |
| **流動負債** | IFRS18.96.101 | | |
| 営業債務及びその他の債務 | IFRS18.103 | 11,723 | 15,760 |
| 社債及び借入金 | IFRS18.103 | 7,995 | 8,400 |
| リース負債 | IFRS16.47 | 2,777 | 3,008 |
| デリバティブ金融商品 | IFRS18.103, IFRS7.8 | 1,398 | 1,376 |
| 未払法人所得税 | IFRS18.103 | 856 | 1,130 |
| 従業員給付債務 | | 470 | 690 |
| 引当金 | IFRS18.103 | 1,240 | 2,697 |
| 契約負債 | | 1,525 | 1,982 |
| 小計 | | 27,984 | 35,043 |
| 売却目的で保有する資産に直接関連する負債 | IFRS18.103 | 500 | - |
| 流動負債合計 | | 28,484 | 35,043 |
| **非流動負債** | | | |
| 社債及び借入金 | IFRS18.103 | 76,600 | 89,115 |
| リース負債 | IFRS16.47 | 8,514 | 8,493 |
| 退職給付に係る負債 | | 4,881 | 6,749 |
| 引当金 | IFRS18.103 | 1,382 | 1,573 |
| 繰延税金負債 | IFRS18.103 | 6,820 | 12,456 |
| 非流動負債合計 | | 98,197 | 118,386 |
| **負債合計** | | **126,681** | **153,429** |
| **資本** | | | |
| 資本金 | IFRS18.104 | 55,293 | 58,098 |
| 資本剰余金 | IFRS18.104 | 9,238 | 28,555 |
| 利益剰余金 | | 34,503 | 45,108 |
| 自己株式 | | (550) | (676) |
| その他の資本の構成要素 | | 5,986 | 3,761 |
| 親会社の所有者に帰属する持分合計 | IFRS18.104 | 104,470 | 134,846 |
| 非支配持分 | IFRS18.104 | 5,689 | 9,462 |
| **資本合計** | | **110,159** | **144,308** |
| **負債及び資本合計** | | **236,840** | **297,737** |

*308* 第Ⅳ部　IFRS第18号に準拠した開示例

IFRS18.10,11,12

## 2．連結損益計算書

IFRS18.27,114

（単位：百万円）

| | 注記 | 前連結<br>会計年度<br>（自 20X6年<br>4月1日<br>至 20X7年<br>3月31日） | 当連結<br>会計年度<br>（自 20X7年<br>4月1日<br>至 20X8年<br>3月31日） |
|---|---|---|---|
| **継続事業** | | | |
| 収益 | | 161,604 | 197,659 |
| 売上原価 | | (83,447) | (102,439) |
| **売上総利益** | | **78,157** | **95,220** |
| | | | |
| 販売費 | | (26,957) | (33,376) |
| 研究開発費 | | (1,010) | (1,215) |
| 一般管理費 | | (13,601) | (16,682) |
| のれんの減損損失 | | (900) | – |
| その他の営業収益 | | 11,362 | 15,941 |
| その他の営業費用 | | (1,959) | (3,267) |
| **営業利益** | | **45,092** | **56,621** |
| 持分法を適用して会計処理される関連会社の利益に対する持分相当額 | | 355 | 340 |
| 投資収益 | | 905 | 1,616 |
| **財務及び法人所得税前利益** | | **46,352** | **58,577** |
| 借入金及びリース負債に係る金利費用 | | (5,998) | (6,520) |
| 確定給付負債（資産）及び引当金に係る金利費用 | | (156) | (225) |
| その他の金融費用 | | (583) | (746) |
| **税引前利益** | | **39,617** | **51,086** |
| 法人所得税費用 | | (11,575) | (16,182) |
| 継続事業からの純利益 | | 28,042 | 34,904 |
| 非継続事業からの純利益 | | 399 | 727 |
| **純利益** | | **28,441** | **35,631** |
| 純利益の帰属： | | | |
| 親会社の所有者 | | 26,123 | 32,626 |
| 非支配持分 | | 2,318 | 3,005 |
| | | 28,441 | 35,631 |
| 継続事業からの1株当たり利益： | | | |
| 基本的1株当たり利益 | | 47.3 | 56.9 |
| 希薄化後1株当たり利益 | | 47.1 | 55.8 |
| 1株当たり利益： | | | |
| 基本的1株当たり利益 | | 48.0 | 58.2 |
| 希薄化後1株当たり利益 | | 47.8 | 57.1 |

左欄注記参照記号：
IFRS18.75(a)（収益）
IFRS18.75(a),78,82(a)（売上原価）
IFRS18.75(a),78（販売費）
IFRS18.75(a),78（研究開発費）
IFRS18.75(a),78（一般管理費）
IFRS18.B79（のれんの減損損失）
IFRS18.69(a)（営業利益）
IFRS18.75(a)（持分相当額）
IFRS18.75(b)（投資収益）
IFRS18.69(b)（財務及び法人所得税前利益）
IFRS18.60（借入金及びリース負債に係る金利費用）
IFRS18.61（確定給付負債（資産）及び引当金に係る金利費用）
IFRS18.67,75(a)（法人所得税費用）
IFRS18.68,75(a)（非継続事業からの純利益）
IFRS18.69(c)（純利益）
IFRS18.76（純利益の帰属）
IAS33.66（1株当たり利益）

| | | | |
|---|---|---|---|

**IFRS18.10,11,12**

# 3．連結包括利益を表示する計算書

**IFRS18.27,114**

（単位：百万円）

| | 注記 | 前連結<br>会計年度<br>（自 20X6年<br>4月1日<br>至 20X7年<br>3月31日） | 当連結<br>会計年度<br>（自 20X7年<br>4月1日<br>至 20X8年<br>3月31日） |
|---|---|---|---|
| **IFRS18.69,86** 　**純利益** | | **28,441** | **35,631** |
| 　その他の包括利益 | | | |
| **IFRS18.88** 　純損益に振り替えられることのない収益及び費用 | | | |
| **IFRS18.89,B87** 　その他の包括利益を通じて公正価値で測定する資本性金融商品の公正価値の変動 | | (1,230) | 632 |
| **IFRS18.89** 　持分法で会計処理している関連会社のその他の包括利益に対する持分相当額 | | 100 | 300 |
| **IFRS18.89,B87** 　確定給付制度の再測定に係る利得（損失） | | (910) | 119 |
| **IFRS18.94** 　純損益に振り替えられることのない収益及び費用に係る法人所得税 | | (1,140) | (2,489) |
| 　純損益に振り替えられることのない収益及び費用合計 | | (3,180) | (1,438) |
| **IFRS18.88** 　特定の条件が満たされた時に純損益に振り替えられる可能性のある収益及び費用 | | | |
| **IFRS18.89,B87** 　その他の包括利益を通じて公正価値で測定する負債性金融商品の公正価値の変動 | | (228) | 126 |
| **IFRS18.89** 　持分法適用会社におけるその他の包括利益に対する持分相当額 | | 15 | 20 |
| **IFRS18.89,B87** 　在外営業活動体の換算から生じる為替差額 | | 185 | (617) |
| **IFRS18.89** 　非継続事業の換算から生じる為替差額 | | 58 | 170 |
| **IFRS18.89,B87** 　キャッシュ・フロー・ヘッジに係る利得 | | 1,301 | 274 |
| **IFRS18.94** 　特定の条件が満たされた時に純損益に振り替えられる可能性のある収益及び費用に係る法人所得税 | | (326) | (69) |
| 　特定の条件が満たされた時に純損益に振り替える可能性のある収益及び費用合計 | | 1,005 | (96) |
| **IFRS18.86** 　**その他の包括利益（税引後）** | | **(2,175)** | **(1,534)** |
| **IFRS18.86** 　**包括利益** | | **26,266** | **34,097** |
| | | | |
| **IFRS18.87** 　包括利益の帰属 | | | |
| 　　親会社の所有者 | | 23,690 | 31,191 |
| 　　非支配持分 | | 2,576 | 2,906 |
| | | 26,266 | 34,097 |
| 　親会社の所有者に帰属する包括利益の内訳 | | | |
| 　　継続事業 | | 23,233 | 30,306 |
| 　　非継続事業 | | 457 | 885 |
| | | 23,690 | 31,191 |

## 4. 連結持分変動計算書

前連結会計年度（自 20X6年4月1日 至 20X7年3月31日）

（単位：百万円）

| | 注記 | 資本金 | 資本剰余金 | 利益剰余金 | 自己株式 | その他の資本の構成要素 | 合計 | 非支配持分 | 資本合計 |
|---|---|---|---|---|---|---|---|---|---|
| 20X6年4月1日残高 | IFRS18.107 | 55,050 | 7,569 | 20,205 | (251) | 7,395 | 89,968 | 4,940 | 94,908 |
| 純利益 | IFRS18.107 | - | - | 26,123 | - | - | 26,123 | 2,318 | 28,441 |
| その他の包括利益 | IFRS18.107 | - | - | (403) | - | (2,030) | (2,433) | 258 | (2,175) |
| 包括利益合計 | | - | - | 25,720 | - | (2,030) | 23,690 | 2,576 | 26,266 |
| 非金融資産への振替 | | - | - | - | - | 237 | 237 | - | 237 |
| その他の資本の構成要素から利益剰余金への振替 | IFRS9.B5.7.1 | - | - | (384) | - | 384 | - | - | - |
| 所有者としての立場での所有者との取引 | IFRS18.107 | | | | | | | | |
| 株式の発行 | IAS32.22 | 243 | 1,114 | - | - | - | 1,357 | - | 1,357 |
| 自己株式の取得 | IAS32.33 | - | - | - | (299) | - | (299) | - | (299) |
| 配当金の支払 | | - | - | (11,038) | - | - | (11,038) | (1,827) | (12,865) |
| 株式報酬取引 | | - | 555 | - | - | - | 555 | - | 555 |
| | | 243 | 1,669 | (11,038) | (299) | - | (9,425) | (1,827) | (11,252) |
| 20X7年3月31日残高 | IFRS18.107 | 55,293 | 9,238 | 34,503 | (550) | 5,986 | 104,470 | 5,689 | 110,159 |

親会社の所有者に帰属する持分

当連結会計年度(自 20X7年4月1日 至 20X8年3月31日)

(単位：百万円)

| 注記 | | 親会社の所有者に帰属する持分 | | | | | | 非支配持分 | 資本合計 |
|---|---|---|---|---|---|---|---|---|---|
| | | 資本金 | 資本剰余金 | 利益剰余金 | 自己株式 | その他の資本の構成要素 | 合計 | | |
| IFRS18.107 | 20X7年4月1日残高 | 55,293 | 9,238 | 34,503 | (550) | 11,826 | 110,310 | 5,689 | 115,999 |
| IFRS18.107 | 純利益 | - | - | 32,626 | - | - | 32,626 | 3,005 | 35,631 |
| IFRS18.107 | その他の包括利益 | - | - | 307 | - | (1,742) | (1,435) | (99) | (1,534) |
| | 包括利益合計 | - | - | 32,933 | - | (1,742) | 31,191 | 2,906 | 34,097 |
| | 非金融資産への振替 | - | - | - | - | (31) | (31) | - | (31) |
| IFRS9.95.7.1 | その他の資本の構成要素から利益剰余金への振替 | - | - | 452 | - | (452) | - | - | - |
| IFRS18.107 | 所有者としての立場での所有者との取引 | | | | | | | | |
| IAS32.22 | 株式の発行 | 1,607 | 9,264 | - | - | - | 10,871 | - | 10,871 |
| | 企業結合の対価としての普通株式の発行 | 1,698 | 8,032 | - | - | - | 9,730 | - | 9,730 |
| | 新株予約権 | - | 2,450 | - | - | - | 2,450 | - | 2,450 |
| IAS32.33 | 自己株式の取得 | - | - | - | (1,217) | - | (1,217) | - | (1,217) |
| | 優先株式の買戻し | (500) | (1,023) | 143 | - | - | (1,380) | - | (1,380) |
| | 子会社取得に係る非支配持分 | - | - | - | - | - | - | 5,051 | 5,051 |
| IFRS10.23 | 非支配持分との取引 | - | (333) | - | - | - | (333) | (1,167) | (1,500) |
| | 配当金の支払 | - | - | (22,923) | - | - | (22,923) | (3,017) | (25,940) |
| | 株式報酬取引 | - | 927 | - | 1,091 | - | 2,018 | - | 2,018 |
| | | 2,805 | 19,317 | (22,780) | (126) | - | (784) | 867 | 83 |
| IFRS18.107 | 20X8年3月31日残高 | 58,098 | 28,555 | 45,108 | (676) | 3,761 | 134,846 | 9,462 | 144,308 |

*312*　第Ⅳ部　IFRS第18号に準拠した開示例

IFRS18.10,
IAS7.1.10
IFRS18.27,
114

# 5．連結キャッシュ・フロー計算書

（単位：百万円）

| | 注記 | 前連結<br>会計年度<br>（自 20X6年<br>4月1日<br>至 20X7年<br>3月31日） | 当連結<br>会計年度<br>（自 20X7年<br>4月1日<br>至 20X8年<br>3月31日） |
|---|---|---|---|
| **営業活動によるキャッシュ・フロー** | | | |
| 営業利益 | | 45,092 | 56,621 |
| 減価償却費及び償却費 | | 10,080 | 12,540 |
| のれんの減損損失 | | 900 | – |
| 減価償却，償却及び減損前営業利益 | | 56,072 | 69,161 |
| 営業債権の（増加） | | (4,647) | (6,470) |
| 契約資産の減少（増加） | | 694 | 1,042 |
| 棚卸資産の（増加） | | (1,832) | (1,340) |
| その他の債権の減少 | | (492) | 467 |
| 営業債務の増加 | | (784) | 1,339 |
| 契約負債の増加 | | 870 | 457 |
| その他の債務の増加（減少） | | (1,704) | 1,179 |
| その他の引当金の増加 | | 574 | 1,215 |
| 法人所得税控除前の営業活動から生じる現金 | | 48,751 | 67,050 |
| 法人所得税の支払額 | | (12,163) | (16,458) |
| **営業活動によるキャッシュ・フロー** | | **36,588** | **50,592** |
| **投資活動によるキャッシュ・フロー** | | | |
| 有形固定資産の取得による支出 | | (14,602) | (27,287) |
| 有形固定資産の売却による収入 | | 639 | 9,585 |
| 無形資産の取得による支出 | | (720) | (880) |
| 投資の取得による支出 | | (3,204) | (259) |
| 投資の売却による収入 | | 820 | 1,375 |
| 関連当事者への貸付金 | | (730) | (1,180) |
| 関連当事者からの貸付金の回収 | | 626 | 469 |
| 子会社の取得による支出 | | – | (2,600) |
| 事業売却による収入 | | – | 3,110 |
| 利息受取額 | | 1,154 | 1,520 |
| 配当金受取額 | | 4,520 | 3,460 |
| **投資活動によるキャッシュ・フロー** | | **(11,497)** | **(12,687)** |
| **財務活動によるキャッシュ・フロー** | | | |
| 株式の発行による収入 | | – | 12,318 |
| 自己株式の取得 | | (299) | (1,217) |
| 借入金による収入 | | 26,746 | 46,453 |
| 借入金の返済 | | (24,835) | (33,484) |
| リース負債の返済額 | | (1,338) | (1,942) |
| 非支配持分との取引額 | | – | (1,500) |
| 利息支払額 | | (6,799) | (8,127) |
| 配当支払額 | | (12,306) | (25,374) |
| **財務活動によるキャッシュ・フロー** | | **(18,831)** | **(12,873)** |

左欄の注記：
IAS7.10,18
IAS7.20
IAS7.35
IAS7.16
IAS7.39
IAS7.39
IAS7.34A
IAS7.34A
IAS7.17
IAS7.42A, 42B
IAS7.34A
IAS7.33A

|  |  |  |
|---|---|---|
| 現金及び現金同等物の純増減額 | 6,260 | 25,032 |
| 現金及び現金同等物の期首残高 | 23,823 | 30,299 |
| 現金及び現金同等物の為替レート変動の影響額 | 216 | (248) |
| 現金及び現金同等物の期末残高 | 30,299 | 55,083 |

IAS7.28

*314* 第Ⅳ部 IFRS第18号に準拠した開示例

IAS8.27A

# 6．重要性がある会計方針の要約

（1）連結及び持分法の会計処理

①子会社

IFRS10.5-7, 20,25
子会社とは，当社グループが支配しているすべての企業をいう（組成された企業を含む）。当社グループが，企業への関与により生じる変動リターンに対するエクスポージャーまたは権利を有している場合で，その企業に対するパワーを通じてこれらのリターンに影響を与える能力を有している場合には，当社グループは，その企業を支配している。当社グループは子会社に対する支配を獲得した日から当該子会社を連結し，支配を喪失した日から連結を中止している。

IFRS3.4
当社グループによる企業結合の会計処理には，取得法を用いている。

IFRS10.B86(c)
グループ企業間の取引，グループ企業間取引に係る残高及び未実現利益については消去している。未実現損失については，当該取引が譲渡資産の減損の証拠となっている場合を除き，消去している。

②関連会社

IAS28.5,16
関連会社とは，当社グループが重要な影響力を有しているものの支配または共同支配していないすべての企業であり，通常20％から50％の議決権を保有している。関連会社に対する投資は，当初に原価で認識した後に，持分法で会計処理している。

③持分法

IAS28.10
持分法では，当初認識時に投資を原価で認識し，その帳簿価額を増額または減額して，株式取得日以降の投資先の純損益に対する当社グループの持分を純損益に認識し，投資先のその他の包括利益の変動に対する当社グループの持分をその他の包括利益に認識している。関連会社から受け取った配当金は，当該投資の帳簿価額から減額している。

IAS28.28,30
当社グループとその関連会社との間の取引に係る未実現利益は，これらの企業に対する当社グループの持分の範囲内で消去されている。取引が移転した資産の減損の証拠を示さない場合には，未実現損失も消去される。

IAS28.42
持分法による投資の帳簿価額については，「（11）非金融資産の減損」に記載した会計方針に従って減損テストを実施している。

④所有持分の変動

IFRS10.23,B96
当社グループは，支配の喪失に至らない非支配持分との取引を，当社グループの持分所有者との取引として取り扱っている。所有持分の変動を受けて，子会社に対する相対的持分を反映するため，支配持分および非支配持分の帳簿価額を修正している。非支配持分の修正額と支払対価または受取対価との差額は，当社の所有者に帰属する資本の中の別個の剰余金として認識される。

IFRS10.25,B97-B99,IAS28.22
当社グループが，支配または重要な影響力を喪失したために，連結または持分法の会計処理を終了する場合には，当該企業に対する残存持分を公正価値で再測定し，帳簿価額の変動を純損益で認識している。以前に当該企業に関連してその他の包括利益で認識した金額は，当社グループが関連する資産または負債を直接処分したかのように会計処理している。このため，以前にその他の包括利益で認識した金額が，純損益に振り替えられる場合がある。

IAS28.25
関連会社に対する所有持分が減少したものの，引き続き重要な影響力を保持する場合，過去にその他の包括利益に認識した金額のうち，当該減少に係る割合を適切な場合には純損益に振り替えている。

### （2）企業結合

IFRS3.5,37,39,53,
18,19

資本性金融商品またはその他の資産が取得されたかどうかにかかわらず、すべての企業結合の会計処理に取得法を用いている。子会社の取得のために移転した対価は、以下で構成される。
- ・移転した資産の公正価値
- ・取得した事業の旧所有者に対する負債
- ・当社グループが発行した資本持分
- ・条件付対価契約から生じた資産または負債の公正価値
- ・取得前から存在する子会社の資本持分の公正価値

企業結合において取得した識別可能な資産並びに引き受けた負債および偶発負債は、限定的な例外を除き、当初、取得日公正価値で測定される。当社グループは、被取得企業の非支配持分を買取事案ごとに、公正価値または被取得企業の識別可能純資産に対する非支配持分の比例的な持分のいずれかで認識している。
取得関連コストについては、発生時に費用処理している。

IFRS3.32,34

以下の合計が識別可能純資産の公正価値を超過する部分を、のれんとして認識している。
- ・移転した対価
- ・被取得企業の非支配持分の金額
- ・取得前に保有していた被取得企業の資本持分の取得日公正価値

上記の金額が取得した事業の識別可能純資産の公正価値を下回る場合には、その差額は、割安購入益として純損益に直接認識される。
現金対価の決済の一部を繰り延べる場合、将来支払う金額を交換日現在の現在価値に割り引いている。
条件付対価は、資本または金融負債のいずれかに分類される。金融負債に分類した金額は、その後に公正価値で再測定され、公正価値の変動は純損益に認識される。

IFRS3.42

段階的に達成する企業結合においては、当社グループが取得前に保有していた被取得企業の資本持分を取得日公正価値で再測定し、再測定により生じる利得または損失を純損益で認識している。

### （3）外貨換算
#### ①機能通貨および表示通貨

IAS21.9,17,18
IFRS18.27

当社グループの各企業の財務諸表に含まれる項目については、企業が営業活動を行う主たる経済環境における通貨（「機能通貨」）を用いて測定している。

#### ②取引および残高

IAS21.21,28,32
IFRS9.6.5.11(b),
6.5.13(a)

外貨建取引は、取引日における為替レートを用いて機能通貨に換算されている。これらの取引の決済から生じる外国為替差額並びに外貨建貨幣性資産および負債を報告期間末の為替レートで換算することによって生じる外国為替差額は、通常、純損益において認識される。それらが適格なキャッシュ・フロー・ヘッジおよび純投資ヘッジに関連しているか、在外営業活動体に対する純投資の一部である場合には、資本に繰り延べられる。

IAS21.23(c),30

外貨建の公正価値で測定する非貨幣性項目は、公正価値が算定された日の為替レートを用いて換算される。公正価値で計上された資産および負債に関する換算差額は、公正価値利得または損失の一部として計上される。非貨幣性項目に係る利得または損失が純損益に認識される場合は、当該利得または損失の為替換算差額は、純損益に認識される。一方、その他の包括利益に認識される場合は、当該利得または損失の為替換算差額は、その他の包括利益に認識される。
純損益に含めた為替差額のうち、外貨預金に係る為替差額は、投資収益に含めて表示し、外貨借入に係る為替差額は、その他の金融費用に含めて表示している。その他の取引の決済や資産および負債の換算から生じる為替差額は、その他の営業収益またはその他の営業費用に含めて表示している。

*316* 第Ⅳ部　IFRS第18号に準拠した開示例

③グループ会社

IAS21.39　表示通貨とは異なる機能通貨を使用している在外営業活動体(超インフレ経済下の通貨を所有している会社は存在しない)の財務業績および財政状態については，以下の方法で表示通貨に換算している。
・各財政状態計算書の資産と負債については，当該財政状態計算書の報告日における決算日レートで換算する。
・各損益計算書の収益および費用については，平均レートで換算する(ただし当該平均レートが取引日において換算レートの累積的な影響の合理的な換算値とはいえない場合は収益および費用を取引日レートで換算する)。
・結果として生じるすべての為替差額については，その他の包括利益で認識する。

IFRS9.6.5.13　連結において，在外営業活動体に対する純投資並びにそのような投資のヘッジ手段として指定した借入金およびその他の金融商品についての換算から生じる為替差額は，その他の包括利益で認識される。在外営業活動体が売却されるか，純投資の一部を形成する借入金が返済される場合には，関連する為替差額は，売却における利得または損失の一部として純損益に振り替えられる。

IAS21.47　在外営業活動体の取得により生じるのれんおよび公正価値の調整は，在外営業活動体の資産および負債として処理され，決算日レートで換算される。

(4)投資およびその他の金融資産
①分類

IFRS9.4.1.1　当社グループは，保有する金融資産を以下の測定区分に分類している。
・事後的に公正価値で(その他の包括利益または純損益を通じて)測定する金融資産
・償却原価で測定する金融資産
分類は，金融資産の管理に関する企業の事業モデルおよびキャッシュ・フローの契約条件に応じて決定される。

IFRS9.4.1.4,5.7.1　公正価値で測定する資産については，利得または損失を純損益またはその他の包括利益のいずれかに計上している。売買目的保有ではない資本性金融商品への投資については，当社グループは，当初認識時に当該資本性金融商品をFVOCIで測定するという取消不能な選択を行っているかどうかによって，会計処理が異なる。

②認識および認識の中止

IFRS7.21,B5(c)　金融資産の通常の方法による購入および売却については，取引日に認識している。取引
IFRS9.3.1.1,3.2.2,　日とは，当社グループが資産の購入または売却を確約した日である。金融資産の認識の
B3.1.3-B3.1.6　中止については，当該金融資産からのキャッシュ・フローを受け取る権利が消滅した時点，またはその権利を譲渡し，かつ，当社グループが所有に係るリスクと経済価値のほとんどすべてを移転した時点で行っている。

③測定

IFRS9.5.1.1　当初認識時に，当社グループは金融資産をその公正価値で測定し，FVPLで測定する金融資産でない場合には，公正価値に金融資産の取得に直接起因する取引コストを加算している。FVPLで測定する金融資産の取引コストについては，純損益で費用処理している。

ⅰ．負債性金融商品

IFRS9.5.2.1　負債性金融商品の事後測定は，金融資産の管理に関する当社グループの事業モデルと当該資産のキャッシュ・フローの特性によって異なる。当社グループは，負債性金融商品を以下の3つの測定区分に分類している。

IFRS9.4.1.2　・償却原価：契約上のキャッシュ・フローを回収するために保有する資産については，その契約上のキャッシュ・フローが元本および元本残高に対する利息の支払のみを表している場合，償却原価で測定する。これらの金融資産からの金利収益は，実効金利法を用いた金利収益に含められる。認識の中止から生じる利得または損失は，純損益に直接認識され，為替差損益とともに，損益計算書上に独立の項目として表示される。

| | |
|---|---|
| IFRS9.4.1.1, 4.1.2A,5.7.10 | ・FVOCI：契約上のキャッシュ・フローの回収および売却のために保有する資産については，そのキャッシュ・フローが元本および元本残高に対する利息の支払のみを表している場合，FVOCIで測定している。純損益に認識される減損に係る利得または損失，金利収益および為替差損益を除き，帳簿価額の変動はその他の包括利益を通して認識される。金融資産の認識を中止した場合，以前にその他の包括利益に認識した利得または損失の累計額は，資本から純損益に振り替えて認識される。これらの金融資産からの金利収益は，実効金利法を用いた金利収益に含められる。 |
| IFRS9.4.1.1,4.1.4 | ・FVPL：償却原価またはFVOCIのいずれの要件も満たさない資産については，FVPLで測定している。事後的にFVPLで測定する負債性金融商品に係る利得または損失は純損益で認識され，それが生じた期間の投資収益で表示される。 |

### ⅱ．資本性金融商品

| | |
|---|---|
| IFRS9.5.7.5,5.7.6 | 当社グループは，すべての資本性金融商品を事後的に公正価値で測定している。当社グループの経営者が資本性金融商品に係る公正価値の利得および損失をその他の包括利益で表示することを選択する場合，当該金融資産の認識の中止による公正価値利得および損失の事後的な純損益への振替は行われない。当該金融資産からの配当については，引き続き，支払を受け取る当社グループの権利が確定している場合にはその他の収益として純損益に認識している。 |

### ④減損

当社グループは，償却原価およびFVOCIで測定する負債性金融商品に係る予想信用損失を将来予測に基づき評価している。適用される減損の方法は，信用リスクの著しい増大が生じたかどうかによって異なる。営業債権については，IFRS第9号における単純化したアプローチを適用し，その当初認識時から全期間の予想信用損失に等しい金額で認識している。

### ⑤金融資産および金融負債の相殺

| | |
|---|---|
| IAS32.42,IFRS7.13A,13B | 金融資産および金融負債については，当社グループが認識した金額を相殺する法的強制力のある権利を有している場合で，かつ，純額で決済する，もしくは資産の実現と負債の決済を同時に実行する意図を有している場合には，相殺して財政状態計算書に純額で表示する。 |

### （5）デリバティブとヘッジ活動

| | |
|---|---|
| IFRS9.5.1.1,5.2.1,5.2.3 | 当社グループは，デリバティブについて，契約を締結した日の公正価値で当初認識し，その後各報告期間末に公正価値で再測定している。その後の公正価値の変動は，デリバティブがヘッジ手段として指定されているかどうかによって，また，ヘッジ手段として指定した場合にはヘッジ対象の性質に応じて会計処理される。 |
| IFRS9.6.5.2 | 当社グループは，一部のデリバティブについて以下のいずれかの指定を行っている。<br>・認識している資産・負債または確定約定に対する公正価値ヘッジ<br>・認識している資産・負債のキャッシュ・フローまたは可能性の非常に高い予定取引に関連する特定のリスクに対するキャッシュ・フロー・ヘッジ<br>・在外営業活動体に対する純投資ヘッジ |
| IFRS9.6.4.1 | ヘッジ関係の開始時において，ヘッジ手段のキャッシュ・フローの変動がヘッジ対象のキャッシュ・フローの変動を相殺することが見込まれるかどうかを含め，ヘッジ手段とヘッジ対象の間の経済的関係を文書化している。当社グループは，さまざまなヘッジ取引を行うためのリスク管理目標および戦略を文書化している。<br>当社グループは，ヘッジ手段として指定した金融商品について損益計算書に含めた利得または損失，ヘッジ手段として指定していないが，識別されたリスクを管理するために用いているデリバティブに係る利得または損失を，投資収益またはその他の金融費用に含めて表示している。 |

*318* 第Ⅳ部　IFRS第18号に準拠した開示例

当社グループは，指定したヘッジ手段の未指定部分に係る利得または損失を指定した部分に係る利得または損失に含めて損益計算書に表示している。また，利得または損失の非有効部分を有効部分に含めて損益計算書に表示している。

①ヘッジ会計の適格要件を満たすキャッシュ・フロー・ヘッジ

IFRS9.6.5.11　キャッシュ・フロー・ヘッジとして指定され，かつその適格要件を満たすデリバティブの公正価値の変動のうち有効部分は，キャッシュ・フロー・ヘッジ剰余金に認識される。非有効部分に関連する利得または損失は，純損益に即時に認識される。

IFRS9.6.5.15　オプション契約が予定取引のヘッジに利用されている場合，当社グループは，オプション契約の本源的価値のみをヘッジ手段として指定している。

IFRS9.6.5.15　オプション契約の本源的価値の変動のうち有効部分に関連する利得または損失は，キャッシュ・フロー・ヘッジ剰余金に認識される。オプション契約の時間価値のうちヘッジ対象に関連する部分(調整後の時間的価値)の変動は，その他の包括利益に認識され，ヘッジコスト剰余金に含められる。

IFRS9.6.5.16　予定取引をヘッジするために先渡契約を利用する場合，当社グループは，通常，先渡契約の公正価値の変動のうち直物要素に関連する部分のみをヘッジ手段として指定している。先渡契約の直物要素の変動の有効部分に関連する利得または損失は，キャッシュ・フロー・ヘッジ剰余金に認識される。契約の先渡要素のうちヘッジ対象に関連する部分(調整後の先渡要素)の変動は，その他の包括利益に認識され，ヘッジコスト剰余金に含められる。一部の取引において，先渡契約(先渡要素を含む)の公正価値の変動全体をヘッジ手段として指定することがある。そのような場合，先渡契約全体の公正価値の変動のうち有効な部分に関連する利得および損失は，キャッシュ・フロー・ヘッジ剰余金に認識される。

資本に累積された金額については，ヘッジ対象が純損益に影響を与える期間において，以下のとおり振り替える。

IFRS9.6.5.15,　・ヘッジ対象がその後に非金融資産(棚卸資産など)の認識を生じる場合，繰り延べられ
6.5.16　　　　たヘッジ関連の利得および損失と繰り延べられたオプション契約の時間的価値または先渡要素の両方を，資産の当初の原価に含める。繰り延べられた金額は，ヘッジ対象が(例えば，売上原価を通して)純損益に影響を与えるときに，最終的に純損益に認識される。

IFRS9.6.5.11　・変動金利の借入金をヘッジする金利スワップのうち有効部分に関連する利得または損失は，ヘッジした借入金に係る金利費用の認識と同時に，その他の金融費用として純損益に認識される。

IFRS9.6.5.12　ヘッジ手段が消滅，売却，もしくは解約された場合，またはヘッジ会計の要件を満たさなくなった場合，当該時点の資本に累積された繰延利得または繰延損失および繰延ヘッジコストは，棚卸資産などの非金融資産の認識が生じる予定取引が発生するまで引き続き資本に計上される。予定取引の発生が見込まれなくなった場合，資本に計上されている累積された利得または損失および繰延ヘッジコストは，即時に純損益に振り替えられる。

②純投資ヘッジ

IFRS9.6.5.13　在外営業活動体に対する純投資ヘッジについては，キャッシュ・フロー・ヘッジと同様に会計処理している。

ヘッジ手段に係る利得または損失のうちヘッジ有効部分に係るものはその他の包括利益に認識され，資本における剰余金に累積される。非有効部分に係る利得または損失は，純損益に即時に認識される。

資本に計上した利得または損失の累計額は，在外営業活動体が部分的に処分または売却された時点で純損益に振り替えられる。

③ヘッジ会計の要件を満たさないデリバティブ

IFRS9.5.7.1　一部のデリバティブ金融商品は，ヘッジ会計の要件を満たしていない。ヘッジ会計の要件を満たさないデリバティブ金融商品の公正価値の変動は，純損益に即時に認識される。

## （6）現金および現金同等物

IAS7.6,8,46

キャッシュ・フロー計算書における表示のために，現金および現金同等物には，手許現金，要求払預金，容易に一定の金額に換金可能でありかつ価値の変動について僅少なリスクしか負わない当初の満期が3か月以内の流動性の高いその他の短期投資および当座借越を含めている。財政状態計算書上，当座借越は，流動負債の借入金に含めている。

## （7）棚卸資産

IAS2.9,10,25,
36

原材料，貯蔵品，仕掛品および製品は，原価と正味実現可能価額のいずれか低い額で計上されている。原価は直接材料費，直接労務費ならびに変動間接費および固定間接費から構成される。固定間接費は，正常生産能力に基づき配賦される。原価には，原材料の購入に関連する適格なキャッシュ・フロー・ヘッジに係る損益の資本からの組替調整が含まれるが，借入コストは除外される。購入した棚卸資産の原価については，リベートおよび割引を控除して算定する。正味実現可能価額とは，通常の事業の過程における見積売価から，完成までに要する原価の見積額および販売に要するコストの見積額を控除した額を指す。

## （8）有形固定資産

IAS16.73,17

有形固定資産は，取得原価から減価償却累計額を控除した額で計上している。取得原価には，当該資産の取得に直接起因するコストも含まれる。また，取得原価には，有形固定資産の外貨建ての購入に対する適格なキャッシュ・フロー・ヘッジに関する利得または損失の資本からの振替額が含まれる。

IAS16.50,73

減価償却費については，資産の取得原価を，それぞれ以下の見積耐用年数にわたって，定額法により配分することで算定している。
・建物　　　　　　　　25-40年
・機械装置　　　　　　10-15年
・運搬具　　　　　　　3-5年
・器具および備品　　　3-8年
器具および備品には，無料の店舗設備として受領したものが含まれ，公正価値でこれらの資産を認識している。これらの資産およびリース物件の附属設備については，リース期間を超えて使用する見込みである場合を除き，耐用年数とリース期間のいずれか短い方の期間を用いて減価償却している。

IAS16.51

資産の残存価額と耐用年数は，各報告期間末日に再検討され，必要に応じて修正される。

IAS36.59

資産の帳簿価額が見積回収可能価額を上回る場合，帳簿価額は，回収可能価額まで減額される。

IAS16.68,71

処分時の利得または損失は，収入と帳簿価額を比較することで算定され純損益に含められる。

## （9）無形資産
### ①のれん

IFRS3.32,
IAS36.10

のれんについては，「（2）企業結合」に記載のとおり測定している。子会社の取得時ののれんは，無形資産に含められている。のれんについては償却せず，毎年，もしくは減損している可能性を示す事象や状況の変化がある場合にはより高い頻度で減損テストを行い，減損損失累計額を控除した帳簿価額で計上している。企業の処分による利得および損失は，売却した企業に関連するのれんの帳簿価額を含む。

IAS36.80

のれんは，減損テストの目的で資金生成単位（CGU）に配分される。当該のれんが発生する企業結合から便益を得ることが見込まれるCGUまたはCGUグループに対して配分を行う。当該CGUまたはCGUグループは，のれんを内部管理目的で監視している最小のレベルで識別されており，それが事業セグメントとなっている。

*320*　第Ⅳ部　IFRS第18号に準拠した開示例

**②商標，ライセンス及び顧客との契約**

IAS38.74.97,
118

個別に取得した商標およびライセンスは，取得原価により表示される。企業結合により取得した商標，ライセンスおよび顧客との契約は，取得日公正価値で認識される。それらの耐用年数は確定可能であり，その後，取得原価から償却累計額および減損損失累計額を控除した額で計上される。

**③研究および開発**

IAS38.54.71,
66.74,97,118

ソフトウェア・プログラムの保守に関連するコストについては，発生時に費用として認識している。当社グループが管理している識別可能な独自のソフトウェア製品の設計およびテストに直接起因する開発費については，以下の要件がすべて満たされる場合に，無形資産として認識している。
・ソフトウェアを使用できるように完成させることが技術的に実行可能である
・ソフトウェアを完成させ，それを使用または売却するという経営者の意図がある
・ソフトウェアを使用または売却できる能力がある
・ソフトウェアが蓋然性の高い将来の経済的便益をどのように創出するのかを立証できる
・ソフトウェアの開発を完成させ，さらにそれを使用または売却するために必要となる適切な技術上，財務上およびその他の資産が利用可能である
・開発期間中のソフトウェアに起因する支出を信頼性をもって測定できる
ソフトウェアの一部として資産化される直接起因するコストには，ソフトウェア開発の人件費および関連する間接費の適切な部分が含まれる。
資産化された開発費は，無形資産として計上され，資産を使用する準備ができた時点より償却される。
資産計上の要件を満たさない研究費および開発費は，発生時に費用として認識される。

**④償却方法と償却期間**

IAS38.118

当社グループは，耐用年数を確定できる無形資産を次の年数にわたって定額法を用いて償却している。
・特許，商標，ライセンス　　3－5年
・IT 開発，ソフトウェア　　3－5年
・顧客との契約　　　　　　　1－3年

**(10)リース**

IFRS16.27

リースから生じる資産および負債については，現在価値で当初測定している。リース負債には，以下のリース料の正味現在価値が含まれる。
・固定リース料(実質上の固定リース料を含む)から受け取ったリース・インセンティブを控除した金額
・変動リース料のうち，指数またはレートに応じて決まる金額(当初測定には，リース開始日時点における指数またはレートを用いる)
・残価保証に基づいて当社グループが支払うと見込まれる金額
・当社グループが購入オプションを行使することが合理的に確実である場合の，当該オプションの行使価格
・リースの解約に対するペナルティの支払額(リース期間が当社グループによるリース解約オプションの行使を反映している場合)

IFRS16.18

行使することが合理的に確実である延長オプションに基づいて支払われるリース料も，負債の測定に含まれる。
各リース料の支払は，元本と金利費用に配分される。金利費用については，各期間において負債残高に対して一定の期間利子率となるように，リース期間にわたり純損益において費用処理しており，借入金およびリース負債に係る金利費用に含めて表示している。

IFRS16.24

使用権資産については，以下で構成される取得原価で測定している。
・リース負債の当初測定額

・開始日以前に支払ったリース料から受け取ったリース・インセンティブを控除した金額
・当初直接コスト
・原状回復費用

### (11)非金融資産の減損

IAS36.9,10　のれんおよび耐用年数を確定できない無形資産については，償却を行わず，毎年および事象または状況の変化によって減損の兆候がある場合にはその都度，減損テストを実施している。その他の資産については，事象または状況の変化によって帳簿価額が回収可能でない兆候がある場合に，減損テストを実施している。資産の帳簿価額が回収可能価額を超過する額について，減損損失を認識する。回収可能価額とは，処分コスト控除後の公正価値と使用価値のいずれか高い金額を指す。減損の有無の検討のため，その他の資産または資産グループのキャッシュ・インフローからおおむね独立した，別個に識別可能なキャッシュ・インフローの最小単位(資金生成単位)で資産をグルーピングしている。のれん以外の減損した非金融資産については，生じ得る減損の戻入れについて，各報告期間末に見直しを行っている。

### (12)従業員給付

#### ①短期債務

IAS19.11,13　従業員が関連する勤務を提供した報告期間の末日後12か月以内にすべてが決済すると予想される非貨幣性給付，年次有給休暇および累積型有給疾病休暇を含む，賃金および給与に関する負債は，報告期間末日までの従業員の勤務について認識され，負債の決済時に支払うと見込まれる金額で測定される。当該負債は，財政状態計算書に流動区分の従業員給付債務として表示される。

#### ②退職後債務

当社グループは，確定給付制度および確定拠出年金制度を有している。

IAS19.57,67　確定給付年金制度に関連して財政状態計算書で認識した負債または資産は，報告期間末日現在の確定給付制度債務の現在価値から制度資産の公正価値を控除したものである。確定給付制度債務については，独立した年金数理人が予測単位積増方式を用いて毎期算定している。

IAS19.83,86　確定給付制度債務の現在価値は，関連する年金債務と期間が近似しており，かつ給付が支払われる通貨建ての優良社債の利率を用いて，見積将来キャッシュ・アウトフローを割り引くことで算定される。優良社債について，厚みのある市場が存在しない国では，国債の市場金利を使用している。

IAS19.123　金利費用の純額は，確定給付制度債務の現在価値から制度資産の公正価値を控除した純額に割引率を乗じることによって算定される。この費用は，損益計算書の確定給付負債(資産)及び引当金に係る金利費用に含めて表示している。

IAS19.57　実績修正および数理計算上の仮定の変更から生じた再測定は，発生した期間に，その他の包括利益に認識される。

IAS19.103　制度改訂または縮小から生じる確定給付制度債務の現在価値の変動は，過去勤務費用として純損益で認識される。

IAS19.51　確定拠出制度については，当社グループは，公的にまたは民間が管理している年金保険制度に対し，制度，またはその他の契約上もしくは任意で拠出金を支払っている。拠出金の支払を行っている限り，当社グループに追加的な支払義務は発生しない。拠出金は，支払期日において従業員給付費用として認識される。拠出金の前払は，現金の払戻しまたは将来の支払額の減額が可能である範囲で資産として認識される。

*322* 第Ⅳ部 IFRS第18号に準拠した開示例

(13)株式に基づく報酬

株式に基づく報酬による給付については，当社従業員オプション制度を従業員に提供している。

IFRS2.15,19　A社従業員オプション制度に基づき付与されたオプションの公正価値は，対応する資本の増加とともに従業員給付費用として認識される。費用として処理する合計金額は，付与したオプションの公正価値を参照して以下のように算定される。

IFRS2.21　・株式市場条件を含める(例：企業の株価)

IFRS2.20　・勤務条件および株式市場条件以外の権利確定条件(例えば，収益性，売上成長目標や従業員が企業に一定期間勤務を継続すること)の影響を除く

IFRS2.21A　・権利確定条件以外の条件(例：従業員に対する積立又は一定期間の株式保有の要求)の影響を含める

IFRS2.19　費用の総額は，所定の権利確定条件のすべてが満たされるべき期間である権利確定期間にわたり認識される。各期間の末日現在において，当社は，株式市場条件以外の権利確定条件および勤務条件に基づいて権利確定が見込まれるオプション数の見積りを見直している。当初の見積りを見直した影響がある場合，その影響を純損益で認識し，対応する調整額を資本で認識する。

(14)引当金

IAS37.14,24,63　訴訟請求，サービス保証および原状回復義務に係る引当金については，当社グループが過去の事象の結果として現在の法的または推定的義務を有しており，当該義務を決済するために資源の流出が必要となる可能性が高く，その金額について信頼性のある見積りができる場合に認識している。将来の営業損失については，引当金を認識していない。引当金は，報告期間末日現在における現在の義務の決済のために必要とされる支出の経営者による最善の見積りの現在価値で測定される。現在価値を算定するために用いる割引率は，貨幣の時間価値および当該負債に固有のリスクについての現在の市場の評価を反映した税引前の割引率である。時の経過による引当金の増加は，金利費用として認識される。

IFRS15.119　(15)収益

①製品の販売－卸売事業

IFRS15.119,123,125　当社グループは，各種の家具や電子機器を製造し，卸売市場において販売している。製品の支配が卸売業者に移転した時に収益を認識している。すなわち，製品が卸売業者に引き渡され，卸売業者が製品の販路や価格についての完全な裁量を有し，卸売業者における製品の検収に影響を及ぼす可能性のある未充足の義務が存在しなくなった時点で，収益を認識している。製品を指定の場所に出荷し，陳腐化や損失のリスクが卸売業者に移転され，販売契約に従って卸売業者が製品を検収したか，または検収に関する留保条件が消滅したか，あるいはすべての検収条件の充足を示す客観的な証拠を当社グループが入手した時点で，引渡しとなる。

IFRS15.119,123,126　家具は，多くの場合，12か月間の販売総額に基づき，遡及的な数量値引きを付して販売される。これらの販売による収益は，契約上の価格から数量値引きの見積額を控除した純額で認識される。数量値引きの見積りと計上には，過去の経験に基づく期待値法を用いており，重大な戻入れが生じない可能性が非常に高い範囲でのみ収益を認識する。返金負債は，報告期間末までの販売に関連して顧客に支払われると予想される数量値引きに対して認識しており，「仕入債務及びその他の債務」に含めて表示している。販売は支払条件を30日としており，市場慣行と整合的であるため，重大な金融要素は存在しないとみなしている。標準的な保証の条件に基づき，欠陥製品の修理または交換を行う当社グループの義務を引当金として認識している。

IFRS15.117　当社グループは，製品を引き渡した時点で対価に対する権利が無条件となるため債権を認識している。

### ②製品の販売－小売事業

IFRS15.119,123, 125 当社グループは，家具販売の小売店チェーンを運営している。製品販売による収益は，グループ企業が顧客に製品を販売した時点で認識される。

IFRS15.117,119, 123,126 取引価格の支払いは，顧客が家具を購入し店舗で引渡しを受けた時点で要求される。当社グループの方針に従い，28日以内の返品権付きで最終顧客に製品を販売する。したがって，当社グループは，返品が見込まれる製品について，返金負債を認識している。返品の見積りは，過去の経験に基づき，販売時点にポートフォリオレベルで行う（期待値法）。返品される製品数量は数年間安定しているため，認識した収益の累計額に重大な戻入れが発生しない可能性は非常に高い状態にある。当社グループは，この仮定の妥当性と見積りについて，報告日ごとに再評価している。

IFRS15.119 標準的な保証の条件に基づいて欠陥製品の修理または交換を行う当社グループの義務を引当金として認識している。

### ③製品の販売－カスタマー・ロイヤルティ・プログラム

IFRS15.119,120, 125 当社グループは，小売顧客に将来の購入時に値引きとして交換可能なポイントを提供するロイヤルティ・プログラムを運営している。販売時にポイントに関する契約負債を認識し，ポイントが使用された時，または当初販売後12か月が経過し，ポイントが消滅したときに収益を認識している。

IFRS15.123,126 ポイントにより，契約を締結しなければ受け取ることができない重要な権利を顧客に提供しており，顧客にポイントを提供する約束は，別個の履行義務を構成する。独立販売価格の比率に基づいて，取引価格を製品とポイントに配分しており，過去の実績に基づいて，ポイント使用時に付与される値引きとポイント使用の発生可能性を基礎として，1ポイント当たりの独立販売価格を見積っている。
販売した製品の独立販売価格は，小売価格に基づき見積られる。値引きが発生することは非常にまれな状況であるため，値引きを考慮していない。

### ④ITコンサルティング・サービス

IFRS15.119,124 ITコンサルティング部門は，固定価格契約および変動価格契約の下で，法人向けITの管理，設計，導入，サポートサービスを提供している。サービスの提供から生じる収益は，サービスが提供される年度に認識される。固定価格契約の収益は，顧客が便益の受取りと同時に消費するため，提供予定のサービス全体に対する報告期間末現在における提供済のサービスの比率に基づき認識される。見積労働時間合計に対する実際に費やした労働時間の比率に基づいてこの比率を決定している。
一部の契約には，ハードウェアの販売と関連するソフトウェアのインストールなど，複数の成果物が含まれる。ただし，インストールについては，統合サービスを含まず，他の当事者が容易に行うことが可能であるため，インストールを別個の履行義務として会計処理している。

IFRS15.22,73,79, 119,125,126 契約に複数の履行義務が含まれる場合，取引価格は，独立販売価格に基づきそれぞれの履行義務に配分される。独立販売価格が直接的に観察可能でない場合，予想コストにマージンを加算した金額に基づいて見積っている。契約にハードウェアの設置が含まれる場合，ハードウェアが引き渡され，法的所有権が移転し，かつ顧客がハードウェアを検収した時点で，ハードウェアに係る収益を認識している。

IFRS15.119,123 状況が変化した場合には，収益，コスト，または進捗度の見積りを見直している。見積もった収益またはコストの増減は，見直しが必要となる状況を経営者が認識した期間の純損益に反映している。

IFRS15.117 固定価格契約の場合，顧客は支払予定に基づいて固定額を支払う。当社が提供したサービスが顧客の支払を超過する場合には契約資産を認識しており，顧客の支払が提供したサービスを超過する場合には契約負債を認識している。

IFRS15.B16 契約が時間ベースの料金を含む場合，当社が請求する権利を有する金額で収益を認識している。顧客への請求は月次で，対価は請求時に支払われる。

*324* 第Ⅳ部　IFRS第18号に準拠した開示例

### ⑤金融要素

IFRS15.129,63　当社グループは，約束した財またはサービスの顧客への移転と顧客による支払の期間が１年を超える契約はないため，取引価格について貨幣の時間価値を調整していない。

### (16)政府補助金

IAS20.7,39　政府からの補助金については，補助金が受領されることおよび当社グループが補助金のすべての付帯条件を遵守することについて合理的な保証がある場合に，公正価値で認識している。

費用に関する政府補助金については繰り延べ，補助金で補償することを意図している関連コストを費用認識する期間にわたって，純損益に認識している。

有形固定資産の購入に関する政府補助金については，繰延収益として非流動負債に含め，関連する資産の予想耐用年数にわたって，定額法に基づき純損益に計上している。

### (17)法人所得税

IAS12.46　当年度の法人所得税費用または収益は，一時差異および未使用の税務上の欠損金に帰属する繰延税金資産および負債の変動を調整したもので，各法域で適用される法人所得税率に基づいた当年度の課税所得に係る未払税額である。

IAS12.12,46　当期税金については，当社グループが事業を行い，課税所得が生じている国において，報告期間の末日現在で制定または実質的に制定されている税法に基づき算定している。

当社グループは，適用される税制の解釈を必要とする状況に関して，税務申告に対するポジションを定期的に評価し，税務当局が不確実な税務上の取扱いを認める可能性が高

IFRIC23　いかどうかを検討している。また，当社グループは，税金残高について，最も発生の可能性が高い金額または期待値のいずれかのうち，不確実性の解消をより良く予測する方法に基づき測定している。

IAS12.15,24,47　繰延税金については，資産および負債の税務基準額と連結財務諸表上の帳簿価額との間に生じる一時差異に対して全額を認識している。ただし，繰延税金負債がのれんの当初認識から生じる場合には認識されない。また，企業結合ではなく，かつ，取引日に会計上の利益(損失)および課税所得(税務上の欠損金)にも影響を与えず，同額の将来加算一時差異および将来減算一時差異を生じさせない取引における，資産または負債の当初認識から生じる場合，繰延税金は会計処理されない。繰延税金の算定には，報告期間の末日までに制定または実質的に制定されており，関連する繰延税金資産が実現する年度または繰延税金負債が決済される年度において適用されると見込まれる税率(および税法)を使用している。

IAS12.51C　公正価値で測定する投資不動産に関連する繰延税金負債については，当該不動産が売却を通じて完全に回収されると仮定して算定している。

IAS12.24,34　繰延税金資産は，一時差異および税務上の繰越欠損金を利用できるだけの将来課税所得が稼得される可能性が高い場合においてのみ認識される。

IAS12.39,44　在外営業活動体に対する投資の帳簿価額と税務基準額との間の一時差異については，当社が当該一時差異を解消する時期をコントロールすることができ，かつ予測可能な期間内に当該一時差異が解消しない可能性が高い場合には繰延税金負債および資産を認識していない。

IAS12.71,74　当期税金資産と当期税金負債を相殺する法的強制力のある権利を有し，繰延税金の残高が同一の税務当局に関連している場合には，繰延税金資産および負債を相殺する。企業が相殺する法的強制力のある権利を有し，純額で決済するかまたは資産の実現と負債の決済を同時にすることを意図している場合には，当期税金資産および当期税金負債を相殺している。

IAS12.61A　当期法人所得税および繰延法人所得税は，純損益で認識される。ただし，その他の包括利益で認識される項目または資本に直接認識される項目に関連する税金については，それぞれその他の包括利益または資本において認識される。

### (18) 1株当たり利益

#### ①基本的1株当たり利益

IAS33.10　基本的1株当たり利益は，親会社の所有者に帰属する純利益(普通株式以外の株式に関連するコストを除く)を当年度中に発行された普通株式における無償部分について調整済み，かつ自己株式を除いた，当年度中の発行済普通株式の加重平均株式数で除して算定している。

#### ②希薄化後1株当たり利益

IAS33.30　希薄化後1株当たり利益については，以下を考慮して，基本的1株当たり利益の算定で用いた数値を調整している。
・希薄化性潜在的普通株式に関連する利息およびその他の金融費用の税引後影響額
・すべての希薄化性潜在的普通株式を転換したと仮定した場合に発行済となる追加的な普通株式の加重平均株式数

### (19)セグメント情報

IFRS8.5,7　事業セグメントについては，最高経営意思決定機関に提出する内部報告と整合した方法で報告している。
　当社の取締役会は，当社グループの財務業績および財政状態を評価し戦略的な意思決定を行う戦略運営委員会を任命している。この戦略運営委員会は，最高経営意思決定機関に位置付けられており，最高経営責任者(CEO)，最高財務責任者(CFO)，経営企画担当役員で構成される。

### (20)売却目的で保有する非流動資産(または処分グループ)及び非継続事業

IFRS5.6,15　非流動資産(または処分グループ)については，売却の可能性が非常に高いと見込まれ，かつ，その帳簿価額を継続的な使用によるよりも主として売却取引によって回収する場合に売却目的保有に分類している。それらは，帳簿価額と売却コスト控除後の公正価値のいずれか低い価額で測定される。ただし，要求事項から個別に除外されている，繰延税金資産，従業員給付により生じる資産，公正価値で測定する金融資産および投資不動産ならびに保険契約における契約上の権利といった資産を除く。

IFRS5.20-22　減損損失は，資産(または処分グループ)の売却コスト控除後の公正価値までの当初または事後の評価減について認識される。資産(または処分グループ)の売却コスト控除後の公正価値がその後に増加した場合，過去に認識した減損損失累計額を超過しない範囲で利得を認識している。非流動資産(または処分グループ)の売却日まで認識していなかった利得または損失は，認識の中止の日に認識される。

IFRS5.25　非流動資産(処分グループの一部である非流動資産を含む)について，売却目的保有に分類している間は減価償却または償却を停止している。売却目的保有に分類された処分グループの負債に起因する利息およびその他の費用は，引き続き認識される。

IFRS5.38　売却目的保有に分類している非流動資産および売却目的保有に分類している処分グループの資産は，財政状態計算書上，その他の資産と区分して表示される。売却目的保有に分類している処分グループの負債は，財政状態計算書上，その他の負債と区分して表示される。

IFRS5.31,32,33　非継続事業とは，すでに処分したかまたは売却目的保有に分類した企業の構成単位で，かつ，独立の主要な事業分野または営業地域を表しているか，そのような事業分野または営業地域を処分する統一した計画の一部であるか，または転売のみを目的に取得した子会社を指す。非継続事業の業績については，損益計算書において区分表示している。

### (21)資本

IAS32.18　普通株式は資本に分類されている。強制的に償還される優先株式は，負債に分類される。

IAS32.35,37　新規株式またはストック・オプションの発行に直接起因する増分コストについては，収入金額からの控除(税引後)として資本に計上している。

IAS32.33　グループ企業が当社の資本性金融商品を買い入れる場合(例：株式の買戻しまたは株式

*326*　第Ⅳ部　IFRS第18号に準拠した開示例

に基づく報酬制度のため），当該株式が消却または再発行されるまで，支払われた対価を直接関連する増分コスト（税引後）も含めて，自己株式として当社の所有者に帰属する資本から控除している。その後，当該普通株式が再発行される場合，直接関連する増分取引コストおよび関連する法人所得税の税効果控除後の受入対価を当社の所有者に帰属する資本に計上している。

IAS32.33 当社従業員持株信託が保有する株式は，自己株式として表示され，資本から控除されている。

(22)借入コスト

IAS23.8 適格資産の取得，建設または生産に直接起因する一般および個別の借入コストは，当該資産を意図した使用または販売のために完成して準備するために必要な期間中に関して資産計上される。適格資産とは，意図した使用または販売が可能となるまでに相当の期間を要する資産である。個別に借り入れた資金について，適格資産に係る支出までに一時的に投資したことによる投資利益は，資産化に適格な借入コストの金額から控除される。その他の借入コストは発生した期間に費用計上される。

IFRS18.83

# 7．営業費用の性質別開示

当該表は，減価償却，償却，従業員給付，減損損失および棚卸資産の評価減の合計額並びに当社グループの損益計算書における営業区分の各科目に係る金額を示している。

（単位：百万円）

| | 前連結会計年度<br>（自 20X6年4月1日<br>至 20X7年3月31日） | 当連結会計年度<br>（自 20X7年4月1日<br>至 20X8年3月31日） |
|---|---|---|
| 減価償却 | | |
| 売上原価 | 7,365 | 7,930 |
| 販売費 | 570 | 1,485 |
| 研究開発費 | 98 | 65 |
| 一般管理費 | 1,317 | 894 |
| 減価償却合計 | 9,350 | 10,374 |
| 償却 | | |
| 売上原価 | 575 | 1,656 |
| 販売費 | 45 | 310 |
| 研究開発費 | 8 | 14 |
| 一般管理費 | 102 | 186 |
| 償却合計 | 730 | 2,166 |
| 従業員給付 | | |
| 売上原価 | 40,262 | 42,684 |
| 販売費 | 6,341 | 6,485 |
| 研究開発費 | 378 | 504 |
| 一般管理費 | 5,094 | 6,921 |
| 従業員給付合計 | 52,075 | 56,594 |
| 減損損失 | | |
| のれんの減損損失 | 900 | － |
| 減損損失合計 | 900 | － |
| 棚卸資産の評価減（注） | | |
| 売上原価 | 750 | 790 |
| 棚卸資産の評価減合計 | 750 | 790 |

(注)開示している金額は，減損損失および減損損失の戻入れの合計額ならびに棚卸資産の評価減および評価減の戻入れの合計額を開示している。

開示している金額は，減価償却および従業員給付を除き，当社グループが当期の損益計算書において費用として認識した金額である。

減価償却について開示している金額は，IAS第16号「有形固定資産」に従って計算した当期の発生額である。当該金額は，当報告期間の末日現在の棚卸資産の帳簿価額に含めることにより資産計上された金額を含んでいる。

従業員給付について開示している金額は，IAS第19号「従業員給付」に従って計算した，従業員の勤務について当期に発生した費用(年金費用を含む)である。当該金額は，当報告期間の末日現在の棚卸資産の帳簿価額に含めることにより資産計上された金額を含んでいる。

*328*　第Ⅳ部　IFRS第18号に準拠した開示例

## 8．経営者が定義した業績指標

当社グループは，「調整後営業利益」および「調整後純利益」を経営者が定義した業績指標としている。

IFRS18.122.　これらの指標はIFRS会計基準で定められたものではなく，他の企業が使用している類似した指標と比較可能ではない可能性がある。

IFRS18.123.
B134-B135　当社グループの財務業績についての経営者の見方を提供するため，「営業利益」および「純利益」について，非経常項目(将来の数事業年度において発生しないと見込んでいる収益または費用の項目)を調整している。

IFRS18.123.
B137-B138　当社グループの経営者は，当該調整により，当社グループの基礎的な収益性の趨勢を理解するのに有用な情報を提供すると考えている。

当社グループは，以下の収益または費用の項目について調整を行っている。

20X7年
（1）のれんの減損損失：900
　　・X国に所在するX社（A社の持分比率80%の子会社）の事業に係るもの[注]
（2）訴訟費用：550
　　・A社において20X1年に生じたもの[注]

20X8年
（1）リストラクチャリング費用：1,500
　　・Y国に所在するY社（A社の完全子会社）において実施したリストラクチャリングに係るもの
　　・工場従業員の解雇費用が1,000，および工場機械の減損損失が500生じた[注]
（2）関連会社株式の処分益：300
　　・A社が保有する関連会社株式(持分法投資)を処分した際のもの

(注)経営者が定義した業績指標の注記に際して，調整項目を財務諸表における関連する注記に相互参照して，説明することが考えられる。

IFRS18.123.
B136-B141　調整表

20X7年3月期　　　　　　　　　　　　　　　　　　　　　　　　　（単位：百万円）

| | IFRS | 減損損失 | 訴訟費用 | 経営者が定義した業績指標 |
|---|---|---|---|---|
| のれんの減損損失 | | 900 | － | |
| 一般管理費 | | － | 550 | |
| 営業利益／調整後営業利益 | 45,092 | 900 | 550 | 46,542 |
| 法人所得税費用 | | － | (165) | |
| 純利益／調整後純利益 | 28,441 | 900 | 385 | 29,726 |
| 非支配持分に帰属する純利益 | | 180 | － | |

法人所得税への影響の算定方法は，以下のとおり。
減損損失：X社に課税所得は生じておらず，法人所得税の支払は見込まれていない。
訴訟費用：当社に適用される法定税率30%に基づいて計算している。

20X8年3月期　　　　　　　　　　　　　　　　　　　　　　　　（単位：百万円）

| | IFRS | リストラク チャリング 費用 | 投資の処分 益 | 経営者が 定義した 業績指標 |
|---|---|---|---|---|
| 売上原価 | | 800 | – | |
| 一般管理費 | | 700 | – | |
| 営業利益／調整後営業利益 | 56,621 | 1,500 | – | 58,121 |
| 持分法投資に係る収益 | | – | (300) | |
| 法人所得税費用 | | (225) | 90 | |
| 純利益／調整後純利益 | 35,631 | 1,275 | (210) | 36,696 |
| 非支配持分に帰属する純利益 | | – | – | |

法人所得税への影響の算定方法は，以下のとおり。
リストラクチャリング費用：Y国で適用される法定税率15%に基づいて計算している。
投資の処分益：当社に適用される法定税率30%に基づいて計算している。

*330*　第Ⅳ部　IFRS第18号に準拠した開示例

## 9．非継続事業

（1）概要

20X7年1月30日に，当社グループは，エンジニアリング事業から撤退する意思を公表し，ドイツ子会社B社の買手を積極的に探す計画に着手した。その結果として，関連する資産および負債は，20X7年3月期の財務諸表において売却目的保有として表示した。当該子会社は，20X7年5月31日に売却され（20X7年6月1日発効），当年度の財務諸表では非継続事業として報告している。当年度の処分日までの非継続事業に関連する財務情報を以下に記載している。

（2）財務業績およびキャッシュ・フロー情報

以下に開示している財務業績およびキャッシュ・フロー情報は，20X7年5月31日に終了した2か月間（20X8年の列）および20X7年3月31日に終了した年度についてのものである。

（単位：百万円）

| | | 前連結会計年度（自 20X6年4月1日 至 20X7年3月31日） | 当連結会計年度（自 20X7年4月1日 至 20X8年3月31日） |
|---|---|---:|---:|
| IFRS5.33 | 収益 | 26,460 | 4,200 |
| IFRS5.33 | その他の営業収益（条件付対価の再測定（3）参照） | – | 90 |
| IFRS5.33 | 費用 | (25,890) | (3,939) |
| IFRS5.33 | 税引前利益 | 570 | 351 |
| IFRS5.33, IAS12 | 法人所得税 | (171) | (105) |
| | 非継続事業からの税引後利益 | 399 | 246 |
| IFRS12 | 税引後の子会社売却益（以下の（3）参照） | – | 481 |
| | 非継続事業からの純利益 | 399 | 727 |
| IFRS5.38 | 非継続事業の換算から生じる為替差額 | 58 | 170 |
| | 非継続事業からのその他の包括利益（OCI） | 58 | 170 |
| IFRS5.33 | 営業活動による正味キャッシュ・フロー | 710 | 1,166 |
| IFRS5.33 | 投資活動による正味キャッシュ・フロー | (190) | 3,110 |
| IFRS5.33 | 財務活動による正味キャッシュ・フロー | (280) | – |
| | 子会社による現金生成額の正味増加額 | 240 | 4,276 |

（3）子会社売却の詳細

（単位：百万円）

| | | 前連結<br>会計年度<br>（自 20X6年<br>4月1日<br>至 20X7年<br>3月31日） | 当連結<br>会計年度<br>（自 20X7年<br>4月1日<br>至 20X8年<br>3月31日） |
|---|---|---|---|
| | 受け取った対価または債権 | | |
| IAS7.40 | 現金 | － | 3,110 |
| | 条件付対価の公正価値 | － | 1,200 |
| IAS7.40 | 処分対価合計 | － | 4,310 |
| | 売却した純資産の帳簿価額 | － | (3,380) |
| | 税引前売却益および外貨換算剰余金の組替調整 | － | 930 |
| IFRS5.38 | 外貨換算剰余金の組替調整 | － | (170) |
| IAS12.81 | 利得に係る法人所得税費用 | － | (279) |
| IFRS12.10 | 税引後売却益 | － | 481 |

IAS32.11　子会社の営業活動が，売却契約の「アーンアウト」条項に規定されている20X7年6月1日から20X9年5月31日までの期間に特定の業績基準を達成する場合，2,400百万円を上限とした追加の現金対価を受け取ることになる。売却時における当該対価の公正価値は，1,200百万円と算定された。当該対価は，純損益を通じて公正価値で測定する金融資産として認識されている。

IFRS5.35　報告期間末において，公正価値は1,290百万円と再測定され，90百万円の利得（税引後）については，非継続事業項目に表示している。

IAS7.40　売却日現在（20X7年5月31日）の資産および負債の帳簿価額は，以下のとおりである。

（単位：百万円）

| | 20X7年5月31日 |
|---|---|
| 有形固定資産 | 1,660 |
| 営業債権 | 1,200 |
| 棚卸資産 | 950 |
| 資産合計 | 3,810 |
| 仕入債務 | (390) |
| 従業員給付債務 | (40) |
| 負債合計 | (430) |
| 純資産 | 3,380 |

332　第Ⅳ部　IFRS第18号に準拠した開示例

IFRS5.38

（4）売却目的保有に分類した処分グループの資産および負債
以下の資産および負債については，20X7年3月31日現在で非継続事業に関連する売却目的保有に分類変更した。

（単位：百万円）

| | 前連結<br>会計年度<br>（20X7年<br>3月31日） | 当連結<br>会計年度<br>（20X8年<br>3月31日） |
|---|---|---|
| 売却目的保有に分類した資産 | | |
| 　有形固定資産 | 1,995 | － |
| 　営業債権 | 1,570 | － |
| 　棚卸資産 | 1,390 | － |
| 　売却目的保有の処分グループの資産合計 | 4,955 | － |
| 売却目的保有に分類した資産に直接関連する負債 | | |
| 　仕入債務 | (450) | － |
| 　従業員給付債務 | (50) | － |
| 　売却目的保有の処分グループの負債合計 | (500) | － |

IFRS18.42 （売却目的保有に分類した資産）
IFRS18.42 （売却目的保有に分類した資産に直接関連する負債）

IFRS5.38

非継続事業に関連してOCIに認識された，20X7年3月31日現在の為替差損累計額は，170百万円であった。

## 10. キャッシュ・フロー情報

IAS 7.40

（1）子会社に対する支配の獲得（注）

20X8年3月期に当社グループは，Z社の発行済株式の70％を獲得した。取得の対価は，次のとおりである。

|  | （単位：百万円） |
|---|---|
| 取得の対価 | |
| 現金支払額 | 3,000 |
| 発行済普通株式 | 9,765 |
| 条件付対価 | 135 |
| 取得の対価合計 | 12,900 |

取得した資産と引き受けた負債の公正価値は，次のとおりである。

|  | （単位：百万円） |
|---|---|
| 現金 | 400 |
| 営業債権 | 780 |
| 棚卸資産 | 1,140 |
| 土地および建物 | 4,200 |
| 機械装置 | 7,610 |
| 繰延税金資産 | 2,359 |
| 無形資産 | 6,200 |
| 仕入債務 | (470) |
| 契約負債 | (300) |
| 偶発債務 | (450) |
| 繰延税金負債 | (2,304) |
| 退職給付債務 | (1,914) |
| その他の従業員給付債務 | (415) |
| 取得した識別可能な正味資産 | 16,836 |
| 控除：非支配持分 | (5,051) |
| 加算：のれん | 1,115 |
| 取得した純資産 | 12,900 |

子会社取得のためのキャッシュ・アウトフロー（取得した現金控除後）は，次のとおりである。

|  | （単位：百万円） |
|---|---|
| 現金対価 | 3,000 |
| 控除（取得した残高） | |
| 現金 | 400 |
| キャッシュ・アウトフロー純額（投資活動） | 2,600 |

（注）当該事例以外に，該当する場合には，サプライヤー・ファイナンス契約，現金および現金同等物の内訳と方針，現金および現金同等物の利用制限に係る開示が必要であることに留意されたい。

*334*　第Ⅳ部　IFRS第18号に準拠した開示例

IAS7.43　　　（2）非資金の投資活動および財務活動

（単位：百万円）

| | 前連結<br>会計年度<br>（自 20X6年<br>4月1日<br>至 20X7年<br>3月31日） | 当連結<br>会計年度<br>（自 20X7年<br>4月1日<br>至 20X8年<br>3月31日） |
|---|---|---|
| リース・インセンティブとしてリースの貸手から取得した<br>小売店の家具および備品 | 950 | - |

他の注記で開示されている資金収支を伴わない投資活動および財務活動は以下のとおりである。
・使用権資産の取得
・株式の発行による企業結合の部分的決済
・エンジニアリング部門の売却による対価の一部の繰延決済
・配当再投資制度に従って株式発行により支払われる配当
・A社従業員オプション制度と従業員株式制度に従って従業員に現金対価なしで発行したオプションおよび株式

IAS7.44A-44E　（3）正味負債額の調整表
ここでは，正味負債額に関する分析および各期間における正味負債額の増減を記載している。

（単位：百万円）

| | 財務活動から生じた負債 | | | その他の資産 | | |
|---|---|---|---|---|---|---|
| | 借入金 | リース | 小計 | 現金 | 流動性<br>の高い<br>投資<br>（注） | 合計 |
| 20X6年4月1日現在の正味負債額 | 82,306 | 9,629 | 91,935 | 23,823 | 10,370 | 57,742 |
| 財務活動によるキャッシュ・フロー | 1,911 | (1,338) | 573 | 6,260 | 1,235 | (6,922) |
| 新規のリース | - | 3,000 | 3,000 | - | - | 3,000 |
| 外貨換算による変動 | 810 | - | 810 | 216 | - | 594 |
| 公正価値の変動 | - | - | - | - | (690) | 690 |
| その他の増減 | | | | | | |
| 　金利費用 | 5,822 | 505 | 6,327 | (40) | - | 6,367 |
| 　支払利息 | (6,254) | (505) | (6,759) | 40 | - | (6,799) |
| 20X7年3月31日現在の正味負債額 | 84,595 | 11,291 | 95,886 | 30,299 | 10,915 | 54,672 |
| 財務活動によるキャッシュ・フロー | 12,969 | (1,942) | 11,027 | 25,032 | (465) | (13,540) |
| 新規のリース | - | 2,152 | 2,152 | - | - | 2,152 |
| 外貨換算による変動 | 1,122 | - | 1,122 | (248) | 15 | 1,355 |
| 公正価値の変動 | - | - | - | - | 835 | (835) |
| その他の増減 | | | | | | |
| 　金利費用 | 6,394 | 527 | 6,921 | (35) | - | 6,956 |
| 　支払利息 | (7,565) | (527) | (8,092) | 35 | - | (8,127) |

| | | | | | |
|---|---|---|---|---|---|
| 20X8年3月31日現在の正味負債額 | 97,515 | 11,501 | 109,016 | 55,083 | 11,300 | 42,633 |

(注)流動性の高い投資とは，活発な市場で取引される短期投資により構成されている，FVPLで測定している当社グループの金融資産である。

*336* 第Ⅳ部　IFRS第18号に準拠した開示例

【参考】

# 1．投資銀行とリテール銀行の連結損益計算書の例

連結損益計算書

（単位：百万円）

| | 注記 | 前連結<br>会計年度<br>（自 20X6年<br>4月1日<br>至 20X7年<br>3月31日） | 当連結<br>会計年度<br>（自 20X7年<br>4月1日<br>至 20X8年<br>3月31日） |
|---|---|---|---|
| 実効金利法で計算した金利収益 | | 33,380 | 35,600 |
| 金利費用 | | (25,900) | (28,100) |
| 正味金利利益 | | 7,480 | 7,500 |
| 報酬及び手数料収益 | | 7,430 | 7,680 |
| 報酬及び手数料費用 | | (4,480) | (4,530) |
| 正味報酬及び手数料収益 | | 2,950 | 3,150 |
| 正味トレーディング収益 | | 90 | 910 |
| 正味投資収益 | | 780 | 1,160 |
| 信用減損損失 | | (1,910) | (1,730) |
| 従業員給付費用 | | (4,950) | (5,510) |
| 減価償却及び償却費 | | (595) | (670) |
| その他の営業費用 | | (455) | (510) |
| 営業利益 | | 3,390 | 4,300 |
| 持分法を適用して会計処理される関連会社の利益<br>に対する持分相当額 | | 210 | 180 |
| 借入金及びリース負債に係る金利費用 | | (100) | (120) |
| 年金負債及び引当金に係る金利費用 | | (80) | (100) |
| 税引前利益 | | 3,420 | 4,260 |
| 法人所得税費用 | | (900) | (1,120) |
| 純利益 | | 2,520 | 3,140 |

## 2. 保険会社の連結損益計算書

連結損益計算書

(単位：百万円)

| | 注記 | 前連結<br>会計年度<br>(自 20X6年<br>4月1日<br>至 20X7年<br>3月31日) | 当連結<br>会計年度<br>(自 20X7年<br>4月1日<br>至 20X8年<br>3月31日) |
|---|---|---|---|
| 保険収益 | | 93,252 | 114,845 |
| 保険サービス費用 | | (81,959) | (101,256) |
| 保有する再保険契約による費用純額 | | (3,830) | (5,823) |
| 保険サービス損益 | | 7,463 | 7,766 |
| 実効金利法で計算した金利収益 | | 13 | 22 |
| 配当および金融資産の公正価値の変動 | | 10,466 | 13,304 |
| 信用減損損失 | | (31) | (40) |
| 投資収益 | | 10,448 | 13,286 |
| 発行済保険契約による金融費用 | | (3,804) | (7,228) |
| 保有する再保険契約による金融収益 | | 501 | 1,610 |
| 保険金融費用 | | (3,303) | (5,618) |
| 正味金融損益 | | 14,608 | 15,434 |
| その他の営業費用 | | (2,211) | (2,816) |
| 営業利益 | | 12,397 | 12,618 |
| 持分法を適用して会計処理される関連会社の利益<br>に対する持分相当額 | | 365 | 463 |
| 財務及び法人所得税前利益 | | 12,762 | 13,081 |
| 借入金及びリース負債に係る金利費用 | | (1,186) | (1,299) |
| 年金負債及び引当金に係る金利費用 | | (776) | (984) |
| 税引前利益 | | 10,800 | 10,798 |
| 法人所得税費用 | | (3,087) | (3,155) |
| 純利益 | | 7,713 | 7,643 |

## 巻末付録　IFRS 会計基準と日本基準の比較表

　以下の比較表では，本書で取り上げた IFRS 第18号「財務諸表における表示及び開示」，IAS 第 7 号「キャッシュ・フロー計算書」，IAS 第 8 号「財務諸表の作成基礎」と対応する日本基準との主な相違点についてまとめている。

　なお，以下の比較表では連結財務諸表を前提に記載していることに留意いただきたい。また，各論点の詳細については，関連する本文の記載を参照いただきたい。

# 1．IFRS 第18号に関連する論点

| 論点 | IFRS（IFRS第18号） | 日本基準 | 関連する本文の記載 |
|---|---|---|---|
| 財務諸表を構成する計算書 | 連結財務諸表は以下の計算書で構成される。<br>。連結財政状態計算書<br>。連結財務業績の計算書<br>。連結持分変動計算書<br>。連結キャッシュ・フロー計算書<br>。注記<br>。前期に関する比較情報<br>財務業績の計算書は，単一の純損益およびその他の包括利益計算書，または，2 つの独立の計算書（損益計算書（包括利益を表示する計算書の直前に置かなければならない）および包括利益を表示する計算書（純損益から開始する））のいずれかの方式により表示することができる。<br>なお，計算書について，上記以外の名称を使用することができる。<br>（IFRS第18号 第10項， 第11項，第12項，第69項， 第86項） | 連結財務諸表は以下の計算書で構成される。<br>。連結貸借対照表<br>。連結損益計算書<br>。連結包括利益計算書<br>。連結株主資本等変動計算書<br>。連結キャッシュ・フロー計算書<br>。連結附属明細表<br>連結損益計算書および連結包括利益計算書（2 計算書方式）に代えて，連結損益および包括利益計算書（1 計算書方式）を作成することもできる。<br>（連結財務諸表規則第 1 条，第69条の 3）（包括利益の表示に関する会計基準第11項） | 第 I 部第 2 章1．完全な 1 組の財務諸表（17頁） |
| 財政状態計算書（貸借対照表）の表示 | 特定の項目が，財政状態計算書上に個別表示される。<br>流動性に基づく表示がより妥当な場合を除き，財政状態計算書は流動・非流動に分類して表示する。<br>IFRS第18号は，企業が項目を表示する順序や様式を定めていない。使用する記述および項目の順序，または類似した項目の集 | 財務諸表等規則などでは，IFRSよりも詳細に表示科目が規定されている。<br>流動・固定に分類した貸借対照表の表示が求められる。<br>（連結財務諸表規則第 2 編第 2 章） | 第 II 部第 2 章財政状態計算書（119頁） |

巻末付録　IFRS会計基準と日本基準の比較表　　*339*

| 論点 | IFRS（IFRS第18号） | 日本基準 | 関連する本文の記載 |
|---|---|---|---|
| | 約は，企業の資産，負債および資本についての有用な体系化された要約を提供するために，企業や取引の性質に応じて修正する。<br>（IFRS第18号 第96項，第103項，第104項，第106項） | | |
| 比較情報の表示 | 企業が遡及的に会計方針を適用した場合，財務諸表の項目の組替を行った場合には，以下の3つの時点の財政状態計算書を表示する。<br>。当期末<br>。前期末<br>。前期の期首<br>（IFRS第18号第37項，第38項） | 企業が遡及的に会計方針を適用した場合，財務諸表の項目の組替を行った場合においても，前期の期首時点の貸借対照表を表示する必要はない。 | 第Ⅰ部第2章<br>7.比較情報(27頁) |
| 財政状態計算書（貸借対照表）－借換え予定のある借入金の分類表示 | 企業が，既存の融資枠に基づいて，報告期間後少なくとも12か月にわたる借換えまたはロールオーバーを予定しており，かつ，そうする裁量権を有している場合には，当該債務を非流動に分類する。<br>（IFRS第18号B101項） | 一般に借換え予定の有無にかかわらず1年内に期限が到来する借入金は流動負債に区分する。<br>（連結財務諸表規則第37条，第38条） | 第Ⅱ部第2章<br>7.流動負債(131頁) |
| 財務業績の計算書－段階損益の表示 | 損益計算書には，「営業損益」「財務及び法人所得税前損益」「純損益」の表示が求められる。<br>包括利益を表示する計算書には，「純損益」「その他の包括利益の合計」「包括利益」（純損益とその他の包括利益の合計額）の表示が求められる。<br>有用な体系化された要約を提供するために必要である場合には，追加的な科目および小計を表示することが求められる。<br>（IFRS第18号 第24項，第69項，第86項） | 売上総損益，営業損益，経常損益，税引前当期純利益，当期純利益を段階利益として表示する。<br>（連結財務諸表規則第2編第3章） | 第Ⅱ部第1章<br>財務業績の計算書(42頁) |
| 財務業績の計算書－純損益，包括利益 | 当期の純損益および包括利益は，非支配持分および親会社の所有者それぞれに帰属する持分を含めて表示する。また，非支配持分に帰属する当期の純損益および包括利益，親会社の所有者に帰属する当期の純損益および包括利益を表示する。<br>（IFRS第18号第76項，第87項） | 当期純利益および包括利益は，非支配株主に帰属する当期純利益および親会社株主に帰属する当期純利益を含めて表示する。<br>なお，2計算書方式の場合，連結損益計算書上，当期純利益に非支配株主に帰属する当期純利益を加減して，親会社株主に帰属する当期純利益を表示する。<br>（連結財務諸表規則第65条） | 第Ⅱ部第1章<br>財務業績の計算書(42頁) |

*340*　巻末付録　IFRS 会計基準と日本基準の比較表

| 論点 | IFRS（IFRS第18号） | 日本基準 | 関連する本文の記載 |
|---|---|---|---|
| 財務業績の計算書－非継続事業からの損益の表示 | 包括利益を表示する計算書の純損益の部または損益計算書には，非継続事業の合計に関する単一の金額を表す科目を表示する。（IFRS第18号第75項） | 非継続事業からの損益の表示に関する規定はなく，他の損益と区分せずに表示することになる。 | 第Ⅱ部第1章3.(1)区分表示すべき項目（102頁） |
| 財務業績の計算書－特別（重要）項目 | IFRSでは「特別項目」という表現は使用されておらず，また定義されてもいない。しかし，その大きさや性質，またはその両方から企業の当期の業績を説明するために個別開示を要すると考えられる場合には，財務業績の計算書または注記において当該項目の個別開示が求められる。（IFRS第18号第42項） | 損益計算書に「特別損益」の区分を設けて表示する。特別損益に属する項目の範囲には，一部の異常項目が含まれる。（連結財務諸表規則第62条，第63条，連結財務諸表規則ガイドライン62） | 第Ⅱ部第1章財務業績の計算書（42頁） |
| 財務業績の計算書－費用の分類と表示 | 損益計算書の営業区分において，費用は機能別分類または性質別分類の一方または両方を用いて，費用の最も有用な体系化された要約を提供する方法で分類・表示しなければならない。機能別に分類した費用で構成される1つまたは複数の科目を損益計算書の営業区分に表示する場合は，減価償却，償却，従業員給付，減損損失（または減損損失の戻入），棚卸資産の評価減（または評価減の戻入）について単一の注記で開示が必要となる。（IFRS第18号第78項〜第83項） | 費用は原則として機能別に分類され，売上原価，販売費および一般管理費，営業外費用，特別損失などに分類して表示する。また，財務諸表等規則などでは，財務諸表の様式が規定されている。（連結財務諸表規則第49条） | 第Ⅱ部第1章3.(3)営業区分に分類される費用の表示および開示（104頁） |
| 財務業績の計算書－持分法投資損益の表示 | 持分法投資損益は，投資区分に表示する。（IFRS第18号 第53項，第54項，第75項） | 持分法投資損益は，営業外収益または営業外費用の区分に一括して表示する。（持分法会計基準第16項） | 第Ⅱ部第1章1.(2)投資区分（47頁） |
| 財務業績の計算書－純損益に振り替えられる項目 | その他の包括利益の項目について，その後に特定の条件を満たした時に純損益に振り替えられる収益および費用と，その後に純損益に振り替えられることのない収益および費用に区分して表示する。その他の包括利益の項目を税効果考慮前で表示することを選択する場合には，税金を，その後に純損益に振り替えられる可能性のある収益および費用とその後に振り替えられることのない収益および費用とに配分する。（IFRS第18号 第88項，第89項， | その他の包括利益の収益および費用について，その後に純損益に振り替えられない収益および費用は存在しないため，区分して表示することは求められない。 | 第Ⅱ部第1章4.(2)その他の包括利益（112頁） |

巻末付録　IFRS会計基準と日本基準の比較表　*341*

| 論点 | IFRS（IFRS第18号） | 日本基準 | 関連する本文の記載 |
|---|---|---|---|
| | 第94項，第95項） | | |

# 2．IAS第7号に関連する論点

| 論点 | IFRS（IAS第7号） | 日本基準 | 関連する本文の記載 |
|---|---|---|---|
| キャッシュ・フロー計算書－間接法 | 営業活動によるキャッシュ・フローを間接法で表示する場合，出発点を営業損益とする。（IAS第7号第18項） | 営業活動によるキャッシュ・フローを間接法で表示する場合，出発点を税金等調整前当期純利益とする。（連結キャッシュ・フロー計算書等の作成基準　第三　一2） | 第Ⅱ部第4章3.キャッシュ・フロー計算書の様式(176頁) |
| 法人所得税から生じるキャッシュ・フローの表示 | 法人所得税から生じるキャッシュ・フローは，財務活動または投資活動に明確に関連付けられる場合を除き，営業活動によるキャッシュ・フローに分類する。（IAS第7号第14項） | 法人所得税から生じるキャッシュ・フローは，営業活動によるキャッシュ・フローに分類する。（連結キャッシュ・フロー計算書等の作成基準第　二　二2） | 第Ⅱ部第4章3.キャッシュ・フロー計算書の様式(176頁) |
| キャッシュ・フロー計算書－利息および配当金の表示 | 支払配当金は財務活動によるキャッシュ・フローに分類する。支払利息は財務活動によるキャッシュ・フローに分類する。利息および配当金の受取は投資活動によるキャッシュ・フローに分類する。ただし，主要な事業活動として資産への投資を行っている企業または顧客へのファイナンスを提供している企業については，損益計算書上，これらをどのように分類しているのかにより，キャッシュ・フロー計算書上の分類を決定し，これらの各キャッシュ・フローの合計を単一の区分に分類する。（IAS第7号第31項～第34D項） | 連結キャッシュ・フロー計算書上，利息及び配当金に係るキャッシュ・フローは，次のいずれかの方法により記載する。①受取利息，受取配当金及び支払利息は「営業活動によるキャッシュ・フロー」の区分に記載し，支払配当金は「財務活動によるキャッシュ・フロー」の区分に記載する方法②受取利息及び受取配当金は「投資活動によるキャッシュ・フロー」の区分に記載し，支払利息及び支払配当金は「財務活動によるキャッシュ・フロー」の区分に記載する方法（連結キャッシュ・フロー計算書等の作成基準第　二　二3） | 第Ⅱ部第4章3.キャッシュ・フロー計算書の様式(176頁) |

# 3．IAS 第 8 号に関連する論点

| 論点 | IFRS（IAS第8号） | 日本基準 | 関連する本文の記載 |
|---|---|---|---|
| 会計方針の変更の影響額の開示 | 会計方針を変更した場合で，当期または過去の期間に影響があるときには，当期および過去の期間について影響を受ける財務諸表の各表示科目に関する修正額を開示する。<br>（IAS第8号第28項，第29項） | 会計方針を変更した場合で，当期または過去の期間に影響があるときには，過去の期間について影響を受ける財務諸表の主な表示科目に対する影響額を注記する。<br>（会計上の変更及び誤謬の訂正に関する会計基準第10項，第11項） | 第Ⅲ部第6章<br>3.(1)会計方針の変更に関する表示(297頁) |
| 減価償却の方法の取扱い | 償却資産の耐用年数または包含される経済的便益の費消の予想パターンについての変更は会計上の見積りの変更となる。<br>（IAS第8号第5項，第32項） | 有形固定資産等の減価償却方法および無形固定資産の償却方法は，会計方針に該当するが，その変更については，会計方針の変更を会計上の見積りの変更と区別することが困難な場合であり，会計上の見積りの変更と同様に取り扱う。<br>（会計上の変更及び誤謬の訂正に関する会計基準第4項，第19項，第20項） | 第Ⅲ部第3章<br>1.会計上の見積り(255頁) |
| 誤謬の遡及的修正再表示が実務上不可能な場合の取扱い | 過去の期間に係る比較情報に対して誤謬が与えた影響額を算定することが実務上不可能な場合には，遡及的修正再表示が実務上可能な最も古い期間の資産，負債および資本の期首残高を修正再表示しなければならない。<br>（IAS第8号第44項） | 過去の誤謬の修正再表示が実務上不可能という理由をもって過去の財務諸表を修正再表示しないこととする取扱いについて，会計基準の中では明示されていない。<br>（会計上の変更及び誤謬の訂正に関する会計基準第66項，第67項） | 第Ⅲ部第5章<br>2.実務上不可能な場合の会計処理(278頁) |
| 会計方針を適用する過程で行った判断の開示 | 見積りを伴う判断とは別に，経営者が会計方針を適用する過程で行った判断のうち，財務諸表に認識されている金額に最も重大な影響を与えているものを開示する。<br>（IAS第8号第27G項） | 左記のような規定はない。 | 第Ⅲ章第6章<br>1.会計方針の開示(281頁) |
| 会計方針の開示 | 重要性がある会計方針情報を開示する。<br>財務諸表に含まれている他の情報と合わせて考えた場合に，意思決定に影響を与えると合理的に見込みうるならば，当該会計方針情報は重要性がある。<br>（IAS第8号第27A項） | 重要な会計方針を注記する。<br>この注記対象には，関連する会計基準等の定めが明らかでない場合に採用した会計処理の原則および手続が含まれる。また，会計基準等には，一般に公正妥当と認められる会計処理の原則および手続を明文化して定めたもの(法令等)も含まれる。<br>会計基準等の定めが明らかであ | 第Ⅲ章第6章<br>1.会計方針の開示(281頁) |

巻末付録　IFRS 会計基準と日本基準の比較表　　*343*

| 論点 | IFRS（IAS第8号） | 日本基準 | 関連する本文の記載 |
|---|---|---|---|
| | | り，当該会計基準等において代替的な会計処理の原則および手続が認められていない場合には，会計方針に関する注記を省略することができる。<br>（会計方針の開示，会計上の変更及び誤謬の訂正に関する会計基準第4-2項～第4-6項，第44-5項） | |

# 索　引

## 欧文

IAS 第 8 号のヒエラルキー ……………… 240
IFRS 会計基準 …………………… 227, 239
IFRS 会計基準で表示または開示が具
　体的に要求されている小計 ………… 204
IFRS 会計基準に準拠している ……… 227
MPM ……………………………………… 204
MPM ではない収益および費用の小計
　……………………………………………… 204

## あ行

アジェンダ決定 ………………… 249, 274
新たな IFRS 会計基準の適用による会
　計方針の変更 ………………………… 249
一貫性 …………………………………… 243
一般とのコミュニケーション ……… 208
一般目的財務諸表 …………………… 15
インプットの変更 …………………… 261
営業活動 ……………………………… 167
営業活動によるキャッシュ・フロー
　……………………………………………… 178
営業区分 ………………………………… 45

## か行

会計上の見積り …………………… 255, 263
会計上の見積りの変更 …………… 261, 271
会計方針 …………………………… 238, 263
会計方針情報 ………………………… 281
会計方針の任意の変更 ……………… 249
会計方針の変更 …………………… 245, 261
過大なコストまたは労力 …………… 86
過年度の誤謬 ………………………… 266
間接法 ………………………………… 180

## 完全な 1 組の財務諸表 ……………… 17
企業固有の情報 ……………………… 285
機能別分類 …………………………… 104
基本財務諸表 ………………………… 20
基本財務諸表の役割 ………………… 22
キャッシュ・フロー計算書 ………… 167
組替調整額 …………………………… 114
経営者が定義した業績指標（MPM）
　……………………………………………… 204
経過措置 ……………………………… 249
継続企業としての存続能力に対して
　重大な疑義 ………………………… 232
継続企業の前提に基づかない財務諸
　表 ………………………………………… 236
継続企業の評価 ……………………… 232
決済期限が期末日後12か月以内 …… 137
決済を少なくとも12か月延期できる
　権利 ……………………………………… 137
現金 ……………………………………… 169
現金および現金同等物 ……………… 168
現金同等物 …………………………… 170
権利放棄 ……………………………… 149
顧客へのファイナンスの提供 ……… 65
混合契約 ……………………………… 61

## さ行

財務活動 ……………………………… 167
財務活動によるキャッシュ・フロー
　……………………………………………… 185
財務区分 ………………………………… 53
財務制限条項 ………………………… 139
サプライヤー・ファイナンス契約 … 199
自己使用の例外 ……………………… 98
資産への投資 ………………………… 67

索　引　345

実務上不可能 ……………… 31, 275, 279
収益および費用の小計 ………………… 207
修正再表示 …………………………… 269
重大な判断 …………………… 291, 297
重要性 ………………………………… 242
重要性がある情報 …………………… 242
重要性がある不確実性 ……………… 232
純額表示 ……………………………… 189
税金資産 ……………………………… 130
性質別分類 …………………………… 104
正常営業循環期間 …………………… 136
総額表示 ……………………………… 187
遡及的修正再表示 …………………… 251
遡及適用 ……………………………… 251
測定技法 ……………………………… 257
測定技法の変更 ……………………… 261
その他の包括利益 …………………… 112
損益計算書 …………………………… 42

### た行

第 3 の財政状態計算書 ……………… 29
棚卸資産の原価算定方式の変更 ……… 263
短期投資 ……………………………… 170
注記の役割 …………………………… 23
直接法 ………………………………… 179
適正な表示 …………………… 227, 229
デリバティブ ………………………… 92
投資活動 ……………………………… 167
投資活動によるキャッシュ・フロー
　…………………………………… 182
投資企業 ……………………………… 67
投資区分 ……………………………… 47
投資不動産 …………………………… 67
特定の主要な事業活動 ……………… 65

### は行

売却目的保有 ………………………… 126
反証可能な推定 ……………………… 211

非継続事業区分 ……………………… 78
不確実な税務上のポジション ……… 154
ヘッジ手段 …………………………… 92
包括利益 ……………………………… 111
包括利益を表示する計算書 ………… 111
法人所得税区分 ……………………… 78
保険契約 ……………………………… 67

### ま行

マネー・マーケット・ファンド ……… 173
見積り ………………………………… 255
見積りの不確実性 …………………… 292
未発効の新会計基準書 ……………… 300

### や行

有用な体系化された要約 …………… 22
猶予期間 ……………………………… 148

### ら行

リサイクリング ……………………… 114
流動資産 ……………………………… 123
流動と非流動 ………………………… 121
流動負債 ……………………………… 131
ローン・コミットメント …………… 74

〈編者紹介〉

# PwC Japan有限責任監査法人

PwC Japan 有限責任監査法人は、日本で「監査および保証業務」、非監査業務である「ブローダーアシュアランスサービス」を提供する、PwC グローバルネットワークのメンバーファームです。世界で長年にわたる監査実績を持つ PwC ネットワークの監査手法と最新技術により世界水準の高品質な監査業務を提供するとともに、その知見を活用した会計、内部統制、ガバナンス、サイバーセキュリティ、規制対応、デジタル化対応、株式公開など幅広い分野に関する助言を通じて社会の重要な課題解決を支援しています。PwC ビジネスアシュアランス合同会社、PwC サステナビリティ合同会社、PwC リスクアドバイザリー合同会社、PwC 総合研究所合同会社とともに、信頼されるプロフェッショナルとして、日本の未来にあらたな信頼をもたらすことを、Assurance Vision 2030として掲げています。

# PwC Japanグループ

PwC Japan グループは、日本における PwC グローバルネットワークのメンバーファームおよびそれらの関連会社の総称です。各法人は独立した別法人として事業を行っています。複雑化・多様化する企業の経営課題に対し、PwC Japan グループでは、監査およびブローダーアシュアランスサービス、コンサルティング、ディールアドバイザリー、税務、そして法務における卓越した専門性を結集し、それらを有機的に協働させる体制を整えています。また、公認会計士、税理士、弁護士、その他専門スタッフ約12,700人を擁するプロフェッショナル・サービス・ネットワークとして、クライアントニーズにより的確に対応したサービスの提供に努めています。

PwC は、社会における信頼を構築し、重要な課題を解決することを Purpose（存在意義）としています。私たちは、世界149カ国に及ぶグローバルネットワークに370,000人以上のスタッフを擁し、高品質な監査、税務、アドバイザリーサービスを提供しています。

本書は、一般的な情報を提供する目的で作成したものであり、いかなる個人または企業に固有の事案についても専門的な助言を行うものではありません。本書に含まれる情報の正確性または網羅性について保証は与えられていません。本書で提供する情報に基づいて何らかの判断を行う場合、個別に専門家にご相談ください。PwC Japan 有限責任監査法人ならびに PwC グローバルネットワークの他のメンバーファームおよびそれらの関連会社は、個人または企業が本書に含まれる情報を信頼したことにより被ったいかなる損害についても、一切の責任を負いません。

なお、本書の内容は、2024年11月30日現在で入手可能な情報に基づいています。したがって、基準書または解釈指針が新たに公表された場合、本書の一部がこれらに置き換えられる可能性があります。

© 2025 PricewaterhouseCoopers Japan LLC. All rights reserved.

PwC refers to the PwC network member firms and/or their specified subsidiaries in Japan, and may sometimes refer to the PwC network. Each of such firms and subsidiaries is a separate legal entity. Please see www.pwc.com/structure for further details.

This content is for general information purposes only, and should not be used as a substitute for consultation with professional advisors.

Copyright © International Financial Reporting Standards Foundation

All rights reserved. Reproduced by PricewaterhouseCoopers Japan LLC. This publication contains copyright material of the IFRS Foundation in respect of which all rights are reserved. Reproduced by PricewaterhouseCoopers Japan LLC with the permisson of the IFRS Foundation. No permission granted to third parties to reproduce or distribute. For full access to IFRS Standards and the work of the IFRS Foundation please visit http://ifrs.org.

The International Accounting Standards Board, the International Financial Reporting Standards Foundation, the authors and the publishers do not accept responsibility for any loss caused by acting or refraining from acting in reliance on the material in this publication, whether such loss is caused by negligence or otherwise.

## IFRS「財務諸表の表示・開示」プラクティス・ガイド

2025年3月15日　第1版第1刷発行

| | |
|---|---|
| 編　者 | PwC Japan有限責任監査法人 |
| 発行者 | 山　本　　　継 |
| 発行所 | ㈱中央経済社 |
| 発売元 | ㈱中央経済グループ パブリッシング |

〒101-0051　東京都千代田区神田神保町1-35
電話　03（3293）3371（編集代表）
03（3293）3381（営業代表）
https://www.chuokeizai.co.jp
印刷・製本／文唱堂印刷㈱

© 2025
Printed in Japan

＊頁の「欠落」や「順序違い」などがありましたらお取り替えいたし
ますので発売元までご送付ください。（送料小社負担）
ISBN978-4-502-52401-1　C3034

JCOPY〈出版者著作権管理機構委託出版物〉本書を無断で複写複製（コピー）することは，
著作権法上の例外を除き，禁じられています。本書をコピーされる場合は事前に出版者
著作権管理機構（JCOPY）の許諾を受けてください。
JCOPY〈https://www.jcopy.or.jp　eメール：info@jcopy.or.jp〉

―■おすすめします■―

学生・ビジネスパーソンに好評

■最新の会計諸法規を収録■

# 新版 会計法規集

中央経済社編

会計学の学習・受験や経理実務に役立つことを目的に，
最新の会計諸法規と企業会計基準委員会等が公表した
会計基準を完全収録した法規集です。

《主要内容》

**会計諸基準編**＝企業会計原則／外貨建取引等会計基準／連結キャッシュ・フロー計算書等の作成基準／研究開発費等会計基準／税効果会計基準／減損会計基準／IFRSへの当面の方針／自己株式会計基準／1株当たり当期純利益会計基準／役員賞与会計基準／純資産会計基準／株主資本等変動計算書会計基準／事業分離等会計基準／ストック・オプション会計基準／棚卸資産会計基準／金融商品会計基準／関連当事者会計基準／四半期会計基準／リース会計基準／持分法会計基準／セグメント開示会計基準／資産除去債務会計基準／賃貸等不動産会計基準／企業結合会計基準／連結財務諸表会計基準／研究開発費等会計基準の一部改正／会計方針の開示，変更・誤謬の訂正会計基準／包括利益会計基準／退職給付会計基準／法人税等会計基準／税効果会計基準の一部改正／収益認識会計基準／時価算定会計基準／会計上の見積り開示会計基準／原価計算基準／監査基準他

**会 社 法 編**＝会社法・施行令・施行規則／会社計算規則

**金 商 法 規 編**＝金融商品取引法・施行令／企業内容等開示府令／財務諸表等規則・ガイドライン／連結財務諸表規則・ガイドライン他

**関 連 法 規 編**＝税理士法／討議資料・財務会計の概念フレームワーク他

―■中央経済社■―

■最新の監査諸基準・報告書・法令を収録■

# 監査法規集

中央経済社編

本法規集は，企業会計審議会より公表された監査基準をはじめとする諸基準，日本公認会計士協会より公表された各種監査基準委員会報告書・実務指針等，および関係法令等を体系的に整理して編集したものである。監査論の学習・研究用に，また公認会計士や企業等の監査実務に役立つ1冊。

《主要内容》

**企業会計審議会編**＝監査基準／不正リスク対応基準／中間監査基準／四半期レビュー基準／品質管理基準／保証業務の枠組みに関する意見書／内部統制基準・実施基準

**会計士協会委員会報告編**＝会則／倫理規則／監査事務所における品質管理　《監査基準委員会報告書》　監査報告書の体系・用語／総括的な目的／監査業務の品質管理／監査調書／監査における不正／監査における法令の検討／監査役等とのコミュニケーション／監査計画／重要な虚偽表示リスク／監査計画・実施の重要性／評価リスクに対する監査手続／虚偽表示の評価／監査証拠／特定項目の監査証拠／確認／分析的手続／監査サンプリング／見積りの監査／後発事象／継続企業／経営者確認書／専門家の利用／意見の形成と監査報告／除外事項付意見　他《監査・保証実務委員会報告》継続企業の開示／後発事象／会計方針の変更／内部統制監査／四半期レビュー実務指針／監査報告書の文例

**関係法令編**＝会社法・同施行規則・同計算規則／金商法・同施行令／監査証明府令・同ガイドライン／内部統制府令・同ガイドライン／公認会計士法・同施行令・同施行規則

**法改正解釈指針編**＝大会社等監査における単独監査の禁止／非監査証明業務／規制対象範囲／ローテーション／就職制限又は公認会計士・監査法人の業務制限

2024年1月1日現在の基準・解釈指針を収める
## IFRS財団公認日本語版！
# IFRS®会計基準
## 2024〈注釈付き〉

IFRS財団 編　企業会計基準委員会　監訳
　　　　　　　公益財団法人財務会計基準機構

中央経済社刊　定価24,200円（分売はしておりません）B5判・5024頁
ISBN978-4-502-50831-8

## IFRS適用に必備の書！

●**唯一の公式日本語訳・最新版**　本書はIFRS会計基準の基準書全文を収録した唯一の公式日本語訳です。最新の基準書はもちろん、豊富な注釈（基準書間の相互参照やIFRS解釈指針委員会のアジェンダ決定）がIFRS会計基準の導入準備や学習に役立ちます。

●**使いやすい3分冊**　原書同様に、日本語版もPART A・PART B・PART Cの3分冊です。「要求事項」、「概念フレームワーク」をPART Aに、「付属ガイダンス」、「実務記述書」をPART Bに、「結論の根拠」、「定款」などをPART Cに収録しています。

●**2024年版の変更点**　「サプライヤー・ファイナンス契約」（IAS第7号・IFRS第7号）、「国際的な税制改革—第2の柱モデルルール」（IAS第12号）、「交換可能性の欠如」（IAS第21号）といった基準書等の修正が盛り込まれているほか、「IFRS第16号『リース』—リースの定義—入替えの権利」などのアジェンダ決定も収録しています。

中央経済社
東京・神田神保町1-35
電話 03-3293-3381
FAX 03-3291-4437
https://www.chuokeizai.co.jp

収録内容
PART A収録
基準書本文
（基準・適用指針）
財務報告に関する
概念フレームワーク
PART B収録
適用ガイダンス・設例
IFRS実務記述書
PART C収録
結論の根拠・定款　など

IFRS会計基準の参照にあたっては、つねに最新の日本語版をご覧ください。

▶価格は税込です。掲載書籍はビジネス専門書Online https://www.biz-book.jp からもお求めいただけます。